シリーズ〈ことばの認知科学〉

1

ことばの
やりとり

辻 幸夫・菅井三実・佐治伸郎 編集

朝倉書店

編集者

辻 幸夫	慶應義塾大学名誉教授
菅井 三実	兵庫教育大学大学院学校教育研究科 教授
佐治 伸郎	早稲田大学人間科学学術院人間科学部 准教授

執筆者

辻 幸夫	慶應義塾大学名誉教授
松井 智子	中央大学文学部
篠原 俊吾	慶應義塾大学法学部
千葉 祐弥	NTTコミュニケーション科学基礎研究所
岡田 美智男	豊橋技術科学大学情報・知能工学系
横森 大輔	京都大学国際高等教育院
深田 智	京都工芸繊維大学基盤科学系
早瀬 尚子	龍谷大学文学部

(執筆順)

シリーズ刊行の趣旨

　本シリーズ「ことばの認知科学」（全4巻）は，20世紀に生まれた認知科学における言語研究を踏まえた上で，特に21世紀に入って著しい理論的・実証的研究の飛躍的な展開を概観したものである．第1巻『ことばのやりとり』，第2巻『ことばと心身』，第3巻『社会の中のことば』，第4巻『ことばと学び』という観点でそれぞれまとめられ，各巻8章，シリーズ全体は32章から成り立つ．各章のトピックとなる研究分野において押さえておきたい基礎知識と概要，そして現在の研究課題や今後の展望について書き下ろしている．

　シリーズの特徴は大きく3つある．1つめは人文・社会・自然科学などの関連分野で活躍する35人の専門家が，それぞれの学問的研究成果を携えて，認知科学という学際的観点からの言語研究を解説している点である．2つめは言語の音韻・形態・統語などの静的・構造的問題から，言語のもつ意味やコミュニケーションにおける振る舞いなどの動的・機能的側面についての研究課題を重要視している点である．3つめとしては，伝統的な言語研究の手法であった直感・作例・テキストに頼る言語の定性的な研究手法を受容した上で，21世紀の言語研究の大きな特徴となる，言語の動的な側面と使用者との関連を定量的な手法も用いて解明する研究スタンスを強調していることである．そして言語現象の説明・記述において再現性を考慮した実験・観察および統計的・構成的な手法を試みる方法論的転回も反映したものになっている．

　言語は人間の認知活動の多くの側面に深く関係するため，必然的にいろいろな分野で研究が行われている．学問の多様性を統合する形で生まれた認知科学は，計算論的なアプローチにはじまり，状況性，身体性，相互作用などさまざまな観点を加えて発展してきた．本シリーズではこうした認知科学の展開を見据えて，文系や理系という学問的制度のもつ制約にとらわれることがないように編まれている．

　本書が想定する読者は，ことばに関心をもつ学生から大学院生，特に言語学，

心理学，教育学，自然言語処理，医学，看護学などを専攻する初学者，教育，医療，福祉などに従事する専門家，言語と認知について関心を抱く他分野の専門家や一般読者を想定している．広い観点から，各々の興味の対象となる言語研究に考えを巡らすことができるような「ことばの認知科学」への誘いを目指している．読者1人1人が言語と認知について学問分野の垣根を越えた学際的洞察を得られることができればと編者は願うものである．

編集者　辻　幸夫・菅井三実・佐治伸郎

まえがき

　第 1 巻は，「ことばのやりとり」というテーマのもと，言語を人間関係という観点から捉えた 8 つの章で構成されている．本シリーズの最初の巻に「ことばのやりとり」というテーマを挙げたのは，ことばというものが，その起源の問題はともかく，実質的には人と人との相互作用の中で発生し，運用され，発達してきたという，言語の本質的な側面を反映させる意図があってのことである．

　第 1 章「認知科学と言語研究」は，本巻の最初であると同時にシリーズ全体のはじまりでもあり，シリーズ全体を俯瞰しつつ，認知科学の視点に立った「ことばの研究」を概観する内容になっている．この第 1 章によって，これまでの「ことば」に関する認知科学的研究の概要を知ることができるであろう．第 2 章「ことばと意図理解」は，コミュニケーションの根本にある意図理解に焦点があてられる．コミュニケーションにおいて重要なのは，単なる情報の伝達というより，むしろ「意図」の理解であり，言語の獲得や進化も意図理解を通して行われる．ここでは，語用論的な議論について心理学や人類学的な視点にも言及しながら，発話における意図がどのように表され理解されるかを概観する．第 3 章「ことばと暗黙知」は，言語を支える知識と言語学習に焦点があてられる．コミュニケーションにおける伝達内容や発話意図が成り立つのは，明示的な言語情報とともに，言語共同体あるいは同一文化内において共有される非明示的な背景的情報によるところが大きい．そのような背景的情報を「フレーム知識」や「百科事典的知識」などの観点から概観する．第 4 章「ことばと対話の多層性」は，ことばのやりとりとは，ことばだけではなく，ことばを取り巻くさまざまな認知・行動的要素によって実現しているという側面に焦点があてられる．具体的には，イントネーションや声の出し方，話す速度などのほか，視線や身体動作などが取り上げられ，ことばのやりとりとはこうしたパラ言語や非言語的情報と言語表現そのものが多層的な構造で成り立っている事実を概

観する．第5章「ことばとロボット」は，視野を大きく広げ，人とロボットの対話の成り立ちについて構成論的アプローチから焦点をあてる．人とロボットの対話という問題への取り組みは，ロボットや人工知能（AI）にコミュニケーション能力を実装するという先端技術の開発だけではなく，人のコミュニケーションの本質を探ることにつながるものである．第6章「ことばと相互行為」では，対話というものがいかにダイナミックに進行するのかということに焦点があてられる．人の対話とは一見すると非決定論的であり，ターン（発話の順番）によって大きく変動する複雑性を内在し，科学的研究を拒むように見える．本章では，相互行為とことばがどのように影響を与え合っているのか，会話分析の立場からそのダイナミックな認知過程を認知科学的に概説する．第7章「子育てのことば」では，養育者と子どもとのやりとりに焦点があてられる．家庭や集団保育や教育の現場にも視点を向け，養育者と子どもとの具体的な対話を観察する．加えて，言語獲得と社会化など，子どもと社会との関係を広い視点で概観する．第8章「カウンセリングのことば」は，カウンセラーとクライアントとのことばのやりとりに焦点があてられる．カウンセリングの場では物事の認知的枠組み（捉え方）の変容が求められているが，ことばのやりとりの果たす役割が極めて大きい．これまでの言語研究の知見がいかにカウンセリングに援用されうるかについて，認知言語学や認知行動療法などに触れながら認知科学的に概観する．

　本巻は，コミュニケーションにおける意図や背景知識といった心理的な側面のほか，言語コミュニケーションと非言語コミュニケーションの多層構造を押さえつつ，対話の対象についても，ロボットとの対話，養育者と子どもとの対話，クライアントとの対話まで広く含んだ構成になっている．本書が，読者の皆さんにとって，「ことばのやりとり」に関する言語研究の過去と現在そして今後の姿を知る一冊になることを願ってやまない．

　　2024年9月

　　　　　　　　　　　編集者　辻　幸夫・菅井三実・佐治伸郎

目　　次

第1章　認知科学と言語研究……………………………………[辻　幸夫]… **1**

　第1部　現在までの流れ……………………………………………… 1

　　第1節　認知とは何か………………………………………………… 1

　　第2節　認知科学の成立……………………………………………… 5

　　第3節　言語の認知科学……………………………………………… 8

　　第4節　認知科学の潮流と言語学…………………………………… 13

　　第5節　言語の生物学的基盤………………………………………… 21

　第2部　今後の展望…………………………………………………… 24

　　第6節　認知科学と言語研究の今後………………………………… 24

第2章　ことばと意図理解………………………………………[松井智子]… **33**

　第1部　現在までの流れ……………………………………………… 33

　　第1節　発話の意味と話し手の意図：語用論的アプローチ………… 33

　　第2節　乳幼児の伝達意図の理解…………………………………… 35

　　第3節　意図された意味の理解……………………………………… 37

　　第4節　意図理解の困難さ：自閉スペクトラム症と社会的語用論的障害

　　　　　　………………………………………………………………… 48

　第2部　今後の展望…………………………………………………… 50

　　第5節　話し手の意図を理解する：推論の本質を明らかにするために

　　　　　　………………………………………………………………… 50

第3章　ことばと暗黙知…………………………………………[篠原俊吾]… **55**

　第1部　現在までの流れ……………………………………………… 55

　　第1節　私たちは何を知っているのか……………………………… 55

　　第2節　対象，出来事の理解………………………………………… 61

vi 目 次

第3節　知覚的シンボルと学習………………………………………… 70
第2部　今後の展望…………………………………………………… 73

第4章　ことばと対話の多層性…………………………………［千葉祐弥］… **76**
第1部　現在までの流れ……………………………………………… 76
第1節　非言語行動を媒介したコミュニケーション………………… 76
第2節　非言語コミュニケーションの特徴…………………………… 79
第3節　非言語コミュニケーションチャネルの種類とその役割……… 82
第2部　今後の展望…………………………………………………… 91
第4節　非言語コミュニケーション研究の展望……………………… 91
コラム　音声が伝える「情報」………………………………………… 94

第5章　ことばとロボット………………………………………［岡田美智男］… **97**
第1部　現在までの流れ……………………………………………… 97
第1節　なぜロボットを作ろうとするのか…………………………… 97
第2節　認知的ロボティクスの黎明期………………………………100
第3節　認知的ロボティクスから社会的ロボティクスへ……………104
第4節　ロボットと「環境」との出会い………………………………107
第5節　「ことば」に埋め込まれた身体性……………………………109
第2部　今後の展望……………………………………………………112
第6節　ロボットの「ことば」と他者との出会い……………………112
第7節　人の心を揺り動かすには？…………………………………117

第6章　ことばと相互行為…………………………………………［横森大輔］… **119**
第1部　現在までの流れ………………………………………………119
第1節　はじめに：相互行為の中のことばと言語研究………………119
第2節　会話分析：相互行為における「分析」と「試行錯誤」の科学
……………………………………………………………………121
第3節　会話における順番交替とその言語的要因……………………129
第2部　今後の展望……………………………………………………136

目　　　次　　　　　　　　　　vii

　第4節　分析と試行錯誤が作る発話の姿：投射可能性と言語研究への
　　　　含意……………………………………………………………136
　第5節　おわりに：相互行為に基づく言語研究へ………………………139

第7章　子育てのことば………………………………[深田　智]…**142**
　第1部　現在までの流れ………………………………………………142
　第1節　言語獲得と養育者からのことばがけ…………………………142
　第2節　社会化と養育者からのことばがけ……………………………150
　第3節　集団保育・集団教育の中でのことばがけ……………………157
　第2部　今後の展望……………………………………………………159
　第4節　多様な子どもとことばがけ：他の表現手段も用いて…………159
　第5節　母子の関係から子どもを取り巻く環境全体へ………………160

第8章　カウンセリングのことば…………………………[早瀬尚子]…**164**
　第1部　現在までの流れ………………………………………………164
　第1節　はじめに：言語学からのインタラクションへの試み…………164
　第2節　言語学とカウンセリング………………………………………165
　第3節　言語学的概念とその応用………………………………………168
　第2部　今後の展望……………………………………………………176
　第4節　認知言語学とカウンセリングへの応用………………………176
　第5節　おわりに：今後の研究への展望………………………………183

索　　　引…………………………………………………………………185

第1章　認知科学と言語研究

辻　幸夫

◆ キーワード
認知(機能)，心的過程，情報，表象，マルチ／クロスモーダル，相互作用，認知革命，状況的認知，身体化(された)／身体性認知，社会的認知，生成文法，認知言語学，用法／使用基盤モデル，構文文法，自然言語処理，ニューラルネットワーク，神経相関

　認知科学をひとことで表現すれば，情報処理という観点から心の構造と機能について研究する学際分野だといえる．その特徴は，心理学や神経科学，言語学，計算機科学や情報科学，人工知能などの個別分野における研究成果の蓄積を基盤として，分野の垣根を越えた基礎研究と多様な応用研究によって成り立つところにある．様々な認知的な営みの中で，とりわけ言語は人間に特徴的である．しかし認知科学とその中で行われた言語研究が大きく展開したのは20世紀半ばになってからである．以下では，認知とは何か，認知科学とは何か，言語とは何か，現在までの流れを踏まえた上で，言語の認知科学を概観する．

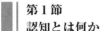

第1節
認知とは何か

(a) 認知，言語，認知科学

　認知科学 (cognitive science) とはどのような学問か，認知 (cognition) とは何かなど，基本的な疑問を抱く読者がいるかもしれない．本章前半では認知科学の一般的な解説を提供し，後半で言語の認知科学を俯瞰したい[1]．

　認知科学について概論書には「動物も含めた人間の知性や，人工知能システムなどの知的システムの性質や処理メカニズムを理解しようとする学問」(内村ほか，2016)，「心のはたらきにかかわる現象を，伝統的な学問分野や文系理系医系の区分にとらわれず，「情報」の概念をもとにして理解しようとする知

---

[1] 本シリーズ(全4巻)の各章は言語の認知科学について各専門分野の視点で書かれているため，「認知」および「認知科学」そのものについては本章で概観する．各分野の概要や具体的な研究事例については，各巻各章を参照しやすいように重要文献とともに随時明示していく．

的営み」（安西，2011），「哲学，心理学，人工知能，神経科学，言語学，人類学からなる心と知性に関する学際研究」（Thagard, 1996［筆者訳］）とある．認知科学の成立以前は色々な分野で別々の関心から，システムにおける情報入出力と処理機構についての研究が遂行されていた．言語を含む認知の構造・機能・心的過程，情報の数学的モデル，認知の脳内過程，知的機能の機械的模倣，認知と行動，認知と社会・文化，心身問題など様々だった．これらが後述する認知革命のうねりの中で融合し「人間，動物，機械などの「知」を研究する学際的総合科学が成立した」（辻，2013）のである．異分野の融合が必要だった点をどう理解するかによって認知科学となるか，各分野にとどまるのか，方向の定まらない研究分野で迷子になるかが決まると言えるだろう．

　認知科学の「認知」については次節以降で説明するが，一般にいう記憶，学習，言語，推論，実行機能などの認知機能（cognitive function）と大方は同義に捉えてよい[2]．とりわけ言語は進化的にもっとも後発であり，様々な認知的相互作用を土台として成り立つことが特徴だ．言語の獲得（習得）と運用には，カテゴリー知覚や巧妙な構音運動機能など身体的能力のほかに，豊かな学習能力[3]，想像力，記憶力，高度なカテゴリー形成や表象・記号操作の能力，アブダクションなどの柔軟な推論能力[4]，心の理論や共同注意[5]の構築能力，向社会性など様々な認知能力とそれらの相互作用が要求される．

（b）心と情報処理

　認知科学は人間を情報処理器官と想定している．人間は生きるために水や食物を摂取する必要があるように，生存に必要な情報を得る必要もある．このように考えれば情報にも〈入力（摂取），処理，出力（利用）〉という過程を想定できる．簡単に言えば，入出力の間の処理過程（変換，蓄積，再構成など）が

2）　具体的な認知機能を認知能力とも言う．一般に「非認知能力（noncognitive skills/abilities）」という用語が「コミュニケーション能力」や「感情調整」など計測困難な心理特性を指すが，それらも認知機能を構成する点は注意が必要だ．

3）　学習に関する認知科学は佐伯・渡部（2010）が網羅的．

4）　言語獲得とアブダクション推論への入門は今井・秋田（2023）が便利．

5）　共同注意（joint attention）は二者が共通の対象に注意を向ける三項関係コミュニケーションの基盤（Scaife and Bruner, 1975; Tomasello, 1999）．心の理論（theory of mind）は他者の心の内を仮説想定する能力（Premack and Woodruff, 1978）．いずれも他者の意図・信念の理解に関係し，言語習得と運用にとって枢要である（第1巻第2章，第4巻第4, 6章を参照）．

第1部　第1節　認知とは何か　　*3*

認知に相当する．生体の帰還機構（フィードバックシステム）が身体の恒常性（ホメオスタシス，homeostasis）維持のために機能するように，認知的に出力された情報は思考や行動として実現するだけでなく，入力として循環（ループ）し，思考・感情・行動の制御など認知機構で重要な役割を果たしている．このように認知科学では「情報（information）」という概念を導入し目に見えない心の働きを究明する手がかりとしている．

　人間には物理刺激を受容するための感覚器（sense organ）がある．受容した物理刺激は電気信号に変換され大脳皮質の特定部位で視覚，聴覚，嗅覚，味覚，触覚など感覚情報に変換される．さらに連合野を経て有用な（意味ある）情報に作り替えられて思考や行動という出力へつながっている[6]．感覚器が受容する物理刺激は人間が意味付け可能な環境世界に属するもので，同じ時と場所を共有していても人間と他の生物とは異なる世界に生きているとも言える．例えば人間にとって情報量の多い視覚と聴覚でさえ可視光域（350 ～ 830 nm の波長光）と可聴域（20 ～ 20,000 Hz の空気振動）が極めて限られている[7]．

　このように視覚，聴覚など個々の感覚器で得られた刺激経験の種類を感覚モダリティ（感覚様相，sensory modality）と言う[8]．複数の感覚情報を統合して意味情報に復元する場合を多感覚統合（multisensory integration）と呼び[9]，ひとまとまりの表象（representation）として学習・経験する[10]．こうした心的過程は感覚よりも複雑であり，一般に知覚（perception）とされる．例えばカフェに入ると特定の嗅覚刺激がコーヒーを意識上に呼び起こす．しかし厳密には日々遭遇するコーヒーは場面ごとに異なるので，物理的には一回性の別個の嗅覚刺激群として存在するはずだ．しかし1つのまとまりとして抽象的レベル

---

6)　五感のほかに平衡感覚，運動感覚，内臓感覚など内部感覚も入力となる．

7)　「環境世界」はユクスキュル（Uexküll, 1934）の用語．池上（2001）も参照．コウモリ，イルカ，犬，夜行性の蛾などは超音波を聞くことができる．魚はヒトよりはるかに聴覚や嗅覚が優れており，水圧や水流も精密に感知する．またノミや一部のヘビなどの捕食動物は赤外線を敏感に感知し，蝶には紫外線が見える．

8)　言語は本質的に多感覚的（マルチモーダル）である．詳細は第1巻第3～6章を参照．また第2巻は第1章と第5章をはじめ全章が詳しい．さらに田中（2022）も参照．

9)　小説やマンガは文字と静止画の情報だが，読者が仮想マルチモダリティの時空間における事象や事物を構築できるよう様々な工夫が施されている（第3巻第5章を参照）．

10)　表象とは心に描くことが可能な事物や事象の記憶，知識あるいは知覚的な心的表象（mental imagery）を指し，言語など符号化による操作可能なものも含む．

で記憶がコーヒーを同定している．これはカテゴリー（範疇）知覚（categorical perception）の一種であり，コーヒーを飲むたびに「香り，味，色合い」などが多感覚統合した知覚表象として記憶に上書きされるのである[11]．この記憶は「豆を焙煎し細かく挽いてから熱湯を濾過して食後に飲む，喫茶店で飲む，自分にとっては紅茶と同様に好きな飲み物だ」など，豊かな記憶（知識）とも連合が可能で，好き嫌いの感情や価値判断も喚起する．しかし常にすべてが意識上に浮き上がるわけではない．つまり認知とは〈入力−処理−出力〉という単純な線的処理ではなく，脳の様々な部位で処理された感覚情報が連合するように，心的過程としても並列分散し，階層的ネットワークとして機能するような高次機能だということがわかる（Mesulam, 1990）．

　最も重要な点は，上の例の「コーヒー」という言語記号が特定の飲み物に貼付されている事実だ．【コーヒー】という音声あるいは写真や実物に接すれば「コーヒー」の語とともに〈コーヒー〉の概念が想起される[12]．コーヒーが眼前になくても記憶にある心的イメージ（心的表象／心像）を想起できる．言語記号を使用することで，抽象的・具体的あるいは現実・非現実であることを問わず，あらゆる記憶や経験が縦横無尽に結びつく想像という心的過程とともにコーヒーを意識に上らせることができる．言語記号を用いることで，膨大かつ異質な情報についての処理や操作が容易になるのである．言語が人間の認知機能を際立ったものにしている点の1つはここにある．言語を介した心的過程では，特定の言語音に関する感覚系の記憶と対になる構音運動などの手続き記憶，そして言語音が表す意味記憶と関連する知覚表象，概念や経験などが結びつき，各々簡単には切り離せない状態で構成されている[13]．極めて効率的な記憶（記銘，保持，想起のメカニズム）が機能すると同時に，言語によって区切られた

---

11)　外界の刺激を端緒に形成される知覚表象と外界の刺激がなくても形成可能な記憶表象とを区別する場合もある．

12)　実物のコーヒーと「コーヒー」という語と，コーヒーの文字や写真などが皆同じものを指すと理解する場合，刺激等価性と推移性があると言う．そして例えば〈語→実物〉〈実物→語〉の双方向が実現できれば対称性があると言う（Sidman, 1994）．これらは言語記号の習得と運用に重要だとされている（山本，1992；甘利・入來，2008）．

13)　結合に問題が生じれば言語の理解や産出に障害が発生する．言語障害などについては第2巻第5章，第4巻第7章を参照．なお言語と記憶については第2巻第6章を，言語と運動については同巻第8章を参照．

知識が人間の思考や行動に認知的枠組みを作り，意味情報の生成や利用を可能にしているのである．

ある種の鳥や猿のように，簡単な記号的コミュニケーション能力を持ち学習する種もあるが（正高・辻，2013），人間の場合はそれとは次元が異なる言語的世界を有している．世界の 7,000 ほどの言語には独特の語彙や音韻，形態，統語の複雑なパターンが存在し，常に言語文化共同体の中で共有・継承される．言語は変化が速いのも特徴だ．また異言語間でのコミュニケーションや精細な情報共有も可能である．人類は言語を使用することで，ゲノム進化とは別の時間的・空間的スケールで社会・文化の多様性を経験し，同時に文化や知識・技術の共有が思考や行動を収斂させるという，相対性と普遍性のダイナミックな変化の中にいる（Mesoudi, 2011; Henrich, 2015）．人間は環境との相互作用に加え，言語自体が築く情報環境との相互作用を持つ認知的世界の時代に生きている[14]．こうした課題に総合科学的にアプローチできるのが認知科学である．

第2節
認知科学の成立

（a）心の科学的探求（認知革命）

認知科学が成立した背景的要因は多様だが，読者がイメージを描けるように便宜的に整理すると以下の4つが考えられる．

① 認知研究に学問的なパラダイムシフトがあった[15]．

② 認知は専門・細分化した学問のあり方では捉えることが困難であった．

③ 20 世紀に入り研究成果の蓄積が質，量，多様性において急拡大した．

④ 学問を支える方法論や技術の発展が急展開した．

背景的要因は密接に絡み合い 1950 年代に大きな転換点に差し掛かった．この流れをわかりやすく「認知革命（cognitive revolution）」と呼び，1つの潮流が成立したのである（Gardner, 1985; Miller, 2003）．

---

14) 言語と文化，文化進化は第3巻第3章を参照．なお言語に限らない豊かな想像力，表象形成能力，表現力，向社会性なども人間の大きな特徴である点を見逃してはならない（辻，1997）．さらにコミュニケーションや知意意の共有・継承に枢要な「物語・語り」に関しては甲田（2024）を，人間を大きく特徴付ける「笑い」については第3巻第4章を参照．

15) パラダイムシフトはクーン（Kuhn, 1962）の概念で，学問の理論的枠組みの大きな転換（科学革命）を意味し，ここでは別掲の「認知革命」を指す．

もう少し具体的にみてみよう．古来あった人間に関する考察では，物理的存在である身体は形態（解剖学的側面）と機能（生理学的側面）のいずれも相対的には捉えやすかった．他方「心の働き」については目に見えない主観的な経験という側面が問題を難しくしてきた．近代以降も哲学や精神分析，初期心理学の意識研究など一部で扱われたが，大方は等閑視されてきた．20世紀に入り心的過程を避ける科学指向の心理学の声が大きくなった．心的過程は不可視で触知不可能なため科学的研究には馴染まないとして，表出行動（反応）など観察可能な変数を拠り所とする行動主義心理学が台頭したのである．しかし有名なテューリング（Alan M. Turing）の記号（数理）処理モデルや，1940年代に入るとウィーナー（Nobert Wiener）によるサイバネティクス（cybernetics; Wiener, 1948）や[16]，シャノン（Claude E. Shannon）による情報理論が展開し（Shannon, 1948）[17]，情報の入力と計算による処理過程の数理モデルが提示されるようになった．またニューウェル（Allen Newell）とサイモン（Herbert Simon）による問題解決プログラムと物理記号システム仮説は影響力が大きく，コンピュータの開発も急展開して人工知能（AI）の研究が始まった．情報理論の精緻化と計算処理の並列高速化は，認知科学の勃興を促したが，現代においても表示／計算の基盤と手段を提供している[18]．

　一方，心理学では過度な行動主義に対する批判もあり，情報処理という観点から心的過程の解明を目指す認知心理学が誕生した[19]．ナイサー（Ulric Neisser）は認知について「感覚入力を変換し，単純なものに還元，精緻化，貯蔵，復元，利用する，これらすべての過程を指す」（Neisser, 1967: 4［筆者の簡訳］）と簡潔に説明し，その上で外的刺激がない場合も作用する過程が特徴だとして認知主義を明確に打ち出している．

　同時期の言語学は行動主義の影響を大きく受けており，特に米国では音声，形態，統語など観察可能な形式的側面に重きを置くアメリカ構造言語学が殷盛

---

16) 通信制御工学や情報理論を応用し，動物や機械の自動制御機構について統一的に扱うことが可能であると提示した．

17) 現代の情報理論を確立したと言われている．

18) 情報科学，計算機科学，人工知能については第1巻第5章，第3巻第6〜8章を参照．

19) 認知心理学の入門は箱田ほか（2010）が幅広い内容で読みやすい．

を極めていた（第3節 (b) 参照）．その中でチョムスキー（Noam Chomsky）は，行動主義心理学を牽引するスキナー（Burrhus Skinner）が進めた心的過程を考察対象から外す言語行動分析を批判した（Chomsky, 1959）[20]．そしてチョムスキーが生成文法（generative grammar；第4節 (a) 参照）を提示する1960年代半ばにはアメリカ構造言語学は勢いを失っていった．ただ言語の心的過程の解明には生成文法を含む理論言語学的方法では不十分であり，厳密な被験者実験，観察，模擬実験など実証経験科学的な方法が要求される．神経学・生物学的流れを汲む研究（Lenneberg, 1967）や，すでに存在していた心理言語学（Osgood and Sebeok, 1954）も加わり，現在までに言語の心的処理，言語病理学，言語獲得など多様な研究が行われるようになった（Harley, 2014）．

(b) なぜ認知科学か：細分化から統合・融合へ

認知科学を理解する上で，成立背景の1つとした学問の専門化・細分化の問題にも触れなければならない．「万学の祖」と呼ばれるアリストテレスがそうだったように，かつては哲学者が人間や動物，自然，倫理や論理，政治，社会，文化など森羅万象の根本原理を考察した．現代の学問の事情は全く異なる．例えば心の探究は心理学や精神医学へ，身体研究は解剖学，生理学，病理学などの基礎分野へ，自然の探究は物理学や化学へと枝分かれした．論理や数学は科学に必須の説明手段となり独自に進化している．本章に関係する心理学は「○○心理学」という名称で専門分化している[21]．専門領域の分化は学問発展の帰結だが，肥大化した縦割りの行政組織を想像すればわかるように，学問の蛸壺化を惹起した．認知科学成立要因の1つに，この状況を回避する学際的な場の必要性が各方面から指摘されたことがある．

ただ，心の構造と機能は多面的な考察を要求する課題だが，同じ対象に関し

---

20)　チョムスキーの批判は当時の思潮に沿ったもので，スキナーが基礎を築いた行動分析学（behavior analysis）そのものは現代では大きく進展している．実験・理論・応用行動分析学のいずれも様々な領域で分析法の基盤となっている点は付言しておきたい．言語に関しては浅野ほか（2023）を参照．

21)　○○心理学に入る分野名称としては，実験，数理，計量，生理，神経，知覚，認知，発達，教育，学習，社会，言語，文化，臨床，パーソナリティ，比較・動物，生物，進化，犯罪，異常，産業・組織，職業，カウンセリング，家族，芸術，音楽，健康，老年，災害，消費者，観光，環境，スポーツ，法など，紙面の制約上すべてを掲載できない．

て別々の専門研究が進められていても，幸いなことに研究成果の相互参照は比較的容易だった．例えば心理学と神経科学・情報科学，言語学と心理学・自然言語処理など，異分野の研究成果を有効に相互利用する領域横断的・集学的（multidisciplinary）な状況は自然にあった．ここに至って新たな課題創出や解決法の開発を統合かつ融合して進める学際的（interdisciplinary）な研究実践の場として，認知科学が成立したと言える（Gray, 2019）．

　アメリカ認知科学会第1回会議（1979）招待論文にノーマン（Donald Norman）の有名な論考がある．認知科学の研究課題例として「信念体系，意識，発達，感情，相互作用，言語，学習，記憶，知覚，行為の実行，技能／スキル，思考」（Norman, 1980: 14［筆者訳］）の12を列挙している．彼によれば，上記課題は異分野において独自の興味や方法論で研究されることが想定できるが，メタ理論的に見れば相互関連しており，深い考察に至る道筋を異なる方向から提供するものだというのである．言語を例にしてみよう．神経科学であれば言語に関係する神経ネットワーク（神経回路網）の動態（言語の受容や表出についての感覚運動・認知的な神経活動）に焦点を当てる．心理学は言語心理過程について，感覚運動系と記憶や思考などその他の認知機能との関連を，心の働きや行動という文脈の中で考究する．他方，言語学は音韻，形態，統語，意味，語用（運用）のような言語構造や機能について独自の視点と方法で分析を試みる．異分野の研究には直接的な相互関係はないように見えるが，認知科学的な観点に立てばそうではない．例えば心理言語学，神経言語学，認知言語学，計算言語学など「○○言語学」の多くはすでに認知科学を構成する横断的研究分野となっている．また言語習得を研究する諸分野はそれぞれ異なる視点や捉え方，探究方法，モデルや仮説，検証法を有しているが，基本的に他領域の知見は科学的研究を進める上でほぼ必須である．

第3節
言語の認知科学

(a) 認知機能としての言語

　次に認知科学的観点から言語がどのように捉えられるのか，現在までの主な研究に言及しつつ概観したい．前節までに述べたように言語は人間を大きく特徴付ける認知機能だが，重要な点は言語が認知全般の中で占める位置にある．

第1部　第3節　言語の認知科学　　　　　9

例えば知覚，記憶，学習などの機能は，仮に言語を前提としなくても原理的には成立する．一方，言語はこれらの機能を前提条件として相互作用を持たなければ有効に成立しない．進化的には言語は最も後発の機能である．言語活動に関わる心的過程や相関する神経ネットワークは脳全体に並列分散し，輻輳や階層性もあり複雑だ．言語が果たす役割も知識の記憶・共有・伝播，思考・推論・問題解決，コミュニケーションや自己表現など様々である．言語の構造と機能を詳細に扱い，全体を解明するには学際的な認知科学的アプローチが適することは容易に想像できるだろう．

　言語は音波（音声言語）や視覚パターン（手話言語[22]，文字言語）あるいは凹凸の触覚パターン（点字）という物理現象として存在する．厳密に言えば，私たちが聞いたり読んだりするものは言語ではなく物理現象だ．私たちの脳が情報を担う言語として読み替えている．さらに言語を使いこなす私たちにとっては，通常，言語が感覚・運動や思考と一体化していると感じられる．難しい場面でない限りは，言語音声や文法，意味などは意識せずに使いこなせる．熱い鍋に触れれば「熱い」と手を引っ込めて吃驚し，悲喜こもごもの複雑な感情にも表情を交えて言葉が出る．しかし自分自身と言語の一体感は生まれてすぐに生じるわけではない．学習と経験をする中で神経ネットワークのパターンが構築され，心的過程として自動化していく．いったい言語を実現するための複合的能力はどのように展開しているのだろうか．

　現在，世界に存在する 7000 ほどの自然言語は発音や文法形式がそれぞれ異なる．はたして言語には人間が使いこなせるような一定の構造と構成要素があるのだろうか．あるいはそうした要素は言語以前の認知的要因が関与するのかもしれない．いずれにしても何かがなければ，生まれてきた子どもは言語を習得できないばかりか，言語が世代を超えて継承されることはないだろう．ディーコン（Terrence W. Deacon）によれば，言語は人間の脳にとって獲得しやすいように選択圧を受けてきている．彼の比喩で言えば，あたかもウイルスが感染するように，そして人間同士が交流すればするほど言語は脳を宿主として入り込み伝播する（Deacon, 1997）．すなわち言語は脳にとって処理しやすい適

---

22)　手話言語の認知科学については第4巻第8章を参照．

した形に，現実的に使いやすいものに常に変化していて，脳に不都合な言語は淘汰される．これが意味することは，言語が記号として脳内で構造と機能を結びつけ個体内の心的過程として存在するということ，そして他者との間の情報交換を可能にする物理的形式となっていることから，社会・文化現象としての存在でもあることだ．つまり言語研究は記号としての形式的な側面やその演算過程に加えて，個体の神経動態と心理過程，個体間の相互作用，社会変容，文化進化の力学などの文脈も視野に入れなければ十分な説明はできないことを意味する（Gardner, 1985）．事実，このことと呼応するように言語認知科学の研究領域が展開してきた[23]．

(b) 情報をつなぐ記号系としての言語

言語は個人的かつ社会文化的であることを前節で見た．この点に関しては近代言語学の父と呼ばれるソシュール（Ferdinand de Saussure）も考察していた．彼は言語について構造主義的観点から，特定の時と場所で個々人が使用する個別的，瞬時的なパロール（parole）だけを対象とするのではなく，個人が属する言語共同体に共有される，恒常的かつ一般的な言語規則体系としてのラング（langue）を特に研究対象とする必要性を説いた（Saussure, 1916）[24]．単語の音声や綴り方あるいは音声などの個別項目の歴史的変遷に興味があった当時の言語研究に対して，彼の考え方は抽象的な言語体系を措定し，言語の科学的研究への道を開くきっかけを作ったと言える．

ソシュールは言語記号について「記号表現（音声や文字）と記号内容（意味や概念）の結合対（ペア）である」という定義を与え，言語体系はその項目間の対立によって成立しているとした[25]．言語記号を作る結合は同時代の同一言語共同体において共有されるが，その結合は恣意的なものが慣習化されていることから変化や多様性を惹起する特性にもなっている．言語の恣意性（arbi-

---

23) 言語と社会心理については第3巻第1章や岡本（2000），社会・文化的文脈で見た言語学的側面については第3巻第2, 3, 5章，社会的相互行為としての言語については第1巻第6章を参照．本章では紙面の制約上触れなかった認知人類学も認知科学に大きく貢献しており，井上（2019）がわかりやすい．詳細は Kronenfeld et al. (2011) を参照．

24) 同時に言語は話者を離れて存在はしないとも指摘している点は注意．

25) ソシュールは言語記号をシニフィアン（signifiant：記号表現，記号列）とシニフィエ（signifié：記号内容，意味）の結合したものであるとした．

第1部　第3節　言語の認知科学　　*11*

traire）の指摘によって，言語の共有，変化，多様性の一般的な説明を試みた
と考えられる[26]．現代においてはソシュールの考え方がすべて有効というわけ
ではなく，彼の代表的な主張もいくつかは過去の研究者によって指摘されてき
たことである（Coşeriu, 1973）．しかしそれらを一般言語理論の中に明確に反
映したことの意義は大きい[27]．

　ソシュールが欧州で影響を与えた構造主義的な言語学と同時期に米国でも独
自の構造言語学が盛んとなった（第2節（a）参照）．米国の言語研究は，欧州
言語の文法概念を適用できないネイティヴ・アメリカン諸語を記述するなど成
果を上げていたが，同時に当時の行動主義が唱えた科学性と客観性を重んじた
ためにアメリカ構造言語学と呼ばれた．記述的網羅性と帰納的一般化が追求さ
れたことに大きな特徴があるが，言語の内的過程は研究の射程外だった
（Bloomfield, 1933）．アメリカ構造言語学に対抗する流れについては第4節（a）
で述べる．

(c) 言語の特性（分節／二重／離散無限性，線状性，階層性，プロソディ）

　1960年代に入ると構造主義の影響から言語の構造的特性が俎上に載った．
マルティネ（André Martinet, 1960）の二重分節性（double articulation）は
有名である．言語の特徴は物理的に記号連鎖が時間軸に沿って続く線状性（lin-
earity）を帯びることだ．この場合の線状性とは分節音（母音や子音など）の
組み合わせが連続する状態を指す．マルティネによれば言語は意味のある分割
可能な単位である語が結合し，語は意味のない有限個の音単位の組み合わせで
完成しているとした．日本語を例にすれば，「イルカ」は50音のうち3つの音
の組み合わせからできている（/i/ /r/ /u/ /k/ /a/ という5つの音素の結合）．
同じ組み合わせで「軽い」や「怒る」などの語も作れ，結合すれば「軽いイル
カ」という回文や「怒るイルカ」ともいえる[28]．構造言語学では二重分節は言

26）　恣意性は類像性（iconicity）や有標性（markedness）などの意味的な動機付け（motivation）や
　　オノマトペなど音象徴（sound symbolism）との関係で議論が続いている（第2巻第3章参照）．
　　また本章の第4節（c）「身体的認知：比喩的思考と言語」も参照．
27）　ソシュールの説は言語学だけでなく，記号学や構造人類学，文学批評，哲学・思想，精神分析な
　　ど多くの分野に影響を与えてきた．
28）　音素（phoneme）は無意味の単位，語は有意味の単位であるため，厳密に言えば分節の性質に
　　は違いがある．語は意味のある最小の言語単位としての形態素（morpheme）に分割することも

語の階層性（stratification/hierarchy）の最も基本的な構造として，その生成性・創造性・経済性のメカニズムとして強調されたのである[29]．

ホケット（Charles Hockett）も有名な論文で言語の普遍的特性を列挙している（Hockett, 1963: 8-9）．そのなかで離接性（discreteness）と二重性（duality）を解説し，マルティネと類似の主張をしている．言語の非連続的（個々に分離した）項目が組み合わさり，意味のある大きな単位を構成するという性質だ．音素や形態素など有限個の言語記号の結合は1回限りではなく，可能な範囲で何度も繰り返すことが可能で，複合語や句，節，文などをいくらでも形成可能だ．これは数学や論理学でいう離散無限性（discrete infinity）と同様の特性である．これによって言語では限られた数の音や形態素などの項目の組み合わせで長大な記号連鎖を作り上げられることが大きな特徴である．

最後にもう1つ，第1節（b）で指摘した言語のマルチモダリティが関係する点に触れる必要がある．前述のように言語表出の際は分節音の組み合わさった連続音となる．しかし実際の言語の産出や理解の過程では，分節音や音素のもつ離接性よりも，節や文がどのように連続的に発音されるかという超分節的な特徴（suprasegmental feature）が重要である．言語学では言語単位としてイントネーション（高低の変化），ストレス（強勢），プロミネンス（強調発音），ポーズ（休止，区切り）などは明記されるが，実際の言語産出時の特性は記述されない要素が多くある．例えば広義のプロソディ（韻律，prosody）として，声の大きさ（音圧），音の長さ（量），声色（質）や個人的特徴，発音の速度変化などである．対面であれば顔の表情や顔色，姿勢や動作，人との距離，発音や仕草が速いか緩慢かなど，マルチモーダル情報が言語と絡み全体を作り上げている（本巻第4章，第2巻第1章などを参照）．それらはパラ言語（paralanguage）として扱われるが，最も人間的な認知・言語行動のあり方として認知科学的に興味深い研究対象である[30]．

　　　できる．なお音素と形態素は言語分析上の抽象的単位．

29)　同じく自然言語である手話の特徴については第4巻第7章を参照．

30)　現時点で人間とAIの最も大きな違いは，身体や感情をもって言語を理解するという厳密な意味での自然な対話遂行能力にある（AI，ロボットとの相互作用については第1巻第5章を参照）．パラ言語情報と非言語情報については第1巻第4章を参照．

現代の言語認知科学は，こうした二重分節性や離散無限性などの形式的記号操作と，超分節音やプロソディ認知，意味との結びつきなどを含む言語情報処理がどのように脳の中で実現しているのか，心的過程はどうなっているのか，さらに子どもはどうやって言語項目結合を習得するのか[31]，その基盤や背景にはどのような能力が要求され，それが言語にどう顕在化するのかなど，様々な分野で研究が進められている．

第4節
認知科学の潮流と言語学

(a) 記号計算論と生成文法

アメリカ構造言語学に対抗する形で 1960 年代半ばにチョムスキーが生成文法（generative grammar）を提唱したが，その形式的な統語論中心のアプローチゆえに認知科学黎明期の記号論理的アプローチとは親和性があった（第2節 (a) 参照）．チョムスキーはソシュールのラング／パロールの対立と類似する言語能力／言語運用を想定し，前者を言語研究の対象であるとした．記憶や言い間違いなど他の認知的パフォーマンスの影響を受けた言語運用ではなく，理想的な話者／聴者を設定して抽象的な言語能力を研究対象と定めた[32]．初期認知科学において生成文法が研究目標を定め明示的な理論を提示したことは重要である．彼の主張を簡単にまとめると「ヒトは生得的に心的器官として領域固有の言語機能を有し，初期状態として普遍文法（universal grammar: UG）を有する」として，UG の解明が生成文法の目的の1つであるとした．UG には規則体系である個別文法を規定する特性があるとする 1960〜70 年代の標準理論（修正拡大標準理論まで）から 1980 年代の統率・束縛理論（UG を規定する原理とパラメーターの理論．government and binding theory：GB 理論）へ発展し，言語普遍性と言語獲得分野において議論を展開した．その後 1990 年代からの極小主義プログラム（minimalist program: MP）へと理論的枠組みが大きく改変され（Chomsky, 1995），UG 肥大化の問題を抱える GB 理論と最小化を目論む MP との議論が続いている．

---

31) 母語習得については第4巻第4章，バイリンガルは同巻第3章を参照．
32) ただしソシュールのラングは言語項目の体系であり，チョムスキーの言語能力は言語生成過程の体系と措定する点で異なっている（Chomsky, 1965: 4）．

MPでは自然言語の特性を離散的な項目結合操作の併合（merge）が反復適用される回帰性（再帰性, recursion）のみとしている（Chomsky, 2014）[33]．ハウザーら（Hauser et al., 2002）は「狭義の言語機能（faculty of language in the narrow sense: FLN）」と「広義の言語機能（faculty of language in the broad sense: FLB）」という2つの機能を区別し，FLNは人間に固有であり，そこには回帰的併合のみを認め，FLBには概念意図系と感覚運動系を想定している．しかしFLNのみが人間に備わると仮定しても，FLBが言語の実現に必須であることに変わりはない．その点に関しては心理学や比較認知科学あるいは神経言語学や認知言語学などの関心対象と重なっている（Suddendorf, 2013）．仮にこの区別を認めた上で認知科学的観点から見れば，言語の記号接地[34]が未解決の問題として残り，FLN/FLBの構成要素間のインターフェイスが大きな研究課題となる[35]．他方，併合演算を自然言語に特有なものとする理論内定義は可能だが，より広い文脈での併合的能力が言語に反映する可能性は排除できない．この点は個別理論を超えて明らかにする必要があるだろう[36]．

(b) 並列分散処理と状況的認知

生成文法がGBに入る1980年代，認知科学ではパラダイムを画するいくつかの流れがあり現在に至っている．1つ目は計算論的なアプローチで生じたコネクショニズム（connectionism）だ．ラメルハートら（Rumelhart and McClelland, 1986）の並列分散処理モデル（PDP/parallel distributed processing model）が代表的である．記号計算論が言語の記号単位処理を説明するとすれば，PDPモデルは脳の神経細胞の結合と活性化のパターンを模したボトムアップ式の神経回路網（神経ネットワーク, neural network）モデルを提唱している．この流れで，Elman（1993）は再帰結合型ニューラルネットワーク

---

33) 回帰性の定義が曖昧だったことと，かつて生成文法では埋め込み構造の生成を指したことがあったために議論が錯綜した（Pinker and Jackendoff, 2005; Everett, 2007; Martins and Fitch, 2014）．

34) 記号接地と身体性に関しては第4節 (c)「身体化認知：比喩的思考と言語」，第2巻各章，今井・佐治（2014）を参照．

35) 21世紀前後からミラーニューロンの発見を端緒に，他者や環境と個体との相互作用の中で，脳，認知，言語がどう進化し変容するかということについて興味深い発見や仮説が数多く出てきた．Arbib（2012）や岡ノ谷（2019）を参照．

36) 併合の類似操作は偏在するため，言語に限らず認知機能全般や行為・行動との関連から理解する試みも多い（Corballis, 2011; Suddendorf, 2013）．

によって，文法情報がなくてもインプットを徐々に増やす学習による文法獲得が可能であるとした（第2巻第6章参照）．コネクショニズムは生得性よりも学習を重要視し，言語処理におけるモジュール性も学習の結果である可能性を指摘するなど急進的な説を展開した（Elman et al., 1996）．その後，記号計算論的アプローチとのハイブリッドモデルも提案され[37]，現在までにパターン認識や言語を含む様々な課題の学習や記憶，推論などの問題解決シミュレーション研究に適用された．特に学習アルゴリズムは機械に実装可能な学習機能を生み出し，文字や音素認識などに応用され，現在の深層学習（deep learning），またそれを用いた自然言語処理や人工知能の基礎となっている[38]．

　2つ目は状況的認知（situated cognition）である．認知を個体内の心的表象操作過程と捉える表象主義に対して，状況的認知の立場からすれば，認知活動は個人の置かれた場面，他者や環境との相互作用，文脈・状況など外的要因に依存するので，社会・文化的文脈が考慮すべき重要な要素となる．語用（実用）論的推論スキーマ仮説が提示するように，日常の認知活動では真偽値を求める抽象的推論よりも，因果や義務などのスキーマを用いることが多い．1970年代のフレームやスクリプトの研究と同様に，構造化された知識であるスキーマの形成と使用が，多様な現実に則した最適解を得る枠組みとなることが明らかにされてきた．1977年以降，フィルモア（Charles C. Fillmore）が特定の言語項目（動詞や構文）を適切に使用する際に必要とされる情報すなわち言語の産出や理解を支える構造的知識としてフレームを想定し，フレーム意味論（frame semantics）を提案している（Fillmore, 1985）[39]．

　対話に代表される言語活動は，他者との共有場面で産出と解釈が交代しつつ同時進行で進む．したがって言語の産出と理解においては言語形式のもつ命題的意味，発話者の意図，心の理論（theory of mind）の構築[40]，状況・文脈の

37）　コネクショニストモデルについては都築・楠見（2005）が詳しい．

38）　言語と人工知能は第3巻第8章，ロボットと人とのやりとりは第1巻第5章，機械翻訳を含む自然言語処理は第3巻第6章が詳しい．言語分析上の大規模言語データ利用（コーパス言語学）は第3巻第7章を参照．

39）　第4節（c）「意味を紡ぐ：認知意味論と認知文法」と「語を紡ぐ：用法基盤モデルと構文文法」を参照．また第6章を参照．

40）　心の理論については脚注5を参照．また第2章を参照．

適切な理解が要求される．日常的会話はむろん，子育てや学校など学習と教育の場面，カウンセリングなど特殊な場面では状況的認知が大きく関与する[41]．例えば子どもは外界との相互作用を通して学習するが，ヴィゴツキー（Lev Vygotsky)[42] が主張するように，言語や道具をはじめ，大人とともに生活する共同体の性質など社会・文化的な環境との相互作用の中で言語習得や認知発達を遂げるという側面がある．状況的学習（situated learning）の理論では，行動主義や認知主義で注視された個人の内的過程で得られる外的対象の知識構築だけではなく，置かれた環境の中にどのように関わるのかという側面が重視されるのである[43]．言語活動における社会変種や地域変種の選択，対話場面における適切な言語形式の選択，ステレオタイプなど社会的認知に関わる表象の共有など，状況的認知は言語行動に内包される．現在では言語行為論，関連性理論，談話分析などの言語形式と推論の研究から，ポライトネスやフェイス（face）などの社会言語学的側面，エスノメソドロジー（ethnomethodology）や会話分析，談話機能言語学（discourse-functional linguistics）や相互行為言語学（interactional linguistics），あるいは言語行動を通して社会（状況）的認知（social cognition, socially situated cognition）に関わる社会心理学的分析にまで議論が展開されている[44]．

(c) 認知言語学

身体化認知：比喩的思考と言語　　言語の認知科学は1980年代にもう1つ別の転換点を迎えた．認知科学一般が状況性，相互作用，社会性などを射程におさめるのと同じく，認知言語学（cognitive linguistics）や機能言語学（functional linguistics）のように，身体や環境との相互作用と意味の生成を重要視

---

41)　カウンセリングという特定状況の言語と認知の関係は第6章を参照．バイリンガルの概略と教育，特別支援教育の場についてはそれぞれ第4巻第3，6章を参照．

42)　ヴィゴツキーの考え方は第4巻第1章に詳しい．

43)　教育とことば全般は第4巻第1章，多文化共生とことば，バイリンガルはそれぞれ第4巻第3，7章，特別支援教育や手話についてはそれぞれ第4巻第6，8章を参照．家庭や社会での子育ての言語活動は第1巻第7章を参照．

44)　言語的相互行為における意図理解や非言語行動を含む相互作用についてはそれぞれ第1巻第2章，第3巻第3章を，会話分析・エスノメソドロジー・談話分析・談話機能言語学については第1巻第6章と第3巻第3章を参照．百科事典的知識や暗黙知などの背景知識と言語は第1巻第3章を参照．社会（状況）的認知と言語については第3巻第1章を参照．談話分析については林（2008），崎田・岡本（2010）がわかりやすい．

する経験基盤主義（experientialism，経験主義ではないので注意）に立つ言語
研究が認知科学に参入したことである（山梨，2021）．認知機能は情報の読み
替えすなわち意味の生成と解釈に関わる心的過程であるため，何を計算してい
るのかという機能的・意味的側面が重要になる．しかし初期の認知科学を牽引
した形式的・記号論理的アプローチの多くは，暗黙のうちにコンピュータとの
アナロジーで心的情報処理の解明を試みていた．このアプローチは定量化と計
算可能性という点で重要だが，どうやって人間が身体的経験を通して第3節(a)
で触れたような，自分と言語や経験・知識との一体感を構築するのかという過
程についても解明する必要がある．これは言語の物理的な媒体（音声や手話）
である形態に対して，意味・機能がどのように照合され結合するのかという視
点であり，言語形式と内的表象がいかにして結びつくのかという記号接地
（symbol grounding）の問題でもある（Harnad, 1990）．音象徴（sound sym-
bolism）やオノマトペの研究などが現代的なトピックになっているが[45]，こう
した考え方の根底にあるのが言語の産出と理解における身体化（された）認知
あるいは身体性認知（embodied cognition）に焦点を当てた立場である（第1
節（b）も参照）．

　言語学で口火を切ったのはレイコフ（George Lakoff）とジョンソン（Mark
Johnson）による比喩に関する古典的な書だった（Lakoff and Johnson, 1980）．
従来，メタファー（暗喩）やメトニミー（換喩）などの比喩表現は修辞学や語
用論の問題として扱われてきた．彼らは，比喩は思考と行動（そして言語）の
根源的仕組みであり，概念形成や知識構築を可能にする認知的操作として再定
義したのである．「あること（もの）を別のこと（もの）にたとえて理解する」
というメタファーの基本的原理は，未知の事象（あるいは抽象的な事象）は既
知の事象（あるいは具体的な事物）との類似性や関係性に基づき理解され，他
方，認知的／言語的に柔軟な指示関係はメトニミー的操作によって可能になる
とした．特に比喩的認知で重要なことは，身体経験を抽象化（スキーマ化）す
る過程で，比喩の仕組みが役割を果たしていると想定する点である．言語や概

45）　第2巻第3章と第4巻第6節を参照．また，苧阪（1999），篠原・宇野（2013），秋田（2022）は
　　感性とオノマトペについて詳しい．

念のような高次の知識形成においては，身体の感覚運動的直接経験の比喩的転用と拡張という過程を経てつながりが形成されるという新たな切り口を提供したのである．特にイメージ・スキーマ（image schema）は身体的経験を土台とする準抽象的な知識の枠組みであるとした[46]．この考え方は20世紀末から現在にかけて比喩の認知科学的研究の深化を促したことにとどまらず（Gibbs, 1994, 2008），身体化認知に関する数多くの研究と符合することになった（Varela et al., 1991; Damasio, 1995; Gibbs, 2006; Sheets-Johnstone, 2011; Fincher-Kiefer, 2019）[47]．レイコフ自身も「従来は認知については記号操作としての理解が多かったが，人間は身体と脳で考える．思考は物理的で機能的な神経回路で実行される．抽象的な意味ある思考も身体的具現化を経て作り上げられる」［筆者の簡約］という，思考と言語の神経理論（neural theory of thought and language: NTTL）の開発を進めてきたと述懐している（Lakoff, 2012）．

意味を紡ぐ：認知意味論と認知文法　　1980年代後半は認知言語学が盛んになったが，レイコフがそれまでの研究をまとめたカテゴリー化に関する大著を出版し（Lakoff, 1987），ジョンソン（Johnson, 1987）も身体性とイメージ・スキーマを認知哲学的議論に展開した（Johnson, 2017）．特に前者は認知言語学を構成する認知意味論（cognitive semantics）の古典とされ，意味を活性化させる理想化認知モデル（idealized cognitive model: ICM）[48]や，言語と認知一般におけるカテゴリー化の諸相をプロトタイプ理論や家族的類似性などを援用して論じ，言語と意味について認知科学諸領域の研究成果と密接に関連づけて論じた．翌年にはICMに関連して，タルミー（Leonard Talmy）が虚構移動（fictive motion）や力動性（force dynamics）などについて提示し，言語は

---

46)　空間認知を例に取れば，前後，左右，上下，起点・経路・着点など，身体的・物理的経験から作られる抽象的な枠組み的知識．知覚からイメージ・スキーマや概念形成に至る議論についてはHampe（2005）を参照．

47)　身体化認知の観点から，言語と感性，知覚，情動については第2巻第3，4章，言語と身体・思考（比喩的思考を含む）は同巻第7章，言語と運動は同巻第8章を参照．言語と思考については楠見（2010）を，言語と身体性については今井・佐治（2014）を参照．

48)　ICMはフィルモアのフレーム（第4節（b）と第4節（c）「語を紡ぐ：用法基盤モデルと構文文法」），言語に限らない情報も含むラネカーの認知領域，系列的行為連鎖に関する知識としてのスクリプト（第4節（b））など，構造化された知識（背景で文脈を作る百科事典的知識）と類似の概念である（第1巻第3章を参照）．

感覚運動系の営みと深く関係するという認知意味論をさらに展開した（Talmy, 1988, 2000）．時期を同じくしてフォコニエ（Gilles Fauconnier）は言語の表現と解釈をつなぐ談話理解の認知インターフェイスとしてメンタルスペース理論（mental space theory）を主導し（Fauconnier, 1985），後に創造的思考の基盤となる概念間の結合を説明する概念統合ネットワーク理論（conceptual integration network theory，概念融合理論）にまで発展させている（Fauconnier and Turner, 2002）．

またレイコフの書と同じ年にラネカー（Ronald Langacker）が認知文法（cognitive grammar）を世に出し，認知言語学における文法論の1つとして包括的な理論化を進めている（Langacker, 1987）．彼はソシュールの言語記号観に類似した記号的文法観（象徴的文法観，symbolic view of grammar）を唱えた．ただし，言語の形式（形態・音声）が意味（機能）を表し，統語構造（文法構造）も意味を伴う意味構造だと考える．そのため語彙から文までを形式と意味の構造として連続的に定義する点でソシュールの考え方とは大きく異なる．また「捉え方（construal）」の概念を導入し主観的意味観を提唱している[49]．

語を紡ぐ：用法基盤モデルと構文文法　　認知文法は理論的支柱となる用法基盤（使用基盤，使用依拠）モデル（usage-based model: UBM）においても大きな特徴がある（Langacker, 2000）．形式と意味の結びつきがどのように言語単位として定着していくのかを考える際，神経の強化学習に類似の認知機構が作用すると想定する．言語単位はボトムアップ式にスキーマ化（schematization）とカテゴリー化（categorization）という知識形成過程を経て使用事象（usage event）から生まれると考える（Langacker, 2008）．言語使用者が様々な認知資源を使い，社会的相互作用の中で頻度学習をしながら定着したものが言語単位となる（Bybee, 2006, 2010）．確かに統計的頻度の影響は大きいが，それだけではなく使用事象は決してランダムではない点が重要だ．日々の認知・行動に即した典型的場面によって作り上げられた知識は，それ自体が蓄積し分析力を持

---

49)　主観性と間主観性については第2巻第2章を参照．認知文法については Langacker（2008）に重要な情報が多い．

つ言語知識として構築される．この考え方は言語の形成過程だけではなく，習得や変異のあり方にも適用可能である．Deacon（1997）の指摘と同様に，使用する人間の側の大きな関与によって言語が使いやすいように形成され常に変化するのであれば，言語変種の誕生や短期間で変容する言語のあり方，言語の共有と変化の変数となる子どもの言語習得も同様に考えられる．認知文法が提唱したUBMは，後述の構文文法とともに言語習得研究に大きく寄与している．

第4節（b）で指摘したように社会的認知の役割が明らかになるに連れて，UBMは言語習得研究においても新たな展開を見せている[50]．トマセロ（Michael Tomasello）をはじめとする言語習得研究ではUBMを採用し，心理学的立場から言語習得過程の解明を試みている．例えば子どもは遭遇した動詞の軸語スキーマを最初は個別に形成し，やがて一般的なパターンに収斂させるという動詞の島仮説（verb-island hypothesis）を提案し（Tomasello, 1992），後に構文の島仮説（constructional island hypothesis）にまで発展させている．彼はゴールドバーグ（Adele Goldberg）らの構文文法（construction grammar: CG）の考え方も取り入れて，子どもが徐々に構文スキーマをネットワークとして形成し一般化するという言語習得過程を，膨大な心理実験をもって明らかにした（Tomasello, 2003）．CGにおける「構文」は従来の文法用語でいう構文とは異なり，特定の言語形式には特定の意味が慣習的に結合することを指し，語から大きな文法構造までを連続的に捉えた概念を表している（Goldberg, 1995）．個々の単語からイディオムや定型表現までを構文とする点に特徴があり（Goldberg, 2006），言語単位を形式と意味の結合とする認知文法の文法観を踏襲している[51]．構文という自然言語に見られる普遍的な結合構造を想定すれば，個別文法の特殊性にとらわれない簡潔な言語構造の説明が可能となる．この考え方は自然言語処理分野での応用がある一方で（Steels, 2011），クロフト（William Croft）らは世界の様々な言語の構造と機能を研究する認知類型論に

50）　第1言語（母語）習得と第2言語習得については，それぞれ第4巻第5，6章を参照．文字の読み書きに要求される認知機能と認知過程については第4巻第2章を参照．岩立・小椋（2017）は初心者に親切．

51）　認知文法と構文文法それぞれの解説と両者の関係については坪井・早瀬（2020）が詳細でわかりやすい．

UBM と CG を応用し，「ラディカル構文文法」と称している（Croft, 2001）．他方，構文目録が言語を作り上げているという認識から，格文法の創始者で意味素性理論を批判するフィルモアが語彙に関するフレーム意味論を提唱し（Fillmore, 1988）（第4節（b）参照），語彙フレームのデータベース構築を進めた．現在もフレームネット（FrameNet）として構文までを含み，英語や日本語など多くの言語で作成が進められている[52]．

このように，UBM と CG は，定着の度合いとネットワーク構築という観点から言語習得論に，また構文スキーマの統計的頻度と分布情報という観点から言語データベースの構築に応用され，同時にデータベースを用いた理論の妥当性の検証にも援用されている．近年は一層の広がりを見せ，Hoffman and Trousdale（2013）によれば自然言語処理など様々な隣接諸分野に浸透していることがわかる．

第5節
言語の生物学的基盤

（a）言語の神経科学

最後に認知科学と神経科学の接点にも触れなければならない．言語の神経科学は19世紀のブローカ（Paul Broca）とウェルニッケ（Karl Wernicke）による運動性失語と感覚性失語の特定に起源を遡ることができる．脳の神経動態や機能局在については，20世紀半ばまでは認知課題の行為遂行観察，手術時の電気刺激検査，剖検などの限られた手段に頼らざるを得なかった．その後，脳構造の画像化をはじめ様々な脳機能の計測法が開発され，同時にコンピュータによる解析能力が向上し，脳の構造と機能の解明に有益な情報が提供されるようになった[53]．こうした技術は健常者も含めた非侵襲的（または低侵襲的）な実験・観察を促し，失語，失行，失認などの巣症状や複雑な高次脳機能障害あるいは認知症などの変性疾患の診断，そして脳機能についても生体での確認を

---

52) 認知類型論は堀江・パルデシ（2009），フレーム意味論とフレームネットについては小原（2019），松本・小原（2022），藤井・内田（2023）を参照．

53) 脳の構造画像や心的過程の脳内動態（脳の機能画像）を得るためには様々な機器が活用される．例えばCT（コンピュータ断層撮影），PET（陽電子放射断層撮像法），EEG（脳波計）とERP（事象関連電位），fMRI（機能的磁気共鳴画像法），SPECT（単一光子放射断層撮像法），NIRS（近赤外分光法），MEG（脳磁図），TMS（経頭蓋磁気刺激法）などの機能計測・画像解析法がある．

可能にした[54]. 様々な生理検査・試験観察・撮像データによる臨床分析結果の蓄積と健常者を含む課題遂行時の脳内活動を照合することが可能となり，言語の認知神経研究は飛躍的に発展した. 伝統的な二重乖離（解離）の原則（double dissociation）[55] に基づく神経心理学的診断や基本的な局在論的観点に加えて，神経ネットワークと認知活動について神経相関情報をリアルタイムで観察できるようになった. これにより心的過程のモデル（メンタル・アーキテクチャー）構築にとって検証手段の１つが提供された. この分野の研究の進展は著しく，現在では言語病理学やリハビリテーションの課題，発達支援や言語・認知機能の基礎理解にも有益な情報を提供している[56].

　言語の神経基盤については臨床神経心理学の知見が多く提供されているが，近年の脳機能イメージングにより再確認された事例も多い. 例えば左下前頭回後方損傷による表出性失語（ブローカ失語）では，健常者の機能画像でも同部位の活性が確認されているが，詳細な画像解析をすると右前頭葉[57]や側頭葉，頭頂葉などの広範な脳領域での賦活が観測され，皮質内側や視床など深部構造の活動も関与することがわかってきた（山鳥・辻，2006）. その後，言語実現の脳内機構に関する強い局在論または全体論という両極端から，脳全体に散在する機能領域間のネットワークによって成立するという方向に進んでいる. 21世紀に入り拡散テンソル画像（diffusion tensor imaging: DTI）研究などにより，皮質下・白質における神経束の連絡状態などの詳細が明らかになってきた. 以前から重要視されてきたブローカ野とウェルニッケ野を連絡する弓状束には下頭頂小葉（角回，縁上回）の経路もあることなどが明らかにされ（Catani and Ffytche, 2005; Catani and Thiebaut de Schotten, 2012; Petrides, 2014），カタニら（Catani et al., 2005）が主導するホドトピック・フレームワーク（hodotopic

---

54) 言語の神経科学については第２巻第５章を参照. また失語症については山鳥（2011）がわかりやすい.

55) 二重乖離（解離）の原則とは，脳の損傷部位と機能の喪失または低下，非損傷部位と機能の保持を二重に照らし合わせ，機能の局在と分布を確定する基準.

56) 失語症や発達性の言語障害とリハビリテーションについては第４巻第７章，言語に関係する特別支援教育については第４巻第６章を参照.

57) 第３節（b）で触れた言語の階層性に関連して，階層的運動の線形系列化はブローカ野（ブローカ相同部位）が関与し（Koechlin and Jubault, 2006），運動と言語に展開すると指摘されている. 詳しくは乾・安西（2001）を参照.

framework）のように，機能の部位局在（topological）と神経繊維連絡（hodo-topical）を重視する（かつての局在論や全体論とは異なる）という意味での連合論が提示されるようになった（Catani and Thiebaut de Schotten, 2012；藤井ほか，2016）．こうした脳機能計測装置を用いた研究は，機器の改良や新開発によってさらなる成果が期待される．例えば1990年代後半から20数年でfMRIによる言語・発話の研究だけでも5,000件を超え（東山・田中，2021），多くの研究によって脳内の言語処理は並列，分散，連合という神経ネットワークによって実現しているという認識が定着してきた．

（b）神経科学と認知科学の接点

これらの幅広い神経科学的言語研究を俯瞰すると，認知科学的に興味深い現象が見えてくる．例えば読み書き（文字）の認知処理がよい例である．ディスレクシア（dyslexia，難読症／読字障害）などの事例[58]，日本語に見られる漢字仮名交じり表記における失語症の乖離事例（岩田・河村，2007），漢字仮名交じり文読解時の処理や空書行動など，文字の種類によって異なる認知処理と脳内処理のマッピングが明らかにされ，認知科学的にも興味深い課題が提供されてきた（辻，2021）．文化的言語行動の違いが認知過程と神経相関のあり方の違いを生むとすれば，その意味するところは言語相対性の議論とは異なる次元と文脈ではあるが，言語と認知の文化性について興味深い課題をもたらし[59]，文化的進化や言語と認知の多様性に通じる議論を生むだろう．

また神経学者のラマチャンドランらの研究は，視覚像と聴覚像の連想現象（ブーバ・キキ効果）から共感覚（synesthesia）の再検討をすることで音象徴（脚注26参照）の認知科学的研究への端緒となった（Ramachandran and Hubbard, 2001）．しかし視聴覚間の感覚間協応（crossmodal correspondence）に加えて，言語は感覚と運動の結合でもあることから，どのような構音運動が身体的に経験されるかということも重要だ．運動感覚を含めた異感覚（クロスモーダル）の統合は身体化認知や言語習得とも関わる点であり，例えば日本語の歩く様態

58）　読み書きについては第4巻第2章，ディスレクシアについては第4巻第2, 6, 7章を参照.

59）　本章では触れていない言語相対性仮説（language relativity hypothesis）は，サピア（Edward Sapir）とウォーフ（Benjamin L. Whorf）の主張からサピア・ウォーフの仮説とも呼ばれ議論を生んできた. Deutscher（2010）が初学者には読みやすい.

24   第 1 章　認知科学と言語研究

を表すオノマトペは脳内において視覚野の賦活を伴うという研究など（Osaka，
2009），言語の脳内過程と心的過程の間隙の解明に一石を投じている．このこ
とに関連して認知神経科学分野では，感覚入力や運動出力の脳内過程がどのよ
うに有意な情報を作り上げ利用しているのかを探求するために，脳機能計測と
心理学的・行動学的知見の整合性を考慮し，内的過程を計算表示するアプロー
チも採用されている[60]．これにより構成論的シミュレーション研究，神経回路
網（ニューラルネットワーク）の振る舞いを研究するシステム神経科学，BMI
（ブレイン・マシン・インターフェイス）などの応用研究が，従来の理論やモ
デル内の神経相関データの解釈にとどまらず「脳活動や行動のダイナミクスを
予測し，脳内情報表現を実験的に操作して，因果律まで含めて理論やモデルを
証明する方向性」（川人，2010）という流れを作りつつある．様々な知見と評
価結果の共有が可能となる認知科学的土壌が生まれてきたと期待される．

|||||||||||||||||||||||||||||||||||| **第 2 部　今後の展望** ||||||||||||||||||||||||||||||||||||

第 6 節
認知科学と言語研究の今後

　前述の通り 20 世紀の言語の認知科学には転換点が何度かあったが，21 世紀
の特徴は，言語構造の記述・説明から機能的側面すなわち複雑で解析困難と考
えられてきた言語運用の科学的研究が活発になったことである．その要因とし
て 1 つは構造に対する機能の関与が想定を超えていたことで研究の必要性が望
まれてきたこと，これまで積み重ねられてきた言語行為論や語用論，談話分析
やエスノメソドロジー，会話分析，言語使用と社会的認知に関する研究が新た
な展開への足場となったことがある．もう 1 つはモデル構築や観察・実験法と
計測技術が発展し，人間と機械が相互作用する中で人間の認知機構の特性が浮
き彫りになってきたこと，そして複雑かつ大規模なデータの高速解析が可能に
なったことがある．個人の直感に頼る言語研究のあり方も依然として有効だが，
定量分析や実験研究を加える方向に変わってきた（Janda，2017；篠原・宇野，

60）　認知科学初期の Marr（1982）があるが，計算論的認知神経科学のその後については川人（1996）
　　に基本から先端研究までまとめられている．

2021).こうした研究法の多様な変化は研究結果の再現性と検証可能性の重要性が指摘されるようになったことからも影響を受けている.

このような状況下,この数年で人間と機械の間の言語によるやりとりが大きく発展してきた.自然言語は記号的側面から見れば,記号計算が得意なコンピュータ上での形式的な扱いが可能であることが大きな理由だろう.身体的に生きる人間の思考やコミュニケーションには機械が真似できないマルチモダリティと柔軟性があり,言語に対して単なる記号では収まらないという性質を与えているが,逆に身体的制約がないことでコンピュータには大量の情報蓄積と高速で自由な検索や情報創出が可能だ.今日では大規模言語モデル構築と自然言語処理の発展により,専門家だけではなく一般ユーザーも自然言語を介して人工知能(AI)との対話が可能になった.人間にとって強力な知的道具が増えたと言える.現時点では機械(例えば生成 AI)とのやりとりはプロンプト(prompt)の使い方で質が変わるため,人間側に高度な対話能力が問われる.だが将来,機械側が人間の特性を把握し,有効な対話能力を持つようになることも十分に想定できる.機械と相互作用しながら,いわば共同知を構築するという歴史的転換点に私たちはいる[61].言語の認知科学は,人間の言語処理過程を解明するだけではなく,こうした応用場面においても貢献できるのではないだろうか.

人間の対話は相互作用であり協調行動である.言語,パラ言語,非言語情報など様々な知識や経験,推論を介入させる語用論的能力が対話者には要求される[62].この心的処理には,言語が時間的,直線的に流れる性質があるため逐次処理と相応の作業記憶も要求される.AI の対話能力を向上させる技術的な問題も,結局は人間が言語を伴うコミュニケーションでどのような情報処理をしているのかという知見が重要になる.例えば言語理解過程では,得られた情報から推測し意味を確定していくので,埋め込み文や日本語で文末に否定辞が来

---

61) 第3巻第8章を参照.21世紀に入り人間とロボットとの間の物理的(身体的)相互作用や言語でのやりとりなどに大きな変化が生まれつつある(第1巻第5章).

62) 実際はさらに表情や仕草,繊細なプロソディの理解などマルチモーダルな情報処理も必要である.語用論的な意図理解のメカニズムは第1巻第2章や小山ほか(2016),前提知識・暗黙知については第1巻第3章,マルチモダリティについては第1巻第3,4章と第2巻第1章,相互行為は第1巻第6章を参照.

るような文では再解釈の必要性も生じ認知的に負荷となる．こうしたガーデン
パス効果の研究などは自然言語理解の認知的選好性を如実に表すものである
（井上，1998）[63]．さらに言語運用では前述のプロソディも人間特有の情動要素
として被さってくる．言語産出時においては並列分散かつ階層的な処理過程が
統語構造という直線的記号連鎖に収斂展開し，言語理解では逐次復元されてい
く．こうしたマルチモーダルな言語処理の過程が今後の認知科学的研究によっ
て明らかにされることが期待される．

推薦図書

　認知科学の入門書としては内村ほか（2016）と鈴木（2016）が初心者にわかりやすい．安
西（2011）は認知科学の誕生から将来の展望までを新書1冊にまとめたもの．またこれまで
の認知科学における言語研究の概観には辻（2001）がある．中・上級向けではKemmerer（2015）
が言語の認知神経科学の基本から応用までを1冊で網羅している．Faust（2012）は神経心
理学から言語に迫ったもので，多様な専門家が書き下ろした興味深い概説書．読むことを企
図した事典として鈴木（2006）は様々な言語の科学的研究をトピック形式で探り，辻（2019）
は認知言語学的視点を採用するが，関連分野との知見共有の重要性に力点を置いた大事典で
ある．これら2冊の事典を紐解くことで，人文社会科学から自然科学に至る言語研究は，実
は分野が異なるだけであって，いずれも言語と人間に迫る研究として深く結びついているこ
と，すなわち言語を研究する上での認知科学的視点の重要性を再確認させてくれるに違いな
い．

文　献

秋田喜美（2022）『オノマトペの認知科学』新曜社.

甘利俊一（監修）入來篤史（編）(2008)『言語と思考を生む脳』東京大学出版会.

安西祐一郎（2011）『心と脳—認知科学入門』岩波新書.

Arbib, M. A. (2012) *How the Brain Got Language: The Mirror System Hypothesis*, Oxford University Press.

浅野俊夫・山本淳一（責任編集）武藤　崇・吉岡昌子（新装版編集）(2023)『新装版　こと
　　ばと行動—言語の基礎から臨床まで』金剛出版.

Bloomfield, L. (1933) *Language*, Holt, Rinehart and Winston.

Bybee, J. (2006) *Frequency of Use and the Organization of Language*, Oxford University Press.

Bybee, J. (2010) *Language, Usage and Cognition*, Cambridge University Press.

---

63) このような処理では統語・意味構造だけではなくプロソディ情報も関与する．また作業／作動記
　　憶／ワーキングメモリ（working memory）の役割も決定的に重要になる．第2巻第5, 6章を
　　参照.

Catani, M. et al. (2005) Perisylvian language networks of the human brain. *Annals of Neurology* **57**(1): 8-16.

Catani, M. and Ffytche, D. H. (2005) The rises and falls of disconnection syndromes. *Brain* **128**: 2224-2239.

Catani, M. and Thiebaut de Schotten, M. (2012) *Atlas of Human Brain Connections*, Oxford University Press.

Chomsky, N. (1959) A review of B. F. Skinner's *Verbal Behavior*. *Language* **35**: 26-58.

Chomsky, N. (1965) *Aspects of the Theory of Syntax*, MIT Press.

Chomsky, N. (1995) *The Minimalist Program*, MIT Press.

Chomsky, N. (2014) Minimal recursion: Exploring the prospects. In T. Roeper and M. Speas (eds.) *Recursion: Complexity in Cognition*, pp. 1-15, Springer.

Corballis, M. C. (2011) *The Recursive Mind: The Origins of Human Language, Thought, and Civilization*, Princeton University Press.

Coşeriu, E. (1973) *Lezioni di Linguistica Generale*, Boringhieri.

Croft, W. (2001) *Radical Construction Grammar: Syntactic Theory in Typological Perspective*, Oxford University Press.［山梨正明（監訳）渋谷良方（訳）(2018)『ラディカル構文文法─類型論的視点から見た統語理論』研究社.］

Damasio, A. R. (1995) *Descartes' Error: Emotion, Reason, and the Human Brain*, Putnam Publishing.［田中三彦（訳）(2010)『デカルトの誤り─情動，理性，人間の脳』筑摩学芸文庫.］

Deacon, T. W. (1997) *The Symbolic Species: The Co-Evolution of Language and the Brain*, W. W. Norton and Co.［金子隆芳（訳）(1999)『ヒトはいかにして人となったか─言語と脳の共進化』新曜社.］

Deutscher, G. (2010) *Through the Language Glass: Why the World Looks Different in Other Languages*, Metropolitan Books.［椋田直子（訳）(2012)『言語が違えば，世界も違って見えるわけ』インターシフト.］

Elman, J. (1993) Learning and development in neural network: The importance of starting small. *Cognition* **48**(1): 71-99.

Elman, J. et al. (1996) *Rethinking Innateness: A Connectionist Perspective on Development*, Cambridge University Press.［乾　敏郎ほか（訳）(1998)『認知発達と生得性』共立出版.］

Everett, D. L. (2007) Challenging Chomskyan linguistics: The case of Pirahã. *Human Development* **50**: 297-299.

Fauconnier, G. (1985, 1994) *Mental Spaces: Aspects of Meaning Construction in Natural Language*, Cambridge University Press.［坂原　茂ほか（訳）(1996)『メンタル・スペース』白水社.］

Fauconnier, G. and Turner, M. (2002) *The Way We Think: Conceptual Blending and the Mind's Hidden Complexities*, Basic Books.

Faust, M. (ed.)(2012) *The Handbook of the Neuropsychology of Language* (2 Vols.), Wiley-Blackwell.

Fillmore, C. J. (1985) Frames and semantics of understanding. *Quaderni di Semantica* **6**(2):

222-254.

Fillmore, C. J. (1988) The Mechanisms of 'Construction Grammar'. *BLS* **14**: 35-55.

Fincher-Kiefer, R. (2019) *How the Body Shapes Knowledge: Empirical Support for Embodied Cognition*, APA. [望月正哉ほか（訳）(2021)『知識は身体からできている―身体化された認知の心理学』新曜社.]

Fitch, W. T. (2010) Three meanings of "recursion": Key distinctions for biolinguistics. In R. K. Larson et al. (eds.) *The Evolution of Human Language: Biolinguistic Perspectives*, pp. 73-80, Cambridge University Press.

藤井正純ほか（2016)「大脳白質解剖と言語」*Japanese Journal of Neurosurgery*（脳神経外科ジャーナル）**25**：396-401.

藤井聖子・内田　諭（2023)『フレーム意味論とフレームネット』研究社.

Gardner, H. (1985) *The Mind's New Science: A History of New Science*, Basic Books. [佐伯胖・海保博之（監訳）(1987)『認知革命―知の科学の誕生と展開』産業図書.]

Gibbs, R. (1994) *The Poetics of Mind: Figurative Thought, Language, and Understanding*, Cambridge University Press. [辻　幸夫ほか（訳）(2008)『比喩と認知―心とことばの認知科学』研究社.]

Gibbs, R. (2006) *Embodiment and Cognitive Science*, Cambridge University Press.

Gibbs, R. (ed.) (2008) *The Cambridge Handbook of Metaphor and Thought*, Cambridge University Press.

Goldberg, A. (1995) *Constructions: A Construction Grammar Approach to Argument Structure*, University of Chicago Press. [河上誓作ほか（訳）(2001)『構文文法論』研究社.]

Goldberg, A. (2006) *Construction at Work: The Nature of Generalization in Language*, Oxford University Press.

Gray, W. D. (2019) Welcome to cognitive science: The once and future multidisciplinary society. *Topics in Cognitive Science* **11**: 838-844.

箱田裕司ほか（2010)『認知心理学』有斐閣.

Hampe, B. (ed.) (2005) *From Perception to Meaning: Image Schemas in Cognitive Linguistics*, Mouton de Gruyter.

Harley, T. A. (2014) *The Psychology of Language* (fourth ed.), Psychology Press.

Harnad, S. (1990) The symbol grounding problem. *Physica D: Nonlinear Phenomena* **42**(1-3): 335-346.

Hauser, M. D. et al. (2002) The faculty of language: What is it, who has it, and how did it evolve? *Science* **298**: 1569-1579.

林　宅男（編著）(2008)『談話分析のアプローチ―理論と実践』研究社.

Henrich, J. (2015) *The Secret of Our Success: How Culture is Driving Human Evolution, Domesticating Our Species, and Making Us Smarter*, Princeton University Press. [今西康子（訳）(2019)『文化がヒトを進化させた』白揚社.]

東山雄一・田中章景（2021)「機能画像からみる言語と脳の関係―言語ネットワークはどこまでわかったのか」*Japanese Journal of Neuropsychology*（神経心理学）**37**：272-290.

Hockett, C. (1963) The problem of universals in language. In J. H. Greenberg (ed.) *Univer-*

文　　献　　　　　　29

sals of Language, pp. 1-22, MIT Press.

Hoffman, T. and Trousdale, G. (eds.) (2013) *The Oxford Handbook of Construction Grammar*, Oxford University Press.

堀江　薫・パルデシ，プラシャント（2009）『言語のタイポロジー』研究社.

池上嘉彦（2001）「言語と認知の記号論的基盤」辻　幸夫（編）（2001）『ことばの認知科学事典』pp. 69-82，大修館書店.

今井むつみ・秋田喜美（2023）『言語の本質—ことばはどう生まれ，進化したか』中公新書.

今井むつみ・佐治伸郎（編）（2014）『言語と身体性』岩波書店.

井上京子（2019）「認知人類学と認知言語学」辻　幸夫ほか（編）『認知言語学大事典』pp. 682-691，朝倉書店.

井上雅勝（1998）「ガーデンパス文の読みと文の理解」苧阪直行（編）『読み—脳と心の情報処理』pp. 72-89，朝倉書店.

乾　敏郎・安西祐一郎（編）（2001）『運動と言語』岩波書店.

岩立志津夫・小椋たみ子（編）（2017）『よくわかる言語発達』ミネルヴァ書房.

岩田　誠・河村　満（2007）『神経文字学—読み書きの神経科学』医学書院.

Janda, L. (2017) The quantitative turn. In B. Dancygier (ed.) *The Cambridge Handbook of Cognitive Linguistics*, pp. 498-514, Cambridge University Press.

Johnson, M. (1987) *The Body in the Mind: The Bodily Basis of Meaning, Imagination, and Reason*, University of Chicago Press. [菅野楯樹・中村雅之（訳）（1991）『心のなかの身体—想像力へのパラダイム転換』紀伊國屋書店.]

Johnson, M. (2017) *Embodied Mind, Meaning, and Reason: How Our Bodies Give Rise to Understanding*, The University of Chicago Press.

川人光男（1996）『脳の計算理論』産業図書.

川人光男（2010）『脳の情報を読み解く—BMIが開く未来』朝日選書.

Kemmerer, D. (2015) *Cognitive Neuroscience of Language*, Psychology Press.

Koechlin E. and Jubault, T. (2006) Broca's area and the hierarchical organization of human behavior. *Neuron* **50**(6): 963-974.

甲田直美（2024）『物語の言語学—語りに潜むことばの不思議』ひつじ書房.

小山哲春ほか（2016）『認知語用論』くろしお出版.

Kronenfeld, D. B. et al. (eds.) (2011) *A Companion to Cognitive Anthropology*, Wiley-Blackwell.

Kuhn, T. S. (1962) *The Structure of Scientific Revolutions*, The University of Chicago Press. [中山　茂（訳）（1971）『科学革命の構造』みすず書房.]

楠見　孝（編）（日本認知心理学会監修）（2010）『思考と言語』北王路書房.

Lakoff, G. (1987) *Women, Fire, and Dangerous Things: What Categories Reveal about the Mind*, The University of Chicago Press. [池上嘉彦ほか（訳）（1993）『認知意味論—言語から見た人間の心』紀伊國屋書店.]

Lakoff, G. (2012) Explaining embodied cognition results. *Topics in Cognitive Science* **4**: 773-785.

Lakoff, G. and Johnson, M. (1980, 2003 with new Afterword) *Metaphors We Live By*, The University of Chicago Press. [渡部昇一ほか（訳）（1986）『レトリックと人生』大修館書

店.〕

Langacker, R. W. (1987) *Foundations of Cognitive Grammar (Vol.1): Theoretical Perspective*, Stanford University Press.

Langacker, R. W. (2000) A dynamic usage-based model. In M. Barlow and S. Kemmer (eds.) *Usage-Based Models of Language*, pp. 1-63, CSLI. 〔坪井栄治郎 (訳) (2000)「動的使用依拠モデル」坂原　茂 (編)『認知言語学の新展開』pp. 61-143, ひつじ書房.〕

Langacker, R. W. (2008) *Cognitive Grammar: A Basic Introduction*, Oxford University Press. 〔山梨正明 (監訳) (2011)『認知文法論序説』研究社.〕

Lenneberg, E. H. (1967) *Biological Foundations of Language*, Wiley. 〔佐藤方哉・神尾昭雄 (訳) (1974)『言語の生物学的基盤』大修館書店.〕

Marr, D. (1982) *Vision: A Computational Investigation into the Human Representation and Processing of Visual Information*, W. H. Freeman. 〔乾　敏郎・安藤広志 (訳) (1987)『ビジョン─視覚の計算理論と脳内表現』産業図書.〕

Martinet, A. (1960) *Éléments de Linguistique Générale*, Armand Colin.

Martins, M. D. and Fitch, W. T. (2014) Investigating recursion within a domain-specific framework. In F. Lowenthal and L. Lefebvre (eds.) *Language and Recursion*, pp. 15-26, Springer.

正高信男・辻　幸夫 (2013)『ヒトはいかにしてことばを獲得したか』大修館書店.

松本　曜・小原京子 (編) (2022)『フレーム意味論の貢献─動詞とその周辺』開拓社.

Mesoudi, A. (2011) *Cultural Evolution: How Darwinian Theory Can Explain Human Culture and Synthesize the Social Sciences*, The University of Chicago Press.

Mesulam, M-Marsel (1990) Large scale neurocognitive networks and distributed processing for attention, language and memory. *Annals of Neurology* **28**(5): 597-613.

Miller, G. A. (2003) The cognitive revolution: A historical perspective. *TRENDS in Cognitive Sciences* **7**(3): 141-144.

Neisser, U. (1967) *Cognitive Psychology*, Prentice-Hall.

Norman, D. (1980) Twelve issues for cognitive science. *Cognitive Science* **4**: 1-32.

小原京子 (2019)「フレーム意味論」辻　幸夫 (編集主幹) 楠見　孝ほか (編)『認知言語学大事典』pp. 176-183, 朝倉書店.

岡本真一郎 (2000)『ことばの社会心理学［第 3 版］』ナカニシヤ出版.

岡ノ谷一夫 (2019)「言語の起源・進化と認知言語学─比較認知科学的視点」辻　幸夫 (編集主幹) 楠見　孝ほか (編)『認知言語学大事典』pp. 360-372, 朝倉書店.

苧阪直行 (1999)『感性のことばを研究する』新曜社.

Osaka, N. (2009) Walk-related mimic word activates the extrastriate visual cortex in the human brain: An fMRI study. *Behavioral Brain Research* **198**(1): 186-189.

Osgood, C. E. and Sebeok, T. A. (eds.) (1954) *Psycholinguistics: A Survey of Theory and Research Problems*, Indiana University Press and Waverly Press.

Petrides, M. (2014) *Neuroanatomy of Language Regions of the Human Brain*, Elsevier.

Pinker, S. and Jackendoff, R. (2005) The faculty of language: What's special about it? *Cognition* **95**: 201-236.

Premack, D. and Woodruff, G. (1978) Does the chimpanzee have a theory of mind? *Behavioral and Brain Sciences* **1**(4): 515-526.

Ramachandran, V. S. and Hubbard, E. M. (2001) Synaesthesia: A window into perception, thought and language. *Journal of Consciousness Studies* **8**(12): 3-34.

Rumelhart, D. E. and McClelland, J. L. (eds.) (1986) *Parallel Distributed Processing: Explorations in the Microstructure of Cognition* (2 Vols.), MIT Press. ［甘利俊一（監訳）(1989)『PDP モデル―認知科学とニューロン回路網の探索』産業図書.］

佐伯　胖（監修）渡部信一（編）(2010)『「学び」の認知科学事典』大修館書店.

佐治伸郎（2020）『信号，記号，そして言語へ』共立出版.

崎田智子・岡本雅史（2010）『言語運用のダイナミズム』研究社.

Saussure, F. de (1916) *Cours de Linguistique Générale*, Charles Baily et Albert Séchehaye. ［町田　健（訳）(2016)『新訳 ソシュール一般言語学講義』研究社.］

Scaife, M. and Bruner, J. S. (1975) The capacity for joint visual attention in the infant. *Nature* **253**: 265-266.

Shannon, C. E. (1948) A mathematical theory of communication. *Bell System Technical Journal* **27**: 379-423.

Sheets-Johnstone, M. (2011) *The Primacy of Movement*, John Benjamins.

篠原和子・宇野良子（編）(2013)『オノマトペ研究の射程』ひつじ書房.

篠原和子・宇野良子（編）(2021)『実験認知言語学の深化』ひつじ書房.

Sidman, M. (1994) *Equivalence Relations and Behavior: A Research Story*, Authors Cooperative.

Steels, L. (ed.) (2011) *Design Patterns in Fluid Construction Grammar*, John Benjamins.

Suddendorf, T. (2013) *The Gap: The Science of What Separates Us from Other Animals*, Basic Books. ［寺町朋子（訳）(2015)『現実を生きるサル 空想を語るヒト』白揚社.］

鈴木宏昭（2016）『教養としての認知科学』東京大学出版会.

鈴木良次（編集委員長）畠山雄二ほか（編）(2006)『言語科学の百科事典』丸善.

Talmy, L. (1988) Force dynamics in language and cognition. *Cognitive Science* **12**(1): 49-100.

Talmy, L. (2000) *Toward a Cognitive Semantics*（*Vol.1*）: *Concept Structuring Systems*, MIT Press.

田中章浩（2022）『顔を聞き，声を見る―私たちの多感覚コミュニケーション』共立出版.

Thagard, P. (1996) *Introduction to Cognitive Science*, MIT Press. ［松原　仁（監訳）　梅田聡ほか（訳）(1999)『マインド―認知科学入門』共立出版.］

Tomasello, M. (1992) *First Verbs: A Case Study of Early Grammatical Development*, Cambridge University Press.

Tomasello, M. (1999) *The Cultural Origins of Human Communication*, Harvard University Press. ［大堀壽夫ほか（訳）(2006)『心とことばの起源を探る』勁草書房.］

Tomasello, M. (2003) *Constructing a Language: A Usage-Based Theory of Language Acquisition*, Harvard University Press. ［辻　幸夫ほか（訳）(2008)『ことばをつくる―言語習得の認知言語学的アプローチ』慶應義塾大学出版会.］

坪井栄治郎・早瀬尚子（2020）『認知言語学（1）認知文法と構文文法』開拓社.

辻　幸夫（1997）「認知科学から見た意味」『言語』**10**：60-68.

辻　幸夫（編）(2001)『ことばの認知科学事典』大修館書店.

辻　幸夫（編）(2013)『新編　認知言語学キーワード事典』研究社.

辻　幸夫（編集主幹）楠見　孝ほか（編）(2019)『認知言語学大事典』朝倉書店.

辻　幸夫（2021）「漢字仮名交じり表記法の認知科学」『ことばと文字』**14**：102-113.

都築誉史・楠見　孝（編著）(2005)『高次認知のコネクショニストモデル』共立出版.

内村直之ほか（2016）『はじめての認知科学』新曜社.

Uexküll, J. von and Kriszat, G. (1934) *Streifzüge durch die Umwelten von Tieren und Menschen*, S. Fischer Verlag.［日高敏隆・野田保之（訳）(1973)『生物から見た世界』思索社.］

Varela, F. J. et al. (1991) *The Embodied Mind: Cognitive Science and Human Experience*, MIT Press.［田中靖夫（訳）(2001)『身体化された心』工作舎.］

Wiener, N. (1948) *Cybernetics or Control and Communication in the Animal and the Machine*, Hermann.［池原止戈夫ほか（訳）(2011)『サイバネティックス―動物と機械における制御と通信』（第2版）岩波書店.］

山鳥　重（2011）『言葉と脳と心―失語症とは何か』講談社.

山鳥　重・辻　幸夫（2006）『心とことばの脳科学』大修館書店.

山梨正明（2021）『言語学と科学革命―認知言語学への展開』ひつじ書房.

山本淳一（1992）「刺激等価性―言語機能・認知機能の行動分析」『行動分析学研究』**7**：1-39.

第2章

松井智子

ことばと意図理解

◆キーワード

語用論，伝達意図，情報意図，協調の原理，意図明示的コミュニケーション，関連性
理論，メタ表象，心の理論，共同注意，自閉スペクトラム症

　日常会話に代表されるような，言語を媒介としたコミュニケーションにおいて，
聞き手が話し手の意図した意味を理解するのには，推論が必要である．本章では，
話し手の意図はどのように捉えることができるかについて，1970年代から続く
議論を概観する．また近年，乳幼児を対象とした研究を通して，話し手の意図を
理解する能力が，人間に特有の生得的な能力であるとする仮説が出されているの
で，それらについても触れておくこととする．一方，話し手の意図を理解するこ
とが困難である発達障害として，自閉スペクトラム症や社会的語用論的障害が広
く知られるようになっている．その困難さの様相についても，これまでの研究を
概観ながら検討する．

|||||||||||||||||||||||||||||||| **第1部　現在までの流れ** ||||||||||||||||||||||||||||||||

第1節
発話の意味と話し手の意図：語用論的アプローチ

　コミュニケーションをとろうとするとき，私たちは伝達者あるいは話し手と
して，ある特定の相手に，発話を通してある特定の情報を伝えたいと思ってい
る．言語コミュニケーションにおいて，話し手が意図する意味を聞き手が理解
するメカニズムを研究対象とする分野は「語用論（pragmatics）」である．話
し手が発話を通して聞き手にある情報を伝えたいと思っているとき，話し手は
いくつかの「意図（intention）」を持っていると語用論では捉えている．

　発話の意味を話し手の意図という視点で初めて説明しようとしたのは哲学者
のグライス（Paul Grice）である．グライスによれば，発話は少なくとも2つ
の話し手の意図を含んでいる．第一の意図は，発話が何らかの応答（話し手の
意図したように思考したり行動したりするようになること）を聞き手に引き起
こすことである．第二の意図は，第一の意図が聞き手に認識されることである．

第二の意図には第一の意図が含まれており，第二の意図は全体として複数の意図によって構成される．グライスは，第二の意図が聞き手に認識されることによって，第一の意図が達成されると考える．以下にグライスの2つの意図を示すが，個別の意図を角括弧で括ってあるので，第二の意図が複数の意図で構成されていることが確認できるだろう．

第一の意図： 話し手は［聞き手が何らかの応答をすること］を意図している．

第二の意図： 話し手は［聞き手が［話し手が［聞き手が何らかの応答をすること］を意図していること］を認識すること］を意図している．

この考え方は，その後，グライス自身や他の研究者らによって改訂され，話し手の意味は，構造的に幾重にも重なる話し手の意図によって構成された，複雑な心的状態として捉えられるようになった．ただ最も基本的な話し手の意図が，発話が何らかの応答を聞き手に引き起こすこと，つまり発話を解釈した聞き手が，話し手の意図したように思考したり行動したりするようになることであるという点は変わらない．

このように幾重にも重なる構造を持つ表象は「メタ表象（metarepresentation)」と呼ばれることもある．ここで「メタ」は「高次の，高層の」という意味で使われている．グライスの第一の意図のような二重構造は，1つの低次の表象を埋め込む高次の表象として，一次のメタ表象と呼ばれる．グライスの第二の意図のように，高次の表象が三重になっている場合は，三次のメタ表象と呼ばれる．またこのようなメタ表象を頭に思い浮かべるには，「メタ表象能力」が必要だと考えられている．

グライスが提案した話し手の意図と聞き手の発話解釈との関係をもとに，スペルベルとウィルソン（Dan Sperber and Deirdre Wilson）は関連性理論に基づく推論的コミュニケーションのモデルを提案している．関連性理論では，発話をする際に話し手は，以下の2つの意図を持っていると仮定されている．

情報意図： 聞き手にあることを伝える意図

伝達意図： 聞き手に（話し手が）情報意図を持っていることを伝える意図

この2つの意図のうち，情報意図（informative intention）のほうはグライスが提案する第一の意図，すなわち聞き手に何らかの応答を期待する意図に対

応している．伝達意図（communicative intention）は，グライスの第二の意図，つまり話し手の第一の意図を聞き手が認識することを期待する意図に対応していると考えられている．典型的な対人コミュニケーションはこのように話し手の伝達意図の提示と聞き手の伝達意図の認識からスタートする．伝達意図が話し手によって明らかに示され，聞き手に認識されるコミュニケーションを，関連性理論では「意図明示的（推論）コミュニケーション（ostensive-inferential communication）」と呼んでいる．

　聞き手の立場から捉えると，意図明示的コミュニケーションにおいて発話の意味を解釈するには，話し手の伝達意図を認識した上で，情報意図を理解する必要がある．関連性理論は，聞き手の伝達意図の理解は以下のように四次のメタ表象を要すると提案している．

　伝達意図の理解：　話し手は［聞き手が［話し手が［聞き手が x を信じること］を意図していること］を信じること］を意図している

第2節
乳幼児の伝達意図の理解

　グライスが提案し，関連性理論などにより発展した伝達意図の理解について，近年乳幼児の発達を研究している発達心理学者から，批判や改訂案が出されている．

　チブラ（Gergely Csibra）は，乳幼児がコミュニケーションにおいて聞き手となる場合に，成人のように話し手の情報意図と伝達意図をメタ表象として理解することはできないものの，明らかに示された話し手の伝達意図を行為として理解することができると主張している．この場合の伝達意図の理解には，情報意図の内容の理解は含まれておらず，単に話し手が何らかの情報意図を持っているということが理解できるのみである．チブラはこのように「明示的なコミュニケーションのシグナル（ostensive signal）」を察知する能力は，先天的に人間に備わった能力であり，乳幼児が話し手の伝達意図を察知することも，この能力により可能になると仮定している．この提案は，聞き手が伝達意図を理解するプロセスと，情報意図を理解するプロセスを，時間的に分けて捉えることができるとした点で重要である．関連性理論が提案するような四次のメタ表象能力がなくても，明示的なコミュニケーションのシグナルを察知する能力

があれば，話し手の伝達意図を理解することはできるという説明が可能になるからである．チブラによれば，この明示的なコミュニケーションのシグナルそのものは，聞き手の注意を話し手に引きつけるための記号のようなものであり，その認識には高度な推論能力は必要ないとされている．

チブラは乳児でも明示的なコミュニケーションのシグナルさえあれば，話し手の伝達意図を理解できるとし，さらにそのことは乳児期からコミュニケーション能力が発達するために必要なことであると主張する．乳児にも理解できる明示的なコミュニケーションのシグナルとして，話し手が乳児を直視することによって互いに目が合うことや，乳児の注意を引きやすいマザリーズ（motherese）を使って話しかけることなどが挙げられている．話し手の伝達意図を理解すると，例えば視線追従に見られるように，乳児は情報意図がどこかにあることを察知し，それを探し始めることも複数の実験により示唆されている．このことからチブラは，乳児の伝達意図の理解は情報意図の理解とつながっており，この能力は語彙学習を含めた社会的学習の基盤にもなっていると仮定する．

一方トマセロ（Michael Tomasello）は，乳幼児期の伝達意図の理解は，2回の大きな社会的認知発達により変化すると主張している．まず1回目の変化は1歳のときに起こり，そこで乳児は他者を「意図を持つ存在」として認識するようになる．2回目の変化は4歳のときに起こり，この段階でメタ表象能力を使って他者が「心的な存在」であることを認識し，意図や信念を理解できるようになる．1回目の変化は，発達心理学で「共同注意（joint attention）」と呼ばれる，話し手が聞き手である自分にどこに注意を向けてほしいかを理解する能力の発達時期に起こり，2回目の変化は心の理論の発達で一次の誤信念を理解する能力の発達時期に起こると考えられている．

共同注意は「9か月の革命」とも呼ばれ，生後9〜12か月の間に発達するもので，自己，相手，相手が指すものといった，三者間のコミュニケーションを可能にする能力と考えられている．共同注意が発達する前は，自己と相手の二者間のコミュニケーションのみが可能であるため，「指示的意図（referential intention）」とも呼ばれる，相手が指しているものが何かを理解することはまだできない．この指示的意図も情報意図の1つのタイプであり，その中身を理

解することを含む，三者間のコミュニケーションの開始時期は，共同注意の獲得時期であると考えられている．

　トマセロは，1歳児の意図理解は，まず意図的な行為の理解に現れていると考える．1歳児は行為には目的があることを理解し，その目的を果たすことを行為者の意図として理解すると捉えている．また1歳児は，他者がどこに注意を向けているのかを理解することができることから，この注意の理解は他者が心的な存在であることの理解の始まりであると考えている．行為の意図と注意を理解することは，相手が自分にどこに注意を向けてほしいと思っているか，つまり「共同注意」の理解に結びつく．さらにこの共同注意の理解は，子ども自身が相手の注意を指さしなどで誘導することにもつながる．トマセロは1歳児の共同注意の理解は，伝達意図（注意をどこに向けてほしいかの意図）の理解に他ならないと主張する．

　4歳になると，子どもは「信じる」「考える」「思う」といった心的状態を概念的に理解できるようになり，「XはPを信じている」という構文に見られる「補文構造」の理解もできるようになる．この時期に概念的な誤信念の理解ができるようになり，自己や他者の信念や思考について，予測したり説明したりすることができるようになる．トマセロは4歳から5歳にかけて，心的状態を理解するためのメタ表象能力を身につけた子どもは，コミュニケーションにおいて話者の信念や意図を理解することができるようになると提案する．

　トマセロは，話し手の意図を「社会的意図」「伝達意図」「指示的意図」の3つに分けて捉えている．社会的意図は「聞き手にある行為をしてほしい」「聞き手にあることを知ってほしい・共有してほしい」といった聞き手に対する意図であり，伝達意図は聞き手にこれらの社会的意図を知ってほしいという意図である．指示的意図は聞き手にあることに留意してほしいという意図で，これにより聞き手は話し手の社会的意図が何であるか，推論するようになると提案する．この推論は，話し手と聞き手の間に共有されている共通基盤に基づいていると主張している．

第3節
意図された意味の理解

　これまで見てきたように，聞き手の伝達意図の認識は，話し手が伝えようと

する情報の中身を，聞き手が推論的に導き出すきっかけとなると考えられている．話し手が伝えようとする情報の中身とは，関連性理論によれば「情報意図」，トマセロによれば「社会的意図」と呼ばれるものである．ここでは関連性理論に従って，情報意図という用語を使って説明することにしたい．

　推論による情報意図の理解には，発話に含まれる言語情報と，文脈と呼ばれる非言語情報（トマセロによれば共通基盤と呼ばれるものに該当）が必要となる．情報意図の理解に推論が必要となる理由は大きく2つある．1つめは，話し手は情報意図の全貌を言語化していないことである．発話の言語情報は，話し手の情報意図を理解するための手がかりとはなるが，情報意図そのものではない．2つめは，言語情報には曖昧性があるということである．例えば「15分遅れるからよろしく」というメッセージが届いた場合，いつから15分なのか，何が・誰が，何に遅れるのか，「よろしく」とは具体的に何を指すのか（待っている，先に対応しておく，遅れることを伝える，など）はメッセージからはわからないため，聞き手は，メッセージの発信者とのこれまでのやりとりなどを文脈として記憶の中から取り出して，話し手の言いたいことを推論する必要が出てくる．

(a) 意図された意味の理解と「心の理論」との関係

　話し手の情報意図を導き出す推論には，話し手の信念や態度といった心的状態を推測することも含まれていることから，この推論にはメタ表象能力が関与していると考えられている．心的状態を理解するためのメタ表象能力は，1980年代から哲学や発達心理学では「心の理論（theory of mind）」と呼ばれ，研究されてきた．心の理論は，自己や他者の信念，思考，態度などといった心的状態を理解する社会認知能力である．これらの心的状態の概念的な理解が始まるのは，4歳から5歳にかけてであることが発達心理学の研究からわかっている．

　この心的状態の概念的理解の指標として特に重要視されているのが，「誤信念」と呼ばれる，現実とは異なることを，誤って現実であるかのように信じている心的状態の理解ができるかどうかということである．これまでの研究から，3歳児にはこの誤信念と呼ばれる心的状態の理解は難しいが，4歳半以降になると，ほとんどの子どもが理解できるようになることが示されている．4歳半

の子どもが理解できる心的状態は，一次のメタ表象レベルなので，この段階では一次の信念理解ができると説明される．次の発達段階で重要なのが，6歳から8歳にかけて，二次の信念が理解できるようになることである．これは二次のメタ表象レベルである．以下に一次と二次の誤信念の例を示す．誤信念理解を含めた，様々な心的状態の理解は，このようにメタ表象レベルが高度になればなるほど難しくなると考えられている．

　一次の誤信念：　さやかは［11月の東京とロンドンの時差は8時間］と信じている．

　二次の誤信念：　たくやは［さやかが［11月の東京とロンドンの時差は8時間］と信じている］と信じている．

　1980年代以降，心の理論の研究が進むにつれて，話し手の情報意図を理解するための推論にも，心の理論が深く関与すると仮定されるようになった．例えば一次の誤信念理解ができるようになると，隠喩の理解ができるようになり，二次の誤信念理解ができるようになると，明らかな嘘の理解ができるようになるといった，信念の理解と話し手の意図理解との関係も実験による検証から示唆されている．一方，二次の誤信念理解ができたとしても，子どもにとって皮肉の理解は困難であることも示されたことから，今日では皮肉の理解が高度な心の理論の発達の指標にもなっている．

　ただその一方で，話し手の意図の理解に心の理論が関与するという見方には批判もある．例えば4歳未満の子どもは，誤信念の概念的な理解がまだできないにもかかわらず，会話に参加して相手の意図をある程度理解することができるという事実をどのように説明するのかという批判が出されている．

　これに対して，関連性理論では，次のような提案をしている．これまで心の理論の研究は，ある人の行為の背景にある意図や信念を理解する能力について研究してきている．行為者のある行為に関わる意図や信念を推測するのには，行為そのものがもたらす効果（行為者が期待した効果）がまず与えられ，それに基づいてその背後にある意図や信念が推測される．対照的に，語用論の研究対象は，コミュニケーションにおける聞き手による話し手の意図や信念の理解である．コミュニケーションにおいて話し手が期待する効果は，意図そのものが聞き手に理解されることによって達成される．この場合，発話の言語情報は

手がかりにはなるものの，そこには曖昧性があり，なおかつ文脈によって同じ文でも意味が全く変わることもある．そのため聞き手が話し手の意図した意味を捉えようと推論する場合，行為の背後にある意図を解釈する場合よりも，はるかに膨大な解釈の可能性があると考えられる．

　さらに，話し手の意図を理解するには，行為者の意図を理解するよりも，より高次のメタ表象能力が必要になる．このように捉えると，行為の背後にある意図を理解する能力と，発話の背後にある意図を理解する能力は，似て非なるものであると関連性理論は仮定する．そして，これら2つの能力は，異なる心理的なモジュールを構成する，別個の能力として捉えるべきだと提案している．関連性理論が提案するように，心の理論の研究で検討されてきた行為の背後にある意図を理解する能力と，語用論で検討されてきた発話の背後にある意図を理解する能力が別個のものであると捉えると，その発達過程も異なると想定されることから，誤信念の理解ができる4歳以前に，子どもがコミュニケーションにおいて話し手の意図をある程度理解できることには矛盾点はないとされる．

(b)　意図された意味の理解に関する原則：協調から関連性へ

　前述したように，発話の言語情報は曖昧性を持ち，文脈によってその意味を大きく変えることから，発話を話し手が意図した通りに解釈しようとする場合，聞き手は膨大な解釈の可能性の中から，1つを選択する必要が出てくる．聞き手は当然，記憶の中にある情報や会話の場面での状況など，いわゆる文脈も使いながら，推論によって発話の解釈をする．しかしこの文脈も，例えば記憶の中にある膨大な情報の中からどの情報を発話解釈の文脈として使えばよいのか，話し手は教えてくれないことから，誤った文脈を選択してしまう可能性もある．問題は，聞き手がどのようにして，限られた，不完全な言語情報と，文脈となり得る膨大な情報のうち，意図された文脈のみを用いて，話し手が意図した解釈を推論によって導き出すことができるのかということである．

　この点については，グライスは以下のような「協調の原理（cooperative principle）」を提案している（Grice, 1975）．話し手と聞き手が協調体制にあることが，聞き手による話し手の意図の理解を可能にするという考え方は，グライス以降，サール（John Rogers Searle）などの哲学者やトマセロなどの心理

学者に継承されている.

　　会話のやりとりは……典型的には少なくともある程度までは，協調的作業である．参与者にはそれぞれある程度は共通の目的，もしくは一連の目的，あるいは少なくとも相互に受け入れられている方向と言うものがある．……参与者が（ほかの要因が関係しないとすると）守るように期待されている大雑把な一般原則をまとめることが可能になる．即ち，「会話への貢献をその会話が生じた段階で，参加している会話の受け入れられた目的や方向によって，要求された通りにせよ」ということである．

グライスはさらにこの「協調の原理」を，以下のように具体的な4つの格率（公理ともいう）に分けて提案している．

①量の格率（maxim of quantity）
- 会話への貢献を必要なだけ情報量のあるものすること.
- 会話への貢献を必要以上に情報量のあるものにしないこと.

②質の格率（maxim of quality）
- 偽りであるとわかっていることを言わないこと.
- 証拠が十分にないことは言わないこと.

③関係の格率（maxim of relation）
- 関係のあることを述べること.

④様態の格率（maxim of manner）
- 不明瞭な表現を避けること.
- 曖昧さを避けること.
- 簡潔に述べること.
- 順序よく述べること.

グライスは話し手がこれらの格率を遵守する限り，聞き手に意図したメッセージが伝わるとする一方で，意図的に格率のいずれかを破ることによって，それを察知した聞き手がメッセージの含意を汲み取るように仕向けることもできると提案している．

　一方で関連性理論は，会話の当事者がグライスの協調の原理および4つの格率に従っていても，聞き手にとって意図された解釈と思える解釈が1つに絞れるとは限らないことを指摘し，それに代わる原則として，2つの関連性の原理

を提案している．関連性の原理は，情報処理に関与する人間の認知能力の特徴に基づいたものである．まず，人間が使える認知的な処理資源には限りがあること，発話解釈を含めた情報処理には処理資源がかかるということと，さらに複数の情報を同時に解釈することは困難で，1つの情報を集中して解釈することに向いているという点が特徴として挙げられる．さらにこのような特徴を持つ認知システムは，情報処理にあたっては，できるだけ処理資源の消費をおさえた効率のよい情報処理を好み，限りある処理資源の対価として，その情報がもたらすプラスの効果を期待すると仮定される．このプラスの効果は，認知システムの改善をもたらすもので，「認知効果（cognitive effect）」と呼ばれる．このような仮定のもとで，関連性理論は，人間が好む情報を「関連性の高い情報」として，以下のように定義する．

関連性の高い情報：

① 情報処理の結果得られる認知効果が高ければ高いほど，情報の関連性は高くなる．

② 情報処理に費やす処理資源が少なければ少ないほど，情報の関連性は高くなる．

情報の関連性の高さは，情報がもたらす認知効果とその情報を処理するのにかかる資源の量とのバランスで決まる．いったんある特定の情報を処理し始めてからも，人間の認知システムは情報処理の効率をできるだけ高めようとすると仮定される．言い換えれば，情報の関連性をより高めようとして，認知システムが作動するということである．関連性理論では，このことを1つめの原理である「関連性の認知原理」として提案している．

関連性の認知原理（cognitive principle of relevance）：

人間の認知システムは，関連性を最大化するように作動する．

関連性の最大化も，情報処理の結果得られる認知効果と処理にかかる資源の量のバランスに左右される．認知効果が一定であれば，処理資源が少ないほうが関連性は大きくなる．例えば急な高熱でインフルエンザが疑われた場合，病院で検査を受けたとしよう．その結果を聞くときには，インフルエンザにかかっているのか，そうでないのかを知りたいと思っているはずだ．そのときに医師がもし「あなたはインフルエンザでないことはありません」と言ったとすると，

聞き手は強い違和感をおぼえ，なぜそのようなわかりにくい言い方をするのか考えてしまうのではないだろうか．これは，医師が単に「あなたはインフルエンザです」と言えば，知りたい情報がさほど処理資源をかけずに得られたものを，そうではなくて，よりわかりにくい，つまり処理資源をより多く要するような言い方をしたことへの自然な反応だと言える．「あなたはインフルエンザでないことはありません」という発話も，「あなたはインフルエンザです」という発話も，解釈の結果得られる情報は同じであるのに，処理資源の量は大きく異なる．

　関連性理論では，コミュニケーションにおいて，すべての聞き手がある期待を持つとして，以下のような仮説を立てている．話し手が自分に対して伝達意図を示していることを認識すると，聞き手は話し手が伝えようとしている情報意図が，高い関連性を持つはずだと期待するというものだ．

　聞き手が持つ関連性への期待（communicative principle of relevance）：

① 聞き手は，発話が話し手の能力と選択の範囲内で最大の関連性を持つものであると期待する．

② 聞き手は，発話には少なくとも自分の注意を発話に向けるに足りる関連性があることを期待する．

ここで1つめの「期待」は最大限の関連性への期待であり，2つめは，最低限の関連性への期待と捉えることができる．1つめの「期待」において，聞き手が期待する「最大の関連性」を持つ発話というのは，情報処理にかかる処理資源は最低限でありながら，もたらされる認知効果が最大である発話のことである．ただし話し手の能力の限界（例えば子どもが話し手である場合）や，話し手が意図的に関連性の低い発話を選択をする可能性もあるので，必ず最大の関連性が達成されるとは限らない．そのため，実際のコミュニケーションの場面では，聞き手は文字通りの最大の関連性を持つ情報を期待するのではなく，発話がもたらす認知効果と処理資源のバランスがとれている限り，その発話を関連性への期待を満たすものとして認識すると考えられる．このことは，2つめの「期待」にある，最低限の関連性への期待に示されている通りである．

（c）話し手の意図と言語情報とのギャップ：グライスの会話的含意

　話し手が発話を通して伝えようとした意味（情報意図）と発話の言語情報と

の間には大きなギャップがあることは，先に述べた通りである．話し手が意図した意味を理解するために，言語情報は手がかりにはなるが，それ以上の働きはしない．ここで必要になるのが，文脈と呼ばれる非言語情報である．文脈となり得る情報は，聞き手の記憶にある情報（例えば会話の中で話題になっていることに関する一般知識に加えて，話し手との人間関係やこれまでのやりとりなど）と，聞き手が発話解釈の際に知覚できる情報（例えば話し手の表情や声色や，天候などを含めたその場の状況など）である．ただし，この文脈は重要な特徴を持っている．それは発話解釈の際，文脈となり得る情報が膨大にあるため，聞き手は意図された文脈を選択しなければならないが，話し手はどの文脈を使って発話を解釈すべきかを特定してくれないということである．そのため，意図された文脈を選択するときには，推論が必要になる．発話の言語情報を手がかりにして，聞き手は推論的に意図された文脈を探し，話し手の意図した意味を導き出そうとするのである．

　グライスは，発話の言語情報を「言われたこと（what is said）」，それ以外の意図された意味を「含意されたこと（what is implicated）」として区別することを提案している．グライスにとって，この「言われたこと」は，発話の命題（内容の真偽判断ができる情報）を伝える機能を持つものである．「言われたこと」を理解するためには，聞き手は発話で使われた語彙の意味を知っており，指示表現を特定することができ，曖昧な表現の意味も1つに絞ることができなければならない．例えば「彼女は先週，かみを切った」という発話の「言われたこと」を理解するためには，聞き手はそれぞれの語彙の意味を理解することに加えて，「彼女」と「先週」という指示表現が指すのは誰・いつなのかを理解し，「かみ」という曖昧な語彙が意味するのは「髪」なのか「紙」なのかを選択する必要がある．

　「言われたこと」以外の発話の意味は，「含意されたこと」としてまとめられるとグライスは提案する．例えば以下の会話の例で考えてみよう．

　　よしの「みのりは，勇人に告白したって聞いたけど，どうなった？」
　　けんた「彼女は先週，かみを切ったよ」

けんたの発話の「言われたこと」は，グライスの提案に基づくと，「みのりは，

第1部　第3節　意図された意味の理解　　45

発話の日の前の週，髪を切った」となる．しかし，この「言われたこと」は，よしのの質問の直接的な答えにはなっていない．よしのはそれでも，けんたの発話が自分の質問に何らかの答えを伝えるものであると期待している．そこで，よしのは異性に告白することや，女性が髪を切ることなどに関する一般知識を意図された文脈として選択し，けんたが暗に伝えようとしたことを推測する．そして，女性が失恋したら髪を切ることがあるという一般知識を用いて，みのりの告白はうまくいかなかったとけんたは伝えたいのだと結論する．けんたが伝えたいことは，発話の言語情報には全く含まれていないため，グライスによると「含意されたこと」とみなされる．この「含意されたこと」の中身は，文脈に基づいて推論されるという特徴を持つ．グライスは，発話の言語情報に全く含まれておらず，個別の会話の文脈に基づく推論によって導き出される「含意されたこと」を「個別化された会話の含意（particularized conversational implicature）」と呼んでいる．

　「個別化された会話の含意」は，会話の含意の大部分に該当するが，グライスはそれに加えてもう1つ別の会話の含意があると提案する．これは「一般化された会話の含意（generalized conversational implicature）」と呼ばれるもので，ある表現が発話の中で使われた場合，個別の文脈に関わらず，押しなべて導かれる含意とされる．例えば「とうまは，昨日，足の骨を折った」という発話を聞いたとすると，おそらくほとんどの聞き手は「とうまは，発話の前日，自分の足の骨を折った」と解釈するだろう．ただし，あらためてこの発話について考えてみると，「足の骨」という言語情報には，誰のものかという情報は含まれていないため，他人の足の骨を折った，つまり怪我をさせた，という解釈も不可能ではないことがわかる．そうなると，ほとんどの聞き手が，とうまが折ったのは自分の足の骨だと解釈するのには，推論が用いられているということになる．ただこの推論は，グライスによると，特定の文脈に基づいているわけではなく，「足の骨」という表現が使われたことに伴って，自動的に導かれたとされる．この点は，上述の「個別化された会話の含意」とは対照的である．この「一般化された会話の含意」は，聞き手がほぼ無意識のうちに推論によって導き出されることから，聞き手自身もこのような含意の存在に気づかずに解釈を進めることになると考えられている．対照的に「個別化された会話の

含意」は，話し手が伝えたいことは何かという問いに答えを出すという意識的な作業において，個別の文脈に基づいて推論的に導き出すものであるため，聞き手の意識にのぼりやすい．

「一般化された会話の含意」は，発話の言語情報に含まれる表現や語彙がきっかけとなって，特定の文脈に依存することなく，導かれるという特徴がある．語彙の中でも，意味の尺度を表すものは，特にこの含意が自動的に導き出されることが多いと考えられている．例えば，「涼しい」と「寒い」，「暖かい」と「暑い」は体感する気温について，意味の尺度を形成すると考えられる．寒さに関しては，「涼しい」よりも「寒い」のほうが強い意味を持ち，暑さに関しては，「暖かい」よりも「暑い」のほうが強い意味を持つためだ．論理的には，弱い意味の語彙（涼しい）が使われた場合でも，強い意味（寒い）をも伝える可能性を否定することはない（「涼しい」は「寒い」を否定しない）．しかしグライスは，発話の中で尺度上の弱い意味が使われた場合には，強い意味を否定する含意が導き出されると仮定している．例えば，もし話し手が「今日は涼しいね」と言ったとすると，「つまり寒くはないんだな」という含意が導き出され，「今日は暖かいね」と言った場合は，「つまり暑くはないんだな」という含意が導き出されることになる．このような推論は「尺度含意（scalar implicature）」と呼ばれている．

グライスの「一般化された会話の含意」は，「個別化された会話の含意」と異なる点もある一方で，キャンセル可能という共通点も持つ．例えば「とうまは昨日，足の骨を折った」という発話を聞いて，聞き手はいったん，「とうまは自分の足の骨を折った」と解釈したものの，その後話し手が「サッカーチームのチームメイトの足を折ったんだ」と続けたとすると，「自分の足を折った」という含意はキャンセルされることになる，といった具合である．

(d) 関連性理論の「表意」の概念

先に見たように，グライスは話し手の意図した意味を理解するには，発話で「言われたこと」に加えて，発話に「含意されたこと」を推論によって導き出す必要があると主張し，その推論による解釈を統率する原理として，協調の原理と4つの格率を提案している．その後，このグライスの提案は，大きく2つの方向へ発展してきた．1つの方向は，グライスの考え方を踏襲した「新グラ

イス派（neo-Gricean）」とも呼ばれるホーン（Horn, 1984）やレビンソン（Levinson, 2000）らによって，4つの格率がより少ない格率に調整されたことである．もう1つの発展は関連性理論によるもので，グライスとは対照的に，発話で「言われたこと」を解釈する際にも，文脈に依存した推論が必要であるいう主張に基づいている．ここでは後者の関連性理論による発展について触れておこう．

　グライスは，発話で「言われたこと」を，真偽の判断が可能な命題として解釈するには，曖昧な表現の意味を1つに絞ったり，指示表現が指すものを特定したりする作業が必要であるとしているが，そこに文脈に依存した推論が関与しているとは考えなかったようだ．それに対して関連性理論は，発話で「言われたこと」の解釈のために，グライスが必要とした作業（曖昧表現の意味を絞ること，指示表現が指すものを特定することを含む）をするには，文脈に依存した推論が必要不可欠であると提案した．そして発話の言語情報を，推論によって，話し手の意図した命題レベルの意味に発展させたものを「表意（explicature）」という新たな概念で捉えている．この「表意」は，「推意（implicature）」と呼ばれる，言語化されていない話し手の意味と対比される．なお関連性理論の「推意」の概念は，グライスの「会話の含意」のうち，「個別化された会話の含意」と重なる．

　関連性理論によると，表意を導くための推論は，グライスが言及していた曖昧な語彙の意味を1つに絞ることや，指示表現が指すものを特定することにも必要であるが，より繊細な，語彙の意味調整（pragmatic enrichment）もなされており，そこにも推論が使われると主張している．例えば「この後，飲みに行かない？」という誘いの言葉を解釈するには，「飲み」がアルコール類を飲むことであって，水やお茶ではないということを理解する必要があるだろう．これは「飲み」という言葉の意味を，推論によって調整していることになる．

　発話で使われた語彙や表現の意味調整で用いられる推論は，グライスが提案した「一般化された会話の含意」と類似することに気づいた読者もおられるかもしれない．グライスは，前述の「とうまは，昨日，足の骨を折った」という発話を解釈する際，聞き手はほぼ無意識に，「足の骨」をとうま自身の足の骨であると解釈すると捉え，このような解釈に至るための推論を「一般化された

会話の含意」として提案している．グライスも，話し手が意図した意味を理解するのには，発話で使われた語彙や表現の意味の推論による微調整が必要であると考えていたという点では，関連性理論と同様である．ただし，グライスが提案した，会話の個別の文脈に依存しない，一般化された含意の存在を関連性理論は否定しており，発話で使われた語彙や表現の意味調整にも，個別の文脈に依存した推論が用いられると主張する．この点は重要な相違点となっている．

第4節
意図理解の困難さ：自閉スペクトラム症と社会的語用論的障害

コミュニケーションにおける，聞き手による話し手の意図の理解について，伝達意図の理解と情報意図の理解に分けて，グライスの協調原理とスペルベルとウィルソンの関連性の原理がどのように説明しているかを概観してきた．また伝達意図や情報意図の理解が，子どもの発達に応じてどのように変化するのかについて，チブラやトマセロらの研究成果を中心に検討し，心の理論を核とした社会認知能力の発達と，話し手の意図の理解との関係についての議論を振り返った．

それらを踏まえて，この節では，伝達意図や情報意図の理解が困難であることが知られている発達障害として，自閉スペクトラム症をとりあげ，その研究が話し手の意図理解の研究にどのように貢献するかを考えてみたい．

自閉スペクトラム症（autism spectrum disorder: ASD）は，社会的なやりとりやコミュニケーションにおける永続的な困難さと限定された反復的な行動や興味を特徴とする発達障害である（American Psychiatric Association, 2013）．自閉スペクトラム症児の言語発達については，ほぼ言語を習得しない場合もあれば，定型発達児と同等の言語力を身につける場合もあり，個人差が大きいことが知られている．1980年代から自閉スペクトラム症の社会認知発達に関する研究が増える中で，心の理論や共同注意の発達に障害があることが示唆されるようになった．このような障害は「マインドブラインドネス（mind-blindness）」と呼ばれることもある．そしてこの障害によって，コミュニケーションにおける話し手の意図や信念，態度などを理解することが困難となると考えられてきた．

さらに，知的な遅れや，自閉スペクトラム症の特徴である限定された反復的

な行動などが見られず，今日では自閉スペクトラム症とは診断されない場合でも，社会的コミュニケーションには困難さを抱えるケースが少なからずある．このようなケースは，2013 年に出版された米国精神医学会のマニュアルに従って，「社会的語用論的障害」と診断されるようになっている．ただしこのマニュアルの出版前までは，アスペルガー症候群や高機能自閉症と診断されてきたため，今でもこのような呼び方が使われることもある．

　自閉スペクトラム症や，社会的語用論的障害における社会的なコミュニケーションにおける困難さについては，そもそも相手の視線や呼びかけから伝達意図を理解することが難しいとされる．定型発達児と同等の言語力を持っている場合でも，指示表現が指すものを理解したり，曖昧な語彙の意味を 1 つに絞ったり，語彙や表現の意味調整をすること，つまり関連性理論の「表意」を推論的に導き出すことは苦手である．例えば，アスペルガー症候群と診断された児童と保護者の間に，以下のようなやりとりが実際にあったと報告されている．

　母親「学校が終わったら，飛んで帰ってきて！」
　子ども「ぼく，飛べない．どうやって飛ぶの？」
　　　　　　　（ブログ「意味不明な人々」2008 年 2 月 4 日のコメント）

　父親「空気が読めるようになりなさい」
　子ども「空気は読んではいけません．吸いなさい．読むのは字です」
　　　　　　　（佐々木正美「自閉症スペクトラムの子どもに寄せて」）

　さらに，関連性理論では「推意」と呼ばれる，発話の中で言語化されていないけれども話し手が伝えたいと思っていることに至っては，自閉スペクトラム症の人にはほぼ理解ができないことがわかっている．言語を習得できた自閉スペクトラム症児・者や社会的語用論的障害を持つ人は，発話で使われる個々の語彙の意味や文法形式を理解しているものの，発話に個別の文脈を推論し，その文脈に沿って語彙や文の意味を調整し，表意を理解することや，言語化されていない発話の意味である推意を導き出すことが難しいと言えそうだ．つまり，言語的な文の意味を理解することはできるが，文脈に依存する発話の意味を理解することが困難であると言えるだろう．

心の理論の障害に加えて，このようなコミュニケーションにおける困難さを説明する仮説が提案されている．フリス（Uta Frith）らが提案する「弱い中枢性統合（weak central coherence）」という概念に基づいた仮説である．中枢性統合が弱いと，広く全体を見ることが苦手で，部分に焦点を当てて処理をする傾向があるとされる．発話解釈の際は，発話で使われた個々の語彙の意味だけではなく，より広い，文脈を含めた発話者の意図を理解する必要があるが，中枢性統合が弱いと，それが難しい．フリスらは，自閉スペクトラム症児・者は，弱い中枢性統合が原因で，様々な困難さを抱えるようになると説明している（Happé and Frith, 2006）．

|||||||||||||||||||||||||||||||| **第2部　今後の展望** ||||||||||||||||||||||||||||||||

第5節
話し手の意図を理解する：推論の本質を明らかにするために

グライスが1975年に発表した論文以降，話し手の意図した意味を理解するためには推論が必要であるという仮説が支持されてきた．その一方で，その推論にはいくつかの異なるタイプのものがあるという仮説のもと，様々な提案がなされてきており，まだ結論は出ていない．話し手の意図した意味を理解するための推論の本質を理論的にまた認知心理学的に妥当な方法で検証することは，今後の研究の重要なテーマの1つである．

本章では，コミュニケーションにおいて話し手の意図した意味を理解するのには，推論が必要であるという仮説を，グライスと，グライスの考え方を踏襲する関連性理論のアプローチを比較して概観してきた．2つのアプローチは，どちらも話し手の意図は推論によって理解されるという点は共通している．しかしグライスと関連性理論のアプローチの最も大きな違いは，尺度含意に代表される「一般化された会話の含意」の捉え方であろう．グライスの考え方は，新グライス派にも受け継がれ，尺度含意は意味的な尺度を形成する語彙そのものがきっかけとなる推論によって，含意が導かれると仮定されている．この推論は，話し手の意図や信念など心的状態を理解する推論とは別ものであり，発話に個別の文脈にも依存しない．そのためこの推論は自動的に導かれ，認知的な処理資源も要さないと考えられている．対照的に，関連性理論は，尺度含意

第2部　第5節　話し手の意図を理解する：推論の本質を明らかにするために　*51*

も，話し手の意図や信念を理解するための推論によって導かれ，発話に個別の文脈に依存すると仮定している．そしてこのような推論は，処理資源を要するのが特徴だ．

はたしてこの「一般化された会話の含意」についての仮説は，どちらのアプローチがより心理的に妥当と言えるのだろうか．結論はまだ出せないが，近年英語圏を中心として増えている，尺度含意が解釈されるプロセスを検証する実験的研究は重要な手がかりを提供している．例えばある実験では，"Some elephants are mammals."（象の何頭かは哺乳類である。）という文を理解し，内容の真偽判断をするのに要する時間が計測された（Bott and Noveck, 2004）．より長い時間がかかる場合，より多くの処理資源が使われたとみなされる．1つのグループの参加者は，"some"を「いくつかの，またはすべての（some and possibly all）」と，論理的に妥当な解釈をするように指示をされ，別のグループの参加者は，「いくつかの，しかしすべてではない（some but not all）」，つまり尺度含意を含めて解釈するように指示をされた．実験の結果，尺度含意を含めた解釈をするように指示されたグループのほうが，真偽判断をするまで，より長い時間を要したことがわかった．この結果は，尺度含意が自動的に導かれ，処理資源を要さないという新グライス派の仮説に反するものとなった．同様の結果は，他のいくつかの実験からも出されている．

その一方で，新グライス派の仮説を支持する結果も出されている（De Carvalho et al., 2016）．この実験は，"some"と"all"のように，意味的な尺度を形成する語彙のペアを用いて，意味が弱い語彙（"some"）が発話の中で使われたときには，自動的に尺度含意（some but not all）が生成されるため，意味の強い語彙（"all"）が活性化されるという新グライス派の主張に基づく仮説の妥当性を検証している．このプライミング実験では，例えば最初に"some"がサブリミナル刺激として，そしてその後で"all"がターゲット刺激として提示され，このターゲット刺激が現存する語彙であるか否かを判断させる語彙判断課題が使われた．ある条件では意味的に弱い語彙が先にサブリミナル刺激として提示され，強い語彙がターゲット刺激となり，語彙判断の対象となり，別の条件ではその順番が逆になっていた．新グライス派の仮説によると，意味的に弱い語彙は自動的に強い語彙を活性化するが，その逆は成り立たない．もし

この仮説が正しければ，意味的に弱い語彙をサブリミナル刺激として先に提示する条件において，順番を逆にして強い語彙を先に提示する条件よりも，ターゲット刺激の語彙判断をするのにかかる時間は短いと予測できる．結果は，尺度を形成する語彙ペアのうち，意味の弱い語彙が先にサブリミナル刺激として示され，意味の強い語彙が語彙判断の対象になった条件のほうが，逆パターンの条件よりも，語彙判断に要する時間が短かった．この結果は，新グライス派の仮説を支持すると考えられる．

さらに興味深いのは，高機能自閉症児が，皮肉の理解が困難である一方で，尺度含意を理解することができるという研究報告が近年出されていることである．このような結果を踏まえて，発話の解釈には，2種類の異なる推論が使われているという新たな仮説も提案されている（Andrés-Roqueta and Katsos, 2020）．1つは語彙などの言語的な要素と限定的な文脈との相互作用による，局所的な推論とされ，尺度含意はこちらに含まれる．もう1つは広域的な推論で，話し手が意図した意味を探す過程で導き出されるものである．こちらには話し手の意図，信念，態度などの心的状態を推測する心の理論が関与していると考えられている．前者は言語的語用論能力と呼ばれ，後者は社会的語用論能力と呼ばれている．このような見方は，グライスの「一般化された会話の含意」と「個別化された会話の含意」の区別と重なるものの，より認知心理学的な知見に基づいている点で発展的である．

近年の実験語用論の発展は目覚ましく，これまで長い間議論されてきた，発話の意図を理解するための推論の本質について，認知心理学的な視点から明らかにするための検証が着実に進められている．ただし英語以外の言語を対象にした研究や，発達的な研究はまだ少ない．今後，非英語圏の研究や，意図の理解に関する発達研究が増えることで，まだ明らかになっていない発話意図を理解するための推論の本質の解明がより発展することを期待したい．

推薦図書

関連性理論や，意図理解の発達と障害について理解を深めたい方には，『子どものうそ，大人の皮肉』（松井，2013）が読みやすいだろう．グライスから関連性理論までの語用論についての概説書としては，『最新語用論入門12章』（今井，2009）がある．また英語で書かれたものだが，新しい語用論の概説書として，*Pragmatics in English*（Scott, 2022）は初心

者にもわかりやすい．乳幼児の伝達意図の理解について，より詳しく知りたい方には，マイ
ケル・トマセロ『コミュニケーションの起源を探る』［松井・岩田（訳），2013］をお勧めする．

文　献

American Psychiatric Association (2013) *Diagnostic and Statistical Manual of Mental Disorders: Dsm-5*, American Psychiatric Association Publishing.

Andrés-Roqueta, C. and Katsos, N. (2020) A distinction between linguistic and social pragmatics helps the precise characterization of pragmatic challenges in children with autism spectrum disorders and developmental language disorder. *Journal of Speech, Language, and Hearing Research* **63**(5): 1494-1508.

Baroh-Cohen, S. (1995) *Mindblindness: An Essay on Autism and Theory of Mind*, MIT Press.

Baron-Cohen, S. et al. (1985) Does the autistic child have a 'theory of mind'? *Cognition* **21**: 37-46.

Bott, L. and Noveck, I. A. (2004) Some utterances are underinformative: The onset and time course of scalar inferences. *Journal of Memory and Language* **51**(3): 437-457.

Csibra, G. (2010) Recognizing communicative intentions in infancy. *Mind & Language*, **25**(2): 141-168.

De Carvalho, A. et al. (2016) Scalar implicatures: The psychological reality of scales. *Frontiers in Psychology* **7**: 1500.

Grice, H. (1975) Logic and conversation. In P. Cole and J. Morgan (eds.) *Syntax and Semantics* (Vol. 3), pp. 41-58, Academic Press.

Grice, H. P. (1989) *Studies in the Way of Words*, Harvard University Press.

Happé, F. and Frith, U. (2006) The weak coherence account: Detail-focused cognitive style in autism spectrum disorders. *Journal of Autism and Developmental Disorders* **36**(1): 5-25.

Horn, L. R. (1984) Toward a new taxonomy for pragmatic inference: Q-based and R-based implicature. In D. Schiffrin (ed.) *Meaning, Form, and Use in Context: Linguistic Applications*, pp. 11-42, Georgetown University Press.

今井邦彦（編）(2009)『最新語用論入門12章』大修館書店.

Levinson, S. C. (2000) *Presumptive Meanings: The Theory of Generalized Conversational Implicature*, MIT Press.［田中廣明・五十嵐海理（訳）(2007)『意味の推定—新グライス学派の語用論』研究社.］

松井智子 (2013)『子どものうそ，大人の皮肉』岩波書店.

Scott, K. (2022) *Pragmatics in English*, Cambridge University Press.

Sperber, D. and Wilson, D. (1986/1995) *Relevance: Communication and Cognition*, Basil Blackwell.

Sperber, D. and Wilson, D. (2002) Pragmatics, modularity and mind-reading. *Mind & Language* **17**(1-2): 3-23.

Tomasello, M. (2008) *Origins of Human Communication*, A Bradford Book.［松井智子・岩田彩志（訳）(2013)『コミュニケーションの起源を探る』勁草書房.］

Tomasello, M. and Rakoczy, H. (2003) What makes human cognition unique? From individual to shared to collective intentionality. *Mind & Language* **18**: 121-147.

第3章　　　　　　　　　　　　　　　　　　　　　　篠原俊吾

ことばと暗黙知

◆キーワード
暗黙知，百科事典的知識，背景知識，領域，フレーム，スキーマ，理想化認知モデル，知覚的シンボルシステム，マルチモーダル，言語習得

　「暗黙知（tacit knowledge）」とは，科学哲学者ポランニー（Michael Polanyi）の用語で，「顔の認知や自転車の運転のように，明確に言葉で表現することが困難な直感的・身体的・技能的な知識」[1]を指す．この非言語的な知は，普段意識にのぼることはないが，様々な人間の活動を下支えしている．実は，言語使用の場においても，普段意識にのぼらない複合的な知識が無数に存在し，実際の言語理解の下支えをしている．本章では，このようなことばの理解の背後にある知識とその仕組みを概観し，この知識はどのように獲得されるのかその源流を考察する．

|||||||||||||||||||||||||||||| **第1部　現在までの流れ** ||||||||||||||||||||||||||||||

第1節
私たちは何を知っているのか

(a) 内 的 表 象

　まずはじめに，本章で主に扱う「概念」および，その周辺領域の所在を確認するために「表象（representation）」について概観する．「表象」とは，私たちがいる世界，置かれている状況に対して「私たちの頭の中にでき上がる世界，状況のモデル」（鈴木，2016：2章）を指す．

　図3.1に示したように，「表象」は「内的表象」（記憶や知識）と「外的表象」（文字や行動）に区分され，前者は「一時的表象」（＝すぐに失われる記憶），「永続的表象」に分けられる[2]．本章で扱う問題には内的表象全体が関与するが，その中でも特に「永続的表象」の中の「概念」と「手続き的知識」に焦点を当て議論を進める[3]．

---

1) 『広辞苑』第六版の定義．詳細はPolanyi（1966）を参照．
2) 「表象」の分類と定義については，鈴木（2016：2章）を参照．
3) ことばの意味には，一時的表象，エピソード記憶（個人の思い出の記憶に関するもの）も含まれ

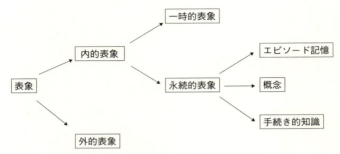

図 3.1　表象と知識の体系（鈴木，2016 をもとに作成）

　手続き的知識とは，ボールを投げるときの細かい筋肉の動きなど詳細な過程を明確に言語化することが困難な感覚運動に関する情報である．一般的に暗黙知と呼ばれているものはここに入る．例えば，一定以上の分量のタイピングを連続で行う場合の手の動きや発話時の舌の動かし方，口の筋肉の動かし方などは実際やってみせることは可能だが，明示的に言語化して説明することは難しい．では，動作を伴わないような静止した対象なら意識的な取り出しや明示的な描写が可能かというと必ずしもそうとはいえない．例えば，人の顔の認知は，特殊な訓練を受ければ絵に描くことはできなくはないが，通常は明示的に説明することは難しい情報である[4]．

　手続き的知識は感覚運動的であり，知覚者にとっては明示的に取り出すことが難しいのに対し，概念はいわゆることばの意味に相当し，例えば，コップとは何か，リンゴとは何かといった問いの答えになるような，知覚者の経験によって得られた対象や出来事に関する明示可能な情報である[5]．この中には，学校や家庭において意図的な学習を経て獲得した知識もあれば，日常生活の中でいつの間にか身についた知識もある．後者は意識的に抽出する機会がなければ気

　　るが，紙面の関係上，本章では割愛する．これらの問題と関係のある文脈の重要性については，Langacker（1987: 155-158, 2008: 463-467）を参照．
4)　同様に，人間の声の特徴も言語化するのが難しいものの 1 つである．
5)　Mandler（2004: 51-58）は，概念の中には明示的に記憶に留められるものと十分な注意が向けられず非明示的に記憶に留められるものがあることを指摘している．また，鈴木（2016：6 章，2022：5 章）は意識にのぼらない情報が問題解決に重要な役割を果たすこと（サブリミナル）について論じている．

がつかないことも多い．私たちのコミュニケーションは，このような知識によって支えられているが，その内実はどのようなもので，どのような仕組みによって機能しているのであろうか．本章では，「ことばの暗黙知」ともいえるこの概念を裏から支える知識のあり方を詳しく検討していく．以下，本節では今までこの問題が言語学の中でどのように扱われてきたか，そして今どこへ向かおうとしているのかについて概観する．第2節では，「領域」と「フレーム」という2つの考え方を通して，対象や出来事の理解に必要な知識を具体的に精査していく．さらに，第3節では，認知科学における理論（知覚的シンボルシステム）の知見を援用して，外国語習得に関する課題を検討すると同時に言語習得期以前の幼児のデータをもとに知識獲得の源流を探る．

(b) 背景知識の重要性

　ここでは，本章で扱う問題の具体例をいくつか示しておく．私たちが物事を理解するためには，その背後にある多くの知識が必要になる．例えば，図3.2に示したように「金曜日」ということばの意味を理解するためには，私たちが7日を1サイクルとする「週」という単位で活動していることを理解している必要があり，「週末」とは何かを理解するには「週」という概念に加え，そのサイクルの中には平日と休日が存在すること，さらに，一般的には土曜，日曜と呼ばれる2日が休日に相当することを理解していなければならない．一方，「おじ」「おば」という単語の意味を理解するためには，「自分」「父」「母」そしてそのほか血縁者を含む「親族体系」を理解している必要がある．

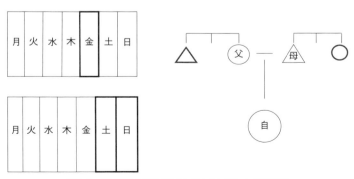

図3.2　「金曜日」「週末」「おじ」「おば」と背景知識

文レベルで考えみよう．例えば，He found a diamond on her ring finger and sighed deeply.（彼は彼女が薬指にダイアモンドの指輪をしているのに気がついて，深くため息をついた．）という文を理解するためには，① 通常ダイアモンドは指輪に加工する（a diamond on her ring finger は単に指の上にダイヤが乗っているだけという理解もあり得る），② ring finger とは指輪をする指，すなわち，左手の薬指を指す，③ 既婚者は通常左の薬指に指輪をはめる，④ 主語の he は彼女の指輪が原因でがっかりしているということを理解している必要がある（大堀，1996：98-99）．このように，言語理解は当該の言語表現のみならず，その背後にある様々な知識に支えられている．こうした世の中に関する諸々の知識を背景知識（background knowledge），または，百科事典的知識（encyclopedic knowledge）と呼ぶ[6]．

(c) 辞書的知識と百科事典的知識

1970 ～ 1980 年代，生成文法をはじめとする（心は独立したモジュールから成り立つと考える）モジュール的言語観に基づく言語学では，様々な要因が関与する言語現象の研究対象を絞り込むために，純粋に言語的な知識（辞書的知識）とそれ以外の世の中に関する知識（百科事典的知識）を分け，前者のみを言語分析の対象にすると考えてきた[7]．この言語観では「言語表現を構成する要素の総和が全体に等しい」という考え方（合成性の原理）が支持され，全体がどのような構成要素から成り立っているのかを探し出すことに力が注がれてきた．例えば，/p/ の音は，＋plosive（破裂音），＋labial（両唇），－voiced（無声）という特徴から成り立っており，boy という単語の意味は＋human（人間），＋male（男性），－adult（未成年）という要素からできているといったように素性（特徴）の束で表記される（この方法は成分分析と呼ばれる）．この仮説からは，「当該のカテゴリーに共通する必要十分条件（素性）が存在し，その条件をすべて満たすもののみがカテゴリーの成員の資格を持つ」という結論が導き出されることになる．もしどの言語にも通用する普遍的な素性のセットが

---

6) 今井（2016）は，知識とは何かという根本的な問題を論じている．

7) 同様に，文レベルでは，文本来の意味と実際の使用における問題を区別するために，意味論と語用論という区分を設け，狭義の言語研究の対象は前者としてきた．このような二分法の問題点に関しては，Langacker（2008: 39-41）を参照．

存在すれば，文化，文脈，話者とは無関係に有限個の素性で世界中のことばの意味の規定が可能になる[8].

　しかしながら，実際に具体例を考えていくと必要十分条件では規定できないカテゴリーは数多く見つかる．例えば，英語の game というカテゴリーは，「競争」「勝敗」など一部の競技に当てはまる条件はあるが，ままごとのような「ごっこ遊び」「テニスの壁打ち」などはこの条件に当てはまらず，すべての事例に共通する特徴を見つけることは難しい．また，spinster（独身女性）の対義語と考えられる bachelor（独身男性）を ＋man（男性），＋adult（大人），－married（未婚）のように定義すると，実際には，その条件を満たしているはずの「ローマ法王」「ターザン」「スーパーマン」がなぜ bachelor の成員とみなされないのか説明がつかない．ここから，部分の集合が必ずしも全体の意味に一致しないことが分かる（bachelor については，第 2 節（d）を参照）．

　合成性の原理の中核をなす「部分の総和が全体に等しい」という考え方は，複合表現においても大きな問題になる．例えば，a cat on the mat（絨毯の上の猫）という表現を考えてみよう（Langacker, 1987: 155）[9]．私たちがすぐに思いつきそうなのは，広げた絨毯の上に猫が座っている光景かもしれないが，可能な解釈はそれだけでなく，① 丸めて壁に立て掛けてある絨毯の上に座っている猫，② スライドの映像を映し出すために即席で作った絨毯のスクリーンに映し出された猫，③ 絨毯職人が絨毯の上に織り込んだ猫の刺繍を表現している可能性は否定できない．さらにもっと飛躍すれば，④ レスリングのエキシビションマッチでリングに組み伏せられた虎を指す可能性さえある．一方，「テレビを見る」という表現は，通常「放送している番組を見る」という意味で用いられるが，もし新しいテレビを購入するために家電量販店にいたとすれば「機械本体を見る」と解釈する方が自然であろう[10].

---

8)　普遍的な意味素性は semantic primitive と呼ばれる．Forder（1975）を参照．

9)　Taylor（2002: ch.6）においてもこの問題は詳しく論じられている．

10)　この場合，（もちろん頻繁に使用されるパターンはあるものの）単にある一定以上のまとまった知識を呼び出すということが行われているわけではなく，実際の使用場面において，参照可能な情報に基づく推論を介し，その都度，百科事典的知識が新たに構成されていると考えられる（Langacker, 2008: 39, 1988）．また，ここには，話し手，聞き手が相互の知識の状態を読み合うという意味での推論も関与している（Langacker, 2008: 460）．

このように，単純に単語と単語を組み合わせただけで一義的に意味解釈が決まることはなく，ことばの理解には，慣習，文脈，一般常識など単語以外の知識，つまり，百科事典的知識の参照が必要不可欠である[11].

(d) 百科事典的意味観

1980年代後半になると，レイコフ（George Lakoff），ラネカー（Ronald Langacker）を中心とした認知言語学の中から，上記のような問題点を踏まえて，百科事典的意味を重視する意味観が提唱され始める．この考えでは，ことばの意味は，辞書的意味に限定されない制限のない（open-ended）知識の総体へのアクセスポイントであると考える（Langacker, 2008: 39）．したがって，辞書的意味と百科事典的意味には境界線は設けず，緩やかに連続体をなしていると考える．このような言語観を百科事典的意味観（encyclopedic view of meaning）と呼ぶ．辞書的意味（図3.3 (a)）では，定義されたことばの意味（太線四角）は，話者，文脈とは無関係に決められた限定的なものであるのに対し，百科事典的意味（図3.3 (b)）では，言語表現（太線楕円）によって意味の中心性が変化する．後者の意味観のもとでは，文脈や使用者によって変化する多様な意味を柔軟に捉えることが可能である．

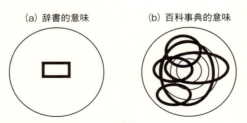

図3.3 辞書的意味と百科事典的意味（Langacker, 2008: 39をもとに作成）

---

11) 辞書的意味，百科事典的意味の区別の問題点に関しては，Haiman (1980), Langacker (1987: ch.4, 2008: ch.2) を参照．辞書的意味の問題点に関する詳細な議論は，Evans (2019: ch.15) を参照．百科事典的知識の重要性に関しては，西村・野矢 (2013：64-95) を参照．

第2節
対象，出来事の理解

(a) 領　域

　では，私たちが物事を知るにはどのような知識が必要になるのであろうか．以下，対象，そして，ある程度まとまった出来事の知識の順に具体例を通して検討してみよう．

　Langacker（2008: 47）は，対象や物事を認識する際，活性化する知識（対象や物事の側面）を領域（domain）という用語を用いて説明している．領域はそれ以上構成要素に還元することのできない（例えば，空間，時間，色，音の高低，温度，味，匂いなどの）基本領域（basic domain）といくつかの領域から複合的に構成されている非基本領域（nonbasic domain）に分けられ，私たちの概念は主にこれらの領域の複合体（domain matrix）によって構成されていると主張している[12]．ここでは，具体例として「コップ（glass）」の特徴を抽出する際，活性化する可能性のある領域を見ておく．Langacker（2008: 44）が指摘するように，どの領域が活性化するか，いくつの領域が存在するのかは文脈次第であり，厳密にその数や種類を確認することは難しい（描写対象が多種多様な側面を持ち，文脈，状況次第で異なる側面が活性化する）．

① 空間（基本領域）
② 形（円柱でどちらか一方が塞がっている［①を前提とする非基本領域］）
③ 典型的な空間上の向き（長い部分を縦にして置き，口が塞がっている方は下［空間，縦横，形の概念の理解が必要］）
④ 機能1（液体を入れる容器［典型的な方向性，液体，容器の概念が必要．さらに，それらを理解するには，空間的包摂の概念，動きの可能性，力，恒常性［時間が経過しても一定である］などの概念の理解が前提となる］）
⑤ 機能2（飲むという行為の中でコップの果たす役割［機能1，人間の身体，掴むという動作，腕の動き，口からの食物摂取などの概念の理解が必要］）
⑥ 素材（通常はガラス）

---

12) nonbasic domain という用語は，Langacker（1987）における abstract domain と同じものを指す．本章では，Langacker（2008）に基づき，nonbasic domain を用いる．

⑦ 大きさ（片手で容易に持つことができるサイズ）
⑧ そのほか
①「空間」は，3次元の空間に存在する物理的な対象を理解するために必要な基本領域であり，② 以下のすべての領域の前提となる．② の「形」の理解は ① を前提とする．③「空間上の典型的な方向性」は，使い方に関する情報で，① の「空間」，② の「形」に加え，垂直性の概念，および，置き方に関する知識が前提となる（置き方に関する知識の理解には，④「機能1」と⑤「機能2」も関係している）．④ の「機能1」は使用目的に関する情報である．ここでは，使用時の典型的な方向性（垂直に置く，傾けるなど）に加えて，液体の概念，容器の概念が前提となる．さらに，それらの概念の理解には，包摂の概念，液体を容器の中に入れる動きの概念，力の概念，容器の中には一定時間液体が保持されるため時間経過に伴う恒常性の概念も必要になる．⑤ の「機能2」は「飲む」という行為をする際にコップがどのような役割を果たすのかについての情報である．これを理解するためには，④ の「機能1」に関する知識のみならず，人間の身体，掴む行為，腕の動き，摂取というような概念が前提となる．⑥「材質」は視覚，触覚を通して活性化する領域で，一般に対象の固有の属性とみなされる傾向にある領域である．⑦ の「大きさ」は，もちろん客観的に計測して数値化することも可能であろうが，身体という計測装置を用いて得られた値（身体感覚）を対象の特徴として読み替えたものである．さらに，⑧ の「そのほか」は，値段，手入れの方法（洗う，柔らかい布でふく），収納場所，壊れやすさ，テーブルの上の位置，製造方法など，一般的に「百科事典的知識」と呼ばれているものに相当する情報が含まれている．

Langacker（2008: 48）は，対象に関係する領域は，バラバラに存在しているわけではなく，図3.4のように領域の複合体（domain matrix）を構成して

図3.4 domain matrix（Langacker, 2008: 48をもとに作成）

いると主張している（中心の円が言語表現の指示対象に相当する）.

とりわけ ⑧ の「そのほか」は，形や素材といった（辞書的意味として取り上げられそうな）典型的な対象の属性と比較すると，大きく異なるものであるように見えるため，二次的な周辺情報とされる傾向にあるが，実際は，図 3.4 で示したように，両者は分かち難い形で複合的に概念を構成している．また，本節での議論からも明らかなように，各領域内は複合的な知識によって成り立っているが，概念全体についても同じことが指摘できる．つまり，各領域内の知識が複数の領域によって成立しているだけでなく，図 3.4 のように，ある程度まとまった領域群同士も相互依存（階層）の関係にあり，どの一部が欠けても対象の正確な理解には至らない.

（b）領域の活性化と流動性

本節（a）で見たように，一般的には，① 〜 ⑦ の領域が活性化しやすいのに対して，⑧ のいわゆる百科事典的情報は周辺情報という扱いを受ける傾向にある．そして，（形や素材など）活性化しやすい領域は，しばしばカテゴリーの典型的な特徴として抽出される[13].

ただ，領域の中心性は場面に応じて柔軟に変化する．例えば，snail（カタツムリ）と escargot（エスカルゴ）のように，同一の指示対象でありながら異なる 2 つの名称を与えられている事例が数多く存在するが，領域の中心性の差であると説明できよう（Langacker, 2008: 49）．つまり，前者は純粋に生物に関する領域がより中心的な領域として活性化しているのに対し，後者は高級食材としての側面がより顕著になっている．同様に，land（陸地）と ground（地上）は，指示対象は同じであるにもかかわらず 2 つの表現があるのは，land が sea と関係づけられ，陸／海の対比が関与する領域が重視されているのに対し，ground は air と関係づけられ，地／空の関与する領域が中心に位置づけ

---

13) Langacker（1987: 158-161）は，一般的に，どの領域が活性化しやすいかは，「慣習（conventional）」（言語使用者の中でどれだけ定着し，言語共同体で慣習化しているか），「一般（generic）」（どれだけ一般的性質として当てはまるか（例：バナナは黄色い方が青いものよりも美味しい）），「本質（intrinsic）」（どれだけ当該対象に本質的と思えるか（例：バナナの場合，形）），「特徴（characteristic）」（どれだけ「らしさ」を表しているか（例：バナナの場合，独特な形や色））と相関する傾向にあると述べている（上記の 4 点は明確な境界線があるわけでもなく相互排他的でもない）.

64　　　　　　　　　　　第3章　ことばと暗黙知

られているためである[14].

　Langacker（2008: 49-50）は，どの領域が活性化するかは，あくまで蓋然性（probability）の問題であり，文脈次第で変化すると指摘している．例えば，通常「コップ」と最も結びつきやすい行為は「飲む」であるが，以下の（1a）のような文脈では「壊す（壊れる）」という行為が活性化し，さらに，（1b）では「洗う」という行為が活性化している．

(1)　a. This antique glass is quite fragile.
　　　　（この骨董グラスはとても壊れやすい）
　　　b. Plastic wine glasses are hard to wash.
　　　　（プラスチックのワイングラスは洗いにくい）

　領域の流動性を示す例をもう一つ見ておこう．鈴木（2020：101-105）は，問題解決の文脈においては，知覚者が目標達成に必要な領域を柔軟に抽出することを指摘している．例えば，灰皿を探しているという状況で，目の前に（まだ開けていない）コーラの缶，紙コップ，（空の）クッキーの缶があったと想定してみよう．ここで達成すべき目標は，灰皿と類似するものを目の前にある3つの対象の中から見つける（つまり，どれが最も灰皿の代用品としてふさわしいかを見つける）ことである．ここでは当面の問題解決のため，灰皿に関係する領域（つまり灰皿の機能を果たすもの）として①対象の可燃性,②形状（凹状），③（容器の）内側の空きスペースという3つが顕在化する．鈴木の指摘するように，この文脈では，通常対象の特徴を捉える際に中心的な位置づけになる「重さ」や「絵柄」（＝色）などは周辺的な領域として位置づけられる．さらに，②の「形状」，③の「内側の空きスペース」は一目瞭然であるが，①の特徴を抽出するためには「不燃・可燃」に関連する領域の知識が必要となる（金属なら燃えない，中に不燃性の液体が入っていれば燃えないなど）.

　また，目的達成の方法としては，例えば，コーラの缶を開け，中身を少量紙コップにとることで紙コップを燃えない入れ物にして条件を満たすといった解決方法もあるが，この場合，最初に②「形状」，③「内側の空きスペース」に

───────────────

14)　この問題は，本節（c）で取り上げるフレームの問題として扱うこともできる.

関係する領域に着目し，紙コップが容器としての条件を満たしていることを確認しつつ，今度は①の不燃物の領域に着目し，紙コップが条件を満たすよう工夫を凝らしている．このように，文脈によって周辺的であるように思われた領域が活性化したり，さらには，通常活性化しやすい領域が背後に退いたり，中心となる領域は柔軟に変化し続けることになる．

(c) スキーマとフレーム

本節 (a) で見てきたように，対象を知覚し理解する際には様々な領域が活性化する．例えば，「コップ」であれば，直接触って，大きさ，硬さ，冷たさなどを感じとり「コップらしさ」を知覚的に経験し理解する．これらの経験は，主に基本領域（またはそれに近い領域）が関与している．それに対して，「レストランで食事をする」「試験を受ける」など日常繰り返して経験する出来事においては，高頻度で特定の非基本領域群（概念）が活性化する．このようなある程度まとまりを持った慣習性の高い領域群または概念は，認知心理学ではスキーマ（schema），言語学や情報処理の分野ではフレーム（frame）と呼ばれる[15]．

代表的な例として risk のフレームを見てみよう．以下の (2a) は危険を冒したことによってもたらされた悪い結果，(2b) は悪い結果につながりかねない危険な行為，(2c) は悪い結果によって失われる財産がそれぞれ目的語に現れている．

(2) a. He risked death.

（彼は命を失う危険を冒した）［悪い結果］

b. He risked a trip into the jungle.

（彼は思い切ってジャングルへ旅行に出掛けた）［危険につながる行

---

15) 言語学では，フィルモア（Charles Fillmore）が先駆的な研究を行ってきた．フィルモアのフレーム理論については，Fillmore (1975, 1982)，Fillmore and Baker (2009)，Evans (2019)，小原 (2019) を参照．認知心理学で用いられるスキーマは，顔の認知など対象の捉え方に関するシンプルなものから「卒業式」といったような時間の経過を伴う出来事を表すものまで，経験を通して得られた有用な認知の型，経験の型を広く指すことが多い．その中で，出来事のスキーマは，スクリプト（script）と呼ばれることがある（Schank and Abelson, 1977）．そのほか，シナリオ（scenario）という用語が用いられることもある（Palmer, 1996）．文化モデルに焦点を当てた理想化認知モデル（idealized cognitive model）については後述．用語の違いについては，辻 (2013) を参照．

為]

c. He risked his inheritance.
(彼は遺産を失う覚悟でやってみた)［失う可能性のある財産］

Fillmore and Atkins（1992）は，危険にさらされるという状況には，主に「行為者」（悪い結果につながる危険な状況にいる人），「財産」（悪い結果に伴い失われる可能性のある行為者の所有物［命を含む］），「危険につながる行為」「悪い結果」の4つが関与しているとし，risk という語は，以下の図 3.5 に示すように，(A) 行為者は財産を持っている，(B) 行為者が何らかの行為を選択する，(C) 実際に行為をする，(D) 行為が悪い結果につながり財産（命）を失う（可能性がある）という知識（フレーム）を喚起すると指摘している[16]．

これを踏まえて，(2a〜c) をもう一度見てみよう．悪い結果が目的語に現れる (2a) は，フレームの (D)，危険につながる行為が目的語に現れる (2b) は，フレームの (C)，失いかねない財産が目的語に現れる (2c) は，フレームの (A) と (D) が最も活性化している．このようなフレームが前提知識として裏で生きていることによって，なぜ risk という動詞が多様な目的語を許容するのか説明が可能になる[17]．

別の例を見てみよう．例えば，「学校」という単語には，建物（丘の上に学校が建っている），制度（学校を早く卒業したい），学内の人（県大会優勝の瞬間学校全体がどっと湧いた），授業（学校は3時に終わる）など様々な意味が

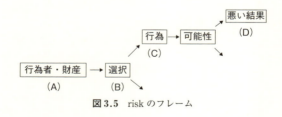

図 3.5 risk のフレーム

---

16) 詳しくは，Fillmore and Atkins（1992），松本・小原（2022）を参照．
17) このほか，代表的なものに，売り手，買い手，商品，代金，売買の場所などが関与する「売買のフレーム」がある．sell, buy, pay, spend, cost など売買に関わる動詞を用いる場合，このフレームが喚起される．

あるが，私たちはそれぞれの文脈の中で学校のどの側面を指しているのか瞬時に理解できる．国広（1997：58-59）は，「学校」という単語は，これらの意味の「どの一つで使われたときでも，その裏では他の意味がすべて生きている．逆にいうならば，他の意味がすべて生きていて裏から支えていてくれないと，どれ一つとして存在し得ない，という関係にある」と指摘している[18]．つまり，「学校」という単語は，学校には建物があり，先生がいて，生徒は授業に出席するなど，「学校」に関与する諸々の知識を喚起する．

この「学校」のフレームは「学校」という語彙のみならず，「学校」に関連する語彙によっても喚起される．例えば，英語の teach という動詞は，目的語に「教える生徒」(handicapped children)，「科目」(math)，「教える学年」(third grade)，「学校」(Sunday school) をとることができるが，これは teach という動詞から「学校」のフレームが喚起され，フレーム内の様々な側面が焦点化された結果である（図 3.6）[19]．

このように，それぞれの表現の背後には，そこから喚起されるフレームが存在し，さらに，そのフレームを通して新たなフレームが喚起され，知識は階層

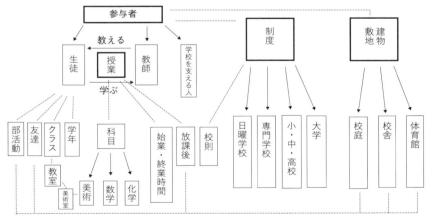

図 3.6 学校のフレーム

---

18) 国広（1997）は，多面的多義という概念を用いて説明している．
19) teach に関しては，Langacker（1987: 269-270）を参照．ラネカーは，同一 base における primary landmark の選択の違いとして説明している．

を形成しながらネットワーク状に広がっていると考えられる．この考え方が妥当なものであれば，ラネカーが指摘するように，言語表現は，当該表現の持つ指示対象としての意味を表しているというよりは，その単語の背後にある（無数の概念やフレームを含む）百科事典的知識のネットワークにつながるアクセスポイントとして機能していることになる（Langacker, 1987: 163; Evans, 2019: ch.18）．

(d) 理想化認知モデル

鈴木（2016：2章，2022：2章）は有用な知識であるためには，① 一般性（どれだけ汎用性があるか），② 関係性（どれだけ周囲の概念との関係が見いだせるか），③ 場面応答性（必要なときどれだけ瞬時に取り出すことができるか）が必要であると指摘している[20]．すでに本節（c）の議論において，フレームがこれらの条件を満たしていることは見てきたが，フレームに近い概念として，レイコフは，百科事典的知識がコミュニティや文化などに共有されている一般性の高い情報から構成されているという点に着目し，社会的・文化的慣習に焦点を当てた理想化認知モデル（idealized cognitive model: ICM）を提唱している．

第1節で触れたように，bachelor（独身男性）というカテゴリーでは，必要十分条件である＋man（男性），＋adult（大人），−married（未婚）という条件を満たしているにもかかわらず，「ローマ法王」「ターザン」「スーパーマン」は，その成員に入れられることはない．このカテゴリーの場合，「親の庇護のもと過ごした10代を経て，一人前になって自活できるようになり，ある一定の年齢になったら異性のパートナーを見つけ結婚し，家庭を築く」という文化モデルがICMとしてベースになっており，この通念にしばしば抵抗している，つまり，上記の条件が整っているにもかかわらずあえて婚姻せずに独身生活を謳歌しているような人がbachelorとして位置づけられる．したがって，婚姻関係を築くことが認められていないカソリック系の宗教関係者（ローマ法王）はもともとこのモデルには当てはまらない．また10代を親のもとで過ごし，その後自立するというような社会生活を経ていない場合（ターザン）や異性との関係において独身生活を謳歌しているとは考えられない場合（スーパーマン）

20）　有用な知識については，今井（2016：6章）も参考になる．

もこのモデルから外れることになる．このように，bachelor の意味は，当該文化が暗黙の前提として持つ ICM との対比から生ずる概念であり，したがって，この文化モデルの理解なしに bachelor の意味を理解することはできない．

もう一つ例を見ておこう．Lakoff（1987: 74-76）は，「母親」という概念は，複数のモデル（集合体モデル，cluster model）からなる複合的性質を帯びたものであると指摘している．レイコフの挙げるモデルは以下の5つである．

- 出産モデル（birth model）：子どもを出産する人が「母親」である
- 遺伝子モデル（genetic model）：子どもに遺伝子を提供する人が「母親」である
- 養育モデル（nurturance model）：子どもを育て面倒を見る人が「母親」である
- 婚姻モデル（marital model）：父親と婚姻関係がある人が「母親」である
- 系図モデル（genealogical model）：一番近い女性の被相続人が「母親」である

上記の条件をすべて満たしているのが理想化された母親であるが，実際には，以下のように上記のモデルの一部のみが該当する母親が存在する．

- 継母（stepmother）：養育，婚姻
- 育ての母親（foster mother）：養育
- 生みの母親（birth mother）：出産
- 遺伝子上の母親（genetic mother）：遺伝子
- 未婚の母（unwed mother）：出産，遺伝子，養育，系図

従来のように必要十分条件を用いて辞書的に母親というカテゴリーを規定しようとすると，カテゴリー内の成員すべてが少なくとも1つのモデルを共有していなければならず，上に示した様々なタイプの「母親」をうまく説明することができないが，この5つのモデルからなる ICM を背景として，「母親」のタイプによってそれぞれ異なるモデルが活性化する（中心性が変化する）と考えれば，多様な母親の姿を的確に捉えることが可能になる[21]．

---

21) 籾山（2020）は，典型例，理想例，顕著例，ステレオタイプなどの具体例を挙げて詳しく論じている．籾山（2019）にも詳細な解説がある．

第3節
知覚的シンボルと学習

(a) 知覚的シンボルシステム

　ここまで領域，フレーム（スキーマ），ICM など主に言語学的な立場から見た背景知識の重要性を論じてきた．本章で示してきたような考え方は，認知科学者のバーサロー（Lawrence Barsalou）が提唱する知覚的シンボルシステム（perceptual symbol system）という考え方とも呼応する．従来の知識表象に関する仮説では，概念は知覚から得られた情報を抽象的で非モーダルな命題として記憶したものと考えられてきたが[22]，バーサローの知覚的シンボルシステムでは，情報は多角的（マルチモーダル）な身体的経験を通してアナログに記憶に保存され，概念を想起するときは知覚的シンボルと過去の身体経験（またそれに伴う背景知識とのリンク）が活性化すると考える（マルチモーダルについては第1巻第1章と第4章，および第2巻第1章を参照）．バーサローはこれをシミュレーションと呼んでいる[23]．バーサローの知覚的シンボルシステムのポイントは，① 多角的な身体経験とシミュレーションが概念形成にとって重要な役割を果たすこと，② 概念（形成）はあらかじめ決められた安定的なものではなく，創発的かつ動的であるということを指摘した点にある[24, 25]．

(b) マルチモーダルと外国語学習

　鈴木（2022：58）は，外国語の習得においても，様々な感覚が相互につながり合って形成される身体経験が重要であることを指摘している．母語の場合，日常生活の中で，身体を用いて物事を多角的に捉え，あらゆる角度から観察し，概念形成に結びつけているため「らしさ」を呼び起こしやすい．それに対して，外国語の場合，しばしば，身体を通した経験，学びがないため，一般性，関係

---

22) 物理的シンボルシステム（physical symbol system）と呼ばれる．Newell and Simon（1976）を参照．
23) Barsalou（1983）は，「火事の際持ち出すもの」という臨時のカテゴリー（アドホックカテゴリー）を想定し，このカテゴリーを形成するときには，実際に身体を用いていなくともメンタルシミュレーションが行われていると論じている．
24) バーサローの提唱するフレーム（Barsalou, 1992）は，動的な側面が重視されている．
25) 近年の研究では，概念形成には，感覚運動情報だけでなく，社会的，言語的な情報との関連性も検討されている．Barsalou（2008）を参照．

性，そして，場面応答性のある知識にはなりにくいと考えられる．

マルチモーダルな認知は，習慣の中で得られるスキーマ（フレーム）の獲得においても重要な役割を果たす．今井（2016）は外国語学習で重要なのは，（母語と異なる）当該言語のスキーマの獲得であると指摘している．人は与えられた状況を何のバイアスもなくフラットに捉えることはできない．つまり，何らかの視点を持って物事を捉えることは避けられない．スキーマは，同じ経験を反復体感することによって生ずる慣習化された認知パターンであり，意識的に異なる捉え方を選択しなければ，通常，用いられる可能性の高い認知パターンである．今井（2016：26）の指摘するように，母語の場合，スキーマは「身体で知っている」「身体に落とし込む」ことによって（つまり，日々の生活の中で経験的に獲得することで）無意識に用いることが可能になる．一方，外国語学習の場合，母語とは異なるスキーマが存在することを認識し，これらの知識を意識的に取り出し習得する必要があるのだが，日常の中で多角的に物事を捉える経験がない状態で習得するには，ただ闇雲に時間をかける，量をこなすという方法ではないスキーマ獲得に向けての工夫が必要になってくる[26]．

（c）百科事典的知識の源流

では，そもそも，私たちは母語獲得の際，実際にどのような形で知覚的シンボルを獲得していくのであろうか．以下，言語習得期に入る前段階で何が起きているのか，概念獲得の源流を示唆する研究報告を見てみよう[27]．

マンドラー（Mandler, 2004）は，幼児の概念形成は少なくとも1歳未満の段階では見られないとする従来の仮説に対して，1歳未満でも周囲の対象との相互作用の中から対象の動きや対象と自己との関係性を学び取り，概念形成が始まっていると指摘している[28]．例えば，マンドラーが生後9か月，11か月，14か月の幼児に対して行った般化模倣（generalized imitation）というテストでは，まずはじめに大人が犬の模型に対して① コップで水を与える，② ベッ

---

26) 今井（2016：3章）は，母語のスキーマが外国語学習において妨げになる可能性があることを指摘している．具体的な（英語）学習方法については，今井（2016）を参照．

27) 言語習得期に入ってからの過程は，今井（2016：2章），佐治（2020）を参照．

28) マンドラーは子どもが概念形成のために行う操作を知覚的意味分析（perceptual meaning analysis）と呼んでいる．

ドに寝かせるといった仕草をし，次に，車の模型には③ドアに鍵をかける，
④子どもを乗せる仕草をし，その後，幼児が目の前に置かれた他の模型に対
してどれくらいそれらの動作を真似するかを確認した[29]．結果，幼児（特に11
か月，14か月）は，猫，ウサギ，魚，鳥など生物の模型には水を与え，トラッ
ク，バス，バイク，飛行機などの模型には鍵を用いる動作をすることが確認さ
れ（その逆を行った事例は少なかった），極めて高い確率で適切なカテゴリー
に適切な行為を行っていることが分かった．

　マンドラーは，すでに1歳未満から幼児は，自ら動く対象（生物）と誰かに
動かしてもらう対象（乗り物）がそれぞれどのようなものか，つまり，対象が
「何をするのか」，対象が「何をされるのか」に強い関心を抱き，注目する傾向
があることを指摘している[30]．Mandler（2004: 207）は，自身が行ったいくつ
かの実験結果から，幼児は，生後9か月までには，動物，家具，乗り物の区別
がつくようになると結論づけている．このように，幼児は自分との関係性を確
かめるシミュレーションを通して，周囲の対象に対する理解を深めている．マ
ンドラーの分析が妥当なものであれば，多角的な知覚に基づく子どもの概念形
成は，今まで考えられていたよりも早い段階から始まっていることになる[31]．

　次に道具の概念獲得についての研究を見ておこう．小林（1992, 1995）は，
ある女児が1歳3か月から2歳3か月まで日常よく使う物（おもちゃのかなづ
ち，シャベル，ティッシュペーパー，ボール，ヘアブラシ，スプーン，皿，鉛
筆，紙など）に関して名称をどのように獲得していくのか母親と女児のやりと
りを動画により調査した．

　小林（1992：42-44）によれば，①子どもはすべての物について名称を覚え
る前に物に特有の行為（例えば，ブラシで髪をとかす行為，スプーンで何かを

---

29) このテストは，幼児が見た出来事（行為）をすぐ真似する（ただし自分が不適切だと思う行為は
　真似しない）傾向にあることを利用している．Mandler（2004: ch.8）を参照．
30) マンドラーは，幼児は動くものから自発動作（self-motion），有生動作（animate-motion）そし
　て経路と目的地（path-goal）のイメージ・スキーマを，また，人工物からは加えられた力によ
　る動き（caused-motion）のイメージ・スキーマを獲得すると指摘している．同時に，包含（in）
　と支持（on）の関係も早期に獲得されると報告している．
31) Nelson（1973）は，幼児が早期から周囲の出来事と参与する対象の機能に着目していることを指
　摘している．

食べる行為など）を行う，② 物に特有の行為をするようになってから一般的に受け入れられている名称が獲得されるまでの期間は 5 か月から 1 年かかる，③ 物に特有の行為をするようになってから一般に受け入れられるような名称が獲得されるまでの間に特有の行為を言語的に表現する（例えば，「ボール」という語の場合「ポン」や「ポーン」など）段階がほぼすべての物について観察されている．さらに，小林は，観察対象となった子どもは，物に特有の行為をするだけでなく「事物がふだん保管されている場所（例えば台所の引出し）やその事物が使用されている出来事（例えば食事）と事物の関係に関する知識などの豊かな知識を，事物の名称を獲得するはるか以前にすでに獲得していることが見出された．つまり，ある事物が自分のまわりの人々にとってどのような活動をアフォードするのかについての知識をすでに豊かに蓄えていたと考えることができる」（小林，1992：44）と結論づけている．

上記の報告に基づけば，「ボール」や「ブラシ」といった一般的な道具の名称が習得されるまでの 5 か月から 1 年の間，幼児は，活動の文脈の中で「トントン」とか「ポーン」といったような（おそらく，活動そのもの，道具，動作すべてが一体化した意味で用いられている）オノマトペを用いながら，目の前にある対象と向き合い，対象のあり方，対象への接し方を，シミュレーションを通して学んでいる[32]．今井（2016：3 章）の指摘するように，言語習得が始まってから多くの試行錯誤が繰り返されることになるが，習得期以前に集積したこのような多角的な身体経験は，一部は（ボールを投げる，ヘアブラシで髪をとかす，スプーンを使って何かを食べるといった）手続き的知識として定着し，また一部は（ボールとはどのような特徴を持ったものなのか，ヘアブラシとは何をするものなのか，スプーンはどこにしまうものなのかなど）対象の概念形成に大きく寄与することになる．

第 2 部　今後の展望

Chat GPT をはじめとする生成 AI の台頭に伴い，人間の持つ知識と機械の

---

32)　第 2 節（c）において，「言語表現は百科事典的知識のネットワークにつながるアクセスポイントとして機能している」（Langacker, 1987: 163）という見方ができることを指摘したが，幼児の言語習得期以前の行動は，まさに，このネットワーク構築の第一歩であると考えることが可能である．

持つ知識はどう異なるのかということに再び注目が集まっている．いずれ機械は人間と同じような多角的な理解が可能になるのか．そうでないとしたら，両者はどこが決定的に異なるのか．認知科学とコンピュータサイエンス双方の垣根を越えた今後の研究に大いに期待したい．

推薦図書

百科事典的知識に関して言語学的な観点から書かれたものとしては，籾山（2020）が具体例も豊富で読みやすい．本章で十分扱うことができなかった学習という観点では，鈴木（2022），今井（2016）はともに示唆に富み必読の書としておすすめしたい．フレーム意味論に関しては，松本・小原（2022）が参考になる．領域に関しては，Langacker（2008）が詳しい．

文　献

Barsalou, L. W. (1983) Ad hoc categories. *Memory & Cognition* **11**: 211-227.

Barsalou, L. W. (1992) Frames, concepts, and conceptual fields. In A. Lehrer and E. F. Kittay (eds.) *Frames, Fields, and Contrasts: New Essays in Semantic and Lexical Organization*, pp. 21-74, Routledge.

Barsalou, L. W. (1999) Perceptual symbol system. *Behavioral and Brain Sciences* **22**: 577-660.

Barsalou, L. W. (2008) Grounded cognition. *Annual Review of Psychology* **59**: 617-645.

Evans, V. (2019) *Cognitive Linguistics: A Complete Guide*, second edition, Edinburgh University Press.

Fillmore, C. J. (1975) An alternative to checklist theories of meaning. *Papers from the First Meeting of the Berkeley Linguistics Society*, 123-131, Berkeley Linguistic Society.

Fillmore, C. J. (1982) Frame semantics. In The Linguistic Society of Korea (ed.) *Linguistics in the Morning Calm*, pp. 113-137, Hanshin Publishing.

Fillmore, C. J. and Atkins, B. T. (1992) Toward a frame-based lexicon: The semantics of RISK and its neighbors. In A. Lehrer and E. F. Kittay (eds.) *Frames, Fields, and Contrasts: New Essays in Semantic and Lexical Organization*, pp. 75-102, Lawrence Erlbaum Associates.

Fillmore, C. J. and Baker, C. (2009) A frames approach to semantic analysis. In B. Heine and H. Narrog (eds.) *The Oxford Handbook of Linguistics Analysis*, pp. 791-816, Oxford University Press.

Forder, J. A. (1975) *The Language of Thought*, Harvard University Press.

Haiman, J. (1980) Dictionaries and encyclopedias. *Lingua* **50**: 329-357.

今井むつみ（2016）『学びとは何か―〈探究人〉になるために』岩波書店.

今井むつみ（2020）『英語独習法』岩波書店.

文　　献

今井むつみ・佐治伸郎（編）(2014)『言語と身体性』岩波書店.

小林春美（1992）「アフォーダンスが支える語彙獲得」『言語』**21**：37-45.

小林春美（1995）「語彙の発達」大津由紀雄（編）『認知心理学 3 言語』pp. 65-79, 東京大学出版会.

国広哲弥（1997）『理想の国語辞典』大修館書店.

Lakoff, G. (1987) *Women, Fire, and Dangerous Things: What Categories Reveal about the Minds*, The University of Chicago Press.［池上嘉彦ほか（訳）(1993)『認知意味論 言語から見た人間の心』紀伊國屋書店.］

Langacker, R. W. (1987) *Foundation on Cognitive Grammar (Vol.1): Theoretical Prerequisites*, Stanford University Press.

Langacker, R. W. (1988) An overview of cognitive grammar. In B. Rudzka-Ostyn (ed.) *Topics in Cognitive Linguistics*, pp. 3-48, John Benjamins.

Langacker, R. W. (2008) *Cognitive Grammar: A Basic Introduction*, Oxford University Press.［山梨正明（監訳）(2011)『認知文法論序説』研究社.］

Mandler, J. M. (2004) *The Foundations of Mind*, Oxford University Press.

松本　曜・小原京子（編）(2022)『フレーム意味論の貢献 動詞とその周辺』開拓社.

籾山洋介（2019）「語の認知意味論」辻　幸夫（編集主幹）楠見　孝ほか（編）『認知言語学大事典』pp. 106-116, 朝倉書店.

籾山洋介（2020）『実例で学ぶ認知意味論』研究社.

Nelson, K. (1973) Some evidence for the cognitive primacy of categorization and its functional basis. *Merrill-Palmer Quarterly of Behavior and Development* **19**: 21-39.

Newell, A. and Simon, H. A. (1976) Computer science as empirical inquiry: Symbols and search. *Communications of the ACM* **19**: 113-126.

西村義樹・野矢茂樹（2013）『言語学の教室』中央公論新社.

小原京子（2019）「フレーム意味論」辻　幸夫（編集主幹）楠見　孝ほか（編）『認知言語学大事典』pp. 176-183, 朝倉書店.

大堀俊夫（1996）「意味とコンテクスト」池上嘉彦（編）『英語の意味』大修館書店.

Palmer, G. B. (1996) *Toward a Theory of Cultural Linguistics*, University of Texas Press.

Polanyi, M. (1966) *The Tacit Dimension*, The University of Chicago Press.［高橋勇夫（訳）(2003)『暗黙知の次元』筑摩書房.］

佐治伸郎（2020）『信号，記号，そして言語へ―コミュニケーションが紡ぐ意味の体系』共立出版.

Schank, R. C. and Abelson, R. P. (1977) *Scripts, Plans, Goals and Understanding: An Inquiry into Human Knowledge Structures*, Lawrence Erlbaum.

鈴木宏昭（2016）『教養としての認知科学』東京大学出版会.

鈴木宏昭（2020）『類似と思考 改訂版』筑摩書房.

鈴木宏昭（2022）『私たちはどう学んでいるのか　創発から見る認知の変化』筑摩書房.

Taylor, J. R. (2002) *Cognitive Grammar*, Oxford University Press.

辻　幸夫（編集主幹）(2013)『新編 認知言語学キーワード事典』研究社.

第4章

千葉祐弥

ことばと対話の多層性

◆ キーワード
非言語コミュニケーション，マルチモーダル・コミュニケーション，非言語行動，パラ言語情報，対話分析

　人間同士のコミュニケーションには，ことばだけでなく，身振りや手振り，顔の表情，視線，声の抑揚，声の大きさなど，様々な非言語行動が関与する．非言語コミュニケーションはことばと同様，様々なメッセージを対話相手に伝達するが，ことばによるコミュニケーションとは異なる特徴がある．例えば，複数のメッセージの伝達手段が複合的，相補的に関与するマルチモーダルな性質を持っていることなどである．本章では，非言語コミュニケーションの特徴を概説し，対面の対話においてメッセージを伝搬する様々な非言語行動（すなわち，非言語コミュニケーションチャネル）の役割について説明する．最後に，近年のセンシング技術，機械学習技術の進展を踏まえて，非言語コミュニケーション研究の今後の展望を述べる．

|||||||||||||||||||||||||||||||| **第1部　現在までの流れ** ||||||||||||||||||||||||||||||||

第1節
非言語行動を媒介したコミュニケーション

　私たちは，コミュニケーションによって他者と関わっていたいという根源的な欲求を充足する．本書の他章で焦点が当てられるように，ことば，すなわち言語コミュニケーションは相手に自分の気持ちや意図を伝える上で中心的な役割を果たしている．一方で，一般的な人間同士のコミュニケーションでは，ことばだけでなく，身振りや手振り，顔の表情，視線，音声の抑揚といった，いわゆる非言語行動が重要な役割を担っている．このような非言語行動を媒介するコミュニケーションを，言語コミュニケーションに対して，非言語コミュニケーション（non-verbal communication）という．

　ここで，非言語コミュニケーションの重要性を示唆する会話例を1つ見てみよう．

第1部　第1節　非言語行動を媒介したコミュニケーション　　　77

A：　ねえ，昨日の映画観た？

B：　いや，観られなかったんだよね．何をやってたの？

A：　昨日は「インセプション」だったよ．

B：　観たことないなぁ，どんな内容だった？

A：　人の夢の中に入ってアイディアを盗む産業スパイの話なんだけど，ストーリーが斬新で面白かったよ．あとは，夢の中の現実では起こりえない映像の表現がすごいんだ．

B：　面白そう，わたしも見ればよかったなぁ．

　これは，AとBが昨夜放送された映画について会話している場面の例である．このとき，発話に非言語行動が伴えば，書き下しからだけでは伝わらないメッセージが伝搬される．例えば，話者Aが身振り手振りを交え，早口で大きく抑揚をつけて話していれば，楽しいという感情がより強く伝わってくるだろう．普段の話し方との対比から，映画の好みなどもうかがい知ることができるかもしれない．反対に，落ち着いた調子で表情を変えずに話していれば，ことばとは裏腹に本心では面白いと思っていないという気持ちであるとか，時には皮肉的なメッセージが伝わることもあるだろう．このような単純な例ひとつとっても，非言語行動によるコミュニケーションは，ことば以上に様々なメッセージを伝達することがイメージされる．

　本章では，ことばや非言語行動によって伝わる話者の感情や意図，考えといったものをまとめてメッセージと呼ぶ．コミュニケーションにおいて，人は何らかの方法でメッセージを伝え，相手からの反応を解釈し，自分の意図や考えが正しく伝わっているかを判断する．実際のコミュニケーションではこのプロセスが相互に繰り返され，互いのメッセージをやりとりする．会話におけるメッセージの伝達には様々な手段が用いられる．発話に含まれる音韻情報，すなわち「ことば」はもちろん，先ほどの例で出てきた声の調子であるとか，身振りや手振りなどもそうである．メッセージの伝達手段の呼び方は分野によって様々であるが，モダリティ（modality，様式）やチャネル（channel，経路）といった用語が使われる．コミュニケーションにおいては，複数のコミュニケーションチャネルが複合的または相補的に関わっていることから，言語・非言語

コミュニケーションをまとめてマルチモーダル・コミュニケーション（multi-modal communication，多様式コミュニケーション）と呼ぶこともある（本巻第1章，第2巻第1章を参照）.

　本書の他章で見る通り，話者がメッセージを伝えるのに用いる手段の1つは「ことば」である．ことばを用いるコミュニケーションは特に言語コミュニケーションと呼ばれる．言語コミュニケーションにおいては，メッセージの伝達は意図的で意識されている場合が多いとされる．一方で，ことば以外の伝達手段を用いるコミュニケーションは非言語コミュニケーションに分類される（Argyle, 1988）．非言語コミュニケーションにおいてメッセージの伝達に用いられる手段には，身振りや手振り，顔の表情のような非言語行動だけでなく，その状況においてコミュニケーションに関与するもの，例えば対人距離や外見，被服，匂いまでもが含まれる.

　本章で焦点を当てるのは，後者の非言語コミュニケーションである．非言語コミュニケーションには言語コミュニケーションにはない様々な特徴がある．代表的なものは，非言語コミュニケーションは暗黙のうちに起こるということである．私たちは，普段学校や仕事場で，特に重要な場面を除いて自身の身振りや手振り，表情の変化に注意を払うことはほとんどない．また対話相手の非言語行動であっても特段の注意を払わないことも多いだろう．そうであっても，会話に参与する人々は非言語行動によって暗黙的に何らかのメッセージを送ってしまうし，メッセージを受け取ってしまう．そのため，人間同士のコミュニケーションを理解する上で，非言語コミュニケーションの特徴を学ぶことは意義深い．また，非言語コミュニケーションは，その自然発生的で暗黙的な特徴から，文化差が少ない，またはより正直に話者の意図や気持ちを伝えていると考えられることがある．しかしながら，これらの理解は必ずしもいつも正しいわけではない．このような誤った認識にとらわれないためにも，非言語コミュニケーションの性質を正しく理解することは重要である.

　本章は，これから人間同士のコミュニケーション，特に非言語コミュニケーションについて学習や研究を始める初学者のために，さらに知識を深める足がかりとなるような内容をめざす．第2節では，非言語コミュニケーションの特徴についてより詳しく説明する．続く第3節では，非言語コミュニケーション

に関わる伝達手段，特に非言語行動について，大坊（1998）の分類をベースに紹介し概説する．その後，第4節で今後の展望について議論する．第4節では，近年のセンシング技術，機械学習技術の進展なども考慮した上で，これから非言語コミュニケーション研究を始めるにあたって有用であると思われる情報をまとめる．また，筆者の専門分野であるマルチモーダル対話システムの今後の展望についても触れたい．

　上記の通り，非言語コミュニケーションの分野では，コミュニケーションに関わることば以外の様々な伝達手段が対象となるが，本章では紙面の都合上，身振りや手振り，顔の表情，音声といった対面の会話において重要となる非言語行動を取り上げる．

第2節
非言語コミュニケーションの特徴

　本節では，言語コミュニケーションと対比した非言語コミュニケーションの特徴について説明する．まず，言語コミュニケーションには，断続的（すなわち離散的）で規則性が高いという特徴がある．断続的，というのは普段の食事の場面などを想像するとわかりやすい．食事中，私たちは常に何かを話し続けているときもあれば，ほとんど話さなかったり，時には沈黙したりもする．会話に参加する人々が何も話していないときは当然言語コミュニケーションは途切れていることになる．この意味で，断続的な性質を持っている．また，規則性が高いとは，言語コミュニケーションがあるルールに則って行われることを意味する．会話においては，参与する話者が好き勝手なタイミングで話を始めることはできないため，互いに話し始めるタイミングを見計らったり，また相手が話したそうにしていれば聞き役に回ったりする．このような会話の主導権を発話権ということがあるが，会話における発話権の授受には規則があることが知られている．発話権のやりとりは専門的にはターンテイキング（turn-taking，話者／順番交替）と呼ばれ，多くの研究が行われている．ターンテイキングのルールに関しては，高梨（2016）に詳しい．

　非言語コミュニケーションに関する特徴を類型化したものはいくつかあるが，本章ではパターソン（Patterson, 2011）の類型を紹介する．パターソンは，非言語コミュニケーションの特徴を以下の5つにまとめている．すなわち，

① 社会的環境において，常時「オン」の状態であること

② 非言語メッセージの送受信は同時に起こること

③ 非言語メッセージの送受信は自動でかつ暗黙のうちに起こること

④ ③ の結果として，認知的な効率が高いこと

⑤ 特に相手と対面している状況では，その瞬間，その場所に根差したものであること

である．

　前節の通り，非言語コミュニケーションにおいては，身振りや手振り，顔の表情，音声といった非言語行動に加えて匂いや互いの物理的な距離などもメッセージを伝搬する手段となる．そのため，時には何もせずに立っていることでさえ何らかのメッセージを伝えることがあるだろう．一方で，それらのすべてが常に受け手によって処理されるわけではない．パターソンはこの意味で，非言語メッセージに対する注意は選択的であるとしている．つまり，非言語コミュニケーションは常に「オン」の状態ではあるものの，会話に参与する人々は自分たちの興味を引き，それぞれにとって恩恵があるものに優先的に注意を向けるということである．これが非言語コミュニケーションの1つめの特徴である．

　2つめの特徴は，メッセージの送受信に関わるものである．会話において，言語メッセージは主にことば（すなわち，発話内容）によって伝えられるが，仮に参与者全員が同時に話し始めたとしたら，互いに伝えたいメッセージのほとんどは正確に伝わらないだろう．そのため，人間同士の言語コミュニケーションでは，ターンテイキングの規則に従って発話が行われなくてはならない．一方で，非言語コミュニケーションチャネルを用いたメッセージの送受信は同時に行うことができる．例えば，身振りや手振り，表情の変化などで相手にメッセージを送ることができると同時に，相手からの身振りや手振り，表情の変化を観測することで，何らかのメッセージを受け取ることができる．また，この特徴に関連して，非言語コミュニケーションでは，発話中に身振り手振りをしながら視線や表情で合図を行うというように，異なる伝達手段を同時に使うことができる．場合によっては複数の非言語行動で異なるメッセージを送ることもできるだろう．第1節では，コミュニケーション全体を指してマルチモーダル性があるということを述べたが，この意味で，非言語コミュニケーション自

体がマルチモーダル性を持っているといえるだろう.

　パターソンは3つめの特徴として,非言語コミュニケーションは多くの場合,言語コミュニケーションとは異なり,無意識に行われるということを挙げている.言語コミュニケーションにおいてメッセージをやりとりするためには,いくらかの注意を払う必要がある.雑談のようなカジュアルな会話であっても,自分が何を言うか,相手が何を言っているかに関しては常にある程度考えていなければ成立しないし,会議などのより真面目な場面ではなおさらそれぞれの話者の発言に注意をしなければならない.一方で,非言語コミュニケーションのやりとりは多くの場合特に熟考を要することなく行われる.例えば,私たちは何かおかしなことが起こったときに「よし,今から笑うぞ」と考えてから笑い出すことはあまりない.代わりに,無意識的に自分自身の楽しいという気持ちを顔の表情や声の抑揚などを使って表現する.もちろん,すべての非言語コミュニケーションが無意識に行われるわけではなく,意図的に実施される場合もある.例えば,就職面接のような場面では,自身の視線や話し方,姿勢などの立ち居振る舞いに注意して受け答えを行うだろう.

　4つめの特徴は,非言語コミュニケーションが自動で,無意識的に行われるがゆえに,認知負荷が少なく効率的にメッセージの伝搬が行えることである.これによって,私たちはより熟考を要する言語コミュニケーションなどに集中することができる.もちろん,普段から気の置けない関係の友人がある日突然よそよそしい振る舞いをして,何かやましいことがあるのかと勘ぐってしまうように,非言語コミュニケーションに特別に注意を向けてしまう場面もある.

　最後の特徴は,対面のコミュニケーションで顕著な特徴である.言語コミュニケーション,特に書き言葉を介した情報の伝達の利点は出来事を記述できることである.一方で,対面での非言語コミュニケーションは基本的に即時的かつ即物的であり,多くの場合そのとき,その場所に関する体験の伝達しかできない.そのため,過去の出来事を記述したり,分析したりするといった用途には向かないが,人との会話や交流などのような社会的接触場面における即時性や効率性に関しては,言語コミュニケーションにはない強みを持っているといえる.

　ここまでで,Patterson（2011）に従って,非言語コミュニケーションの言

語コミュニケーションに比較した特徴を説明した．最後に，非言語コミュニケーションにおいて注意するべき点についても記述する．1つは，言語コミュニケーション同様，非言語コミュニケーションにもある程度の文化依存性があることである．一部の非言語行動，例えば笑顔や不快といった顔の表情の表出と知覚や，物体を指さすしぐさなどは多くの文化で共通するとされ，一定の普遍性があるといわれている．一方で，人差し指と親指で丸を作るいわゆる OK サインが，ある文化圏では私たちが意図するメッセージとは真逆の侮辱のメッセージとして伝達されてしまうというよく知られた事例のように，文化依存性がある非言語コミュニケーションも少なくない．

　また，非言語コミュニケーションが自動的かつ暗黙的に起こるため，時に言語コミュニケーションよりも話者の本当の気持ちや感情を伝えているとされることがある．しかしながら，このような発想も注意が必要である．例えば，多くの研究が，話者の振る舞いから知覚される感情は，最も基本的な感情であっても必ずしも実際の話者の感情と一致するわけではないということを報告している．このような非言語コミュニケーションの注意点に関しては，ヴァーガス（1987）が詳しい．ヴァーガスは，伝達されたメッセージはすべて「状況」の中で考慮され，解読されなければならないとしている．非言語コミュニケーションにおいては，どんなに些細な動作でも，コミュニケーションが起こった場所や時間，参与者の関係，属する文化形態など，様々な状況との関連を考慮することが重要である．

第3節
非言語コミュニケーションチャネルの種類とその役割

(a) 非言語コミュニケーションの役割

　本節では，それぞれの非言語コミュニケーションチャネルの種類とその役割についてより詳しく紹介する．

　非言語コミュニケーションの機能についてはいくつかの分類があるが，エクマンとフリーセン（Ekman and Friesen, 1969）によるものが有名である．この分類によると，非言語コミュニケーションの機能は5つに分けられる．

　• 感情表出動作（affect displays）： 喜び，恐れなどの感情や，ストレス，非同意などの心的態度・意図を表出する機能

第 1 部　第 3 節　非言語コミュニケーションチャネルの種類とその役割　　*83*

- 表象動作（emblems）：　瞬きや親指を立てるしぐさなど，特定の語句を代理する機能
- 例示動作（illustrators）：　賛成を表明する際のうなずきや行き先を説明する際の指差しなどの，言語的メッセージに付随しそのメッセージを説明・例証する機能
- 言語調整動作（regulators）：　相手の発言を促す相槌やうなずき，傾聴を示す姿勢など，言語コミュニケーションを円滑にする機能
- 適応動作（adapters）：　頭をかく，貧乏ゆすりなどの状況に適応するために行われる動作（メッセージの伝達の意図なしに行われる動作）

この分類は非言語コミュニケーションを紹介する多くの文献で採用されており，理解が容易である．以降の項では，非言語コミュニケーションチャネルの種類を挙げてその役割を紹介するが，それらの役割はこの 5 つの分類のどれに当てはまるかといった観点からもある程度整理ができる．

　もう 1 つの非言語コミュニケーションの重要な役割として，親密さの表出がある．大坊（1990）は，対人的距離の親密さは非言語コミュニケーションに反映され，発言や視線，対人距離，姿勢などに現れるとしている．例えば，好意を抱くものに対しては，語数や発言時間，視線量が増え，前傾姿勢になるといったことを報告している．一方で，高度に親しい間柄（例えば恋人同士）では，互いに情報を共有する必要性が低いため，直接的なコミュニケーションの量は減るといったことを述べている．また，相手に対する連帯感や親密さを表す現象として，同調（カメレオン効果，ミラーリングなどとも呼ばれる）がある．これは，話者のコミュニケーションパターンが段々と対話相手に近似していくものであり，音声の抑揚や顔の表情，姿勢，ジェスチャなど多くの非言語コミュニケーションチャネルで観測されている．例えば，会話をするうちに相手の姿勢を模倣するように自分も同じ姿勢になっていく，といった状況がこれにあたる．

（b）非言語コミュニケーションチャネルの分類

　以降の項では，非言語コミュニケーションに用いられる音声や顔の表情などの具体的な手段に焦点を当て，その特徴と役割について概説する．

　表 4.1 は，大坊（1998）による対人コミュニケーションチャネルの分類である．大坊の分類ではまず，コミュニケーションチャネルは音声チャネルと非音

表 4.1 対人コミュニケーションチャネルの分類
（大坊，1998）

［音声的］
- 言語的（発話の内容・意味）
- **近言語的（発話の形式的属性）**
  - a. 音響学的・音声学的属性
    （声の大きさ・高さ，話速，アクセントなど）
  - b. 発言の時系列パターン
    （間・タイミングなど）

［非音声的］
- **身体動作**
  - a. 視線
  - b. ジェスチャー，姿勢，身体接触
  - c. 顔面表情
- **プロクセミックス（空間の行動）**
  - 対人距離，着席位置など
- **人工物（事物）の使用**
  - 被服，化粧，アクセサリー，道路標識など
- **物理的環境**
  - 家具，照明，温度など

声チャネルに大別される．音声チャネルはさらに言語的チャネルと近言語的チャネルに分けられる．言語的チャネルは「ことば」に相当するものであり，メッセージの伝達が意図的で，かつ意識して行われる傾向が強いものである．一方で，非言語コミュニケーションチャネルには，音声の形式的属性（抑揚，大きさ，沈黙のタイミングなど），顔の表情，ジェスチャー，姿勢や動作，身体接触などが当てはまる．表 4.1 に示した大坊の分類のうち，太字で書かれたものが非言語コミュニケーションチャネルである．

　ここまでに述べた通り，非言語コミュニケーションを題材とした研究では，会話に直接関わるものだけでなく，対人距離や被服，さらには環境の情報なども扱われる．しかしながら，そのすべてを紹介するのは紙面の都合上難しいため，以降では特に対面の会話に直接的に関与するもの，すなわち非言語行動に焦点を当てる．具体的には音声，ジェスチャー，顔の表情，姿勢，視線である．対比のため，言語的チャネルについても説明に含めるが，詳細な内容については本書の他章に説明を譲る．

　また，説明の都合上コミュニケーションチャネルを個別に取り上げるが，実

際にはそれぞれが個別に働くものではないことに注意が必要である．この点に関して，大坊・永瀬（2009）は，特定のチャネルのみに注目したアプローチでは，元来のコミュニケーションの有機的なメカニズムを把握できないと指摘している．非言語コミュニケーションの研究においては，関わる情報が多様で広範にわたることから，総合的な議論を行うのが難しい側面がある．しかしながら，近年のセンシング技術や機械学習技術の発展を背景にして，様々な情報の取得と集約が以前よりも格段に容易になっている．今後は，言語コミュニケーションに加えて，多くの非言語コミュニケーションを考慮した総合的なコミュニケーション研究・対話研究がより活発になることが期待される．

（c）言語的チャネル

第一のチャネルは言語的チャネルであり，言語コミュニケーション，すなわち「ことば」をシンボルとしたメッセージのやりとりを指す．私たちは，ことばを用いたコミュニケーションを駆使することで，効率的に現実の物事を定義し，複雑な考えや経験を整理し，思考することができる．言語コミュニケーションは，シンボルの並びや統語的な規則など，コミュニケーションに参加する人々の中で合意された規則に基づいて実施される．音声を介したコミュニケーションにおいては発話の内容が言語的チャネルに当たる．音声を介さないコミュニケーションではテキストや手話なども，メッセージの解読にことばを介するという点で言語的チャネルにあたる．言語的チャネルには，特にテキストなどに書き起こすことで，長期間にわたってメッセージの伝達が可能になるという特徴があるため，出来事の記述や保存，検索に適している．近年はメッセンジャーアプリをはじめ，リアルタイムでテキストメッセージを交換できる手段が様々に提供されており，言語コミュニケーションにおいても即時のやりとりが行えるようになっている．

（d）近言語的（音声）チャネル

一方で，人間同士のコミュニケーションにおける最も基本的な形態は，対面での会話である．会話においては，話者は発話によってメッセージを伝達する．発話を用いたコミュニケーションでは，言語的チャネルによって伝えられるメッセージが，付随する非言語コミュニケーションチャネルによって変化する場合がある．そのようなチャネルの代表的な例が音声の抑揚や声質などのいわ

ば近言語的な特徴である．第1節で述べた例のように，話し方や声の大きさなどによって話者の感情や意図，内的状態といった様々なメッセージが伝搬される．

音声の近言語的チャネルは，大坊（1998）の分類によると，音響学的・音声学的属性と発言の時系列パターンに分けられる．音響学的・音声学的属性として取り上げられることが多いのは，声色，声の大きさ，高さ，話速などである．音声のうち，発話の内容に影響しないものは概ねこのカテゴリーに該当する．特に声の大きさ，声の高さ，声色の3つは，いわゆる「音の三要素」に対応する．

それぞれの要素を個々に見ていくと，声の大きさは，しばしば喜びや怒り，悲しみといった感情を伝える．例えば，喜びや怒りといった感情では発話における声の大きさの平均が高くなり，逆に悲しみでは低くなるといったことが多くの分析・実験によって確かめられている．また，感情以外の様々な心理状態の伝搬にも影響があることが調査されており，例えば，支配―服従，信頼―不信といった対人関係や，関心―無関心，肯定的―否定的といった話者の態度の判断において発話のピーク強度が最も有効なパラメータであるとされている（Mori et al., 2011）．

声の高さに関わるものとしては，アクセントとイントネーションがある．アクセントは単語や単語結合ごとに定められた，音の高低の違いや音の強弱の違いである．日本語は高さアクセントの言語であり，同じ発音の異なる単語の意味を音の高さの変化によって区別する．アクセント核[1]を「＼」で表せば，例えば「飴（アクセント核なし）」や「雨（ア＼メ）」の違いがそれにあたる．また，イントネーションは単語固有のアクセントとは異なり，語や句より大きな発話上のまとまり（発話全体など）を見たときの高さの変化に相当する．イントネーションの変化にもメッセージを伝達する役割があり，例えば上昇調では疑問，下降調では断定といった意図を伝達する．イントネーションから伝わるメッセージとことばによるメッセージとの間に離齬がある場合は，皮肉的なメッセージが受け取られる場合もある．高さのレンジを通常よりも大きくする

---

1)　単語や文節中で，音高が下がる直前の拍（または音節）．東京方言においては，単語や文節はたかだか1つのアクセント核を持つ．

ことで，発話中の伝えたいことばや内容を強調することもできる．

　大坊らの分類におけるもう1つの近言語的チャネルは，発言の時系列的パターンである．会話における間の置き方や，発言のタイミングなどが発言の時系列的パターンに相当する．間やタイミングを調整する「ええと」「うーん」といった言語を伴わない音声はフィラーと呼ばれ，何らかの理由で次に話すべきことばが見つからなかった場合，例えば，質問にどう答えていいかわからないときなどに表出される．フィラーの表出は，このように今まさに考え中であるといった話者の内的状態や，時には恥といった感情を伝達する．また，相手の発話中に行われる相槌は，同意や驚きといった意図や感情を表現する非言語的発話である．加えて，声を出さないことも，それ自体がメッセージを伝搬することがある．例えば，話し手が話している内容が難しかったり，次に話すべき内容を考えるのに時間を要する場合は，しばしば黙り込んでしまう．この意味で，沈黙は会話への対処の難しさや，対話において何らかの問題が起こっているというメッセージを表す．

　これらの情報は，ターンテイキングの合図としても重要である．人間同士の会話においては，基本的に対話に参与する話者のうち一人しか発話を行うことができないため，誰がいつ，どのように発話権を取得するかが大きな問題になる．音声の近言語的チャネルに属する要素は，発話権の維持や譲渡，拒否，要求のために用いられる．例えば，発話の高さの変化や大きさの変化が，発話権の譲渡を意図することが知られている．この後の項でも紹介するように，対面の会話では，音声の近言語的チャネルだけでなく，様々な非言語行動が発話権の交代に複合的に関与する．視線や息遣いなども発話権の取得や維持，譲渡の手がかりとして用いられる．

(e) ジェスチャー・姿勢

　ジェスチャーは身振りや手振り，頭部の動きなどによって実現される非言語コミュニケーションチャネルである．第3節（a）で述べた Ekman and Friesen（1969）による非言語コミュニケーションの5分類は，もともとジェスチャーに対して定義されたものである．表象動作は，何らかの語句の意味を表現するジェスチャーであり，例えば，親指と人差し指で輪をつくる OK サイン，手招き，おじぎなどがそれに相当する．表象動作における形と意味は社会

的取り決めによって恣意的に決められている（喜多，2000）．また，例示動作としては，道を教えるときに行き先をことばと一緒に指や腕を使って指し示したり，「ここ」や「そこ」と言いながら特定の物体の場所を指し示したりして言語メッセージを補強するものがある．これらの複数の役割を1つのジェスチャーで同時に兼ね備える場合もある．

　加えて，前述した通り，ジェスチャーには言語調整動作として，会話の流れを調整する機能がある．例えば，言いたいことがことばでうまく表現できず言い淀んでいるときに，腕を盛んに動かして相手の発話を促すのは，発話権を相手に譲渡する意思があることを示す．譲渡だけでなく，発話権の維持や要求などもジェスチャーによって行われる場合がある（Goodwin and Goodwin, 1986）．ジェスチャーに対応する言葉とジェスチャーの時間関係を見ると，ジェスチャーが発話に先行するということも知られており，相手の発話の先読みや，割り込んで話を行うのに役立っているとされる（McNeil, 1987）．相手の話を傾聴していることを示すために身を乗り出したり，うなずきながら話を聞くことも，会話の流暢性を保つためのジェスチャーの役割である．

　また，姿勢やジェスチャーは古典的な研究において感情の表出・知覚に関係があるとされている．例えば，喜び，悲しみ，怒り，恐れ，嫌悪，驚きといったいわゆる基本感情との関係が調べられている．頭部の傾きや顔への接触，姿勢の変更は恥や困惑といった感情状態に伴うことが知られている．加えて，話者の態度や内的状態を推し量る手がかりにもなり得る．例えば，対話相手の意見に同意する場合，体を前傾姿勢にしたり，うなずきながら話を聞いたりする．他者に対して反対方向を向いていることは明らかに会話を望まない場合のサインであり，向き合って会話をする場合はより活発な会話が行える一方で，対立的な態度を表現する場合もある．

　さらに，互いの親密さの影響によっても姿勢やジェスチャーが変化することが知られている．会話中の姿勢やジェスチャーの同調は，相手に対する連帯感や親密さを表すと考えられている．

(f) 顔 の 表 情

　顔の表情は，単一の非言語コミュニケーションチャネルの中では最も重要なチャネルの1つである．人間は，互いの顔を見ることで他者を識別したり，視

線やうなずきを用いた会話の流れの調整が可能になる．顔の表情は，性別や年齢といった生物学的属性，口の動きによる発話情報，話者の社会的属性や感情，意図，関心などの内的状態といった，多くの情報を伝搬する．特に，顔の表情は感情を直接的に反映するとされている．

文化が異なっても顔の生物学的構造はほとんど変わらないため，表情によって表現できるメッセージにはある種の普遍性があると考えられている．表情の研究で最も有名な Ekman and Friesen（1969）の研究では，複数の文化において表情が弁別可能かを調査し，特に喜び，悲しみ，怒り，恐れ，嫌悪，驚きといった感情は普遍性が高いことを明らかにした．これらの感情は基本6感情と呼ばれ，情報工学，心理学，認知科学など幅広い分野で支持されており，音声感情認識のような表情以外の感情の分類にも適用されている．一方で，近年では，西洋以外のいくつかの文化圏ではこの主張が必ずしも支持されないことが主張されている．例えば，Sato et al.（2019）は，日本人が顔の表情で表出する感情は喜びと驚き以外では必ずしもエクマンの理論と一致するわけではないことを，シナリオで指示した感情を表出させる実験で確かめている．

また，顔の表情はメッセージを強調したり，規定したりすることにも用いられる．例えば，笑顔やうなずきは直接的な言語表現よりも時に雄弁に肯定の意味を表し，それ以外の表情では非同意や失望を表すメッセージになる場合もある．

顔の動作をラベリングする方法としては，Facial Action Coding System（FACS）が有名である．FACS は，人間の顔の動きを分類するシステムであり，顔の外見の変化から，表情筋の動きを符号化する．これによって，解剖学的に可能なほぼすべての顔の表情を，その表情を生み出した Action Unit（AU）に分解することで符号化できるため，顔の表情を客観的に表現するための共通の基準となっている．表4.2に，FACS によって定義される AU の抜粋を掲載する．例えば，眼輪筋の眼窩部の動きに対応した AU06（cheek raiser）は頬の上げ下げを表現し，大頬骨筋の動きに対応した AU12（lip corner puller）は口角の上げ下げの動きを表現する．AU06 と AU12 はいずれも笑顔の表出に関わる AU であり，これらの AU の動きの大きさなどで，笑顔の度合いなどを表現することができる．実際に，AU は，基本的な感情の分析のほか，興味

表4.2 AUの種類（抜粋）

AU番号	AUの部位・動作	AU番号	AUの部位・動作
1	眉の内側を上げる（inner brow raiser）	14	えくぼをつくる（dimpler）
2	眉の外側を上げる（outer brow raiser）	15	唇の端を下げる（lip corner depressor）
4	眉を下げる（brow lowerer）	17	顎を上げる（chin raiser）
5	うわまぶたを上げる（upper lid raiser）	20	唇の端を横に引く（lip stretcher）
6	頬を持ち上げる（cheek raiser）	23	唇を固く閉じる（lip tightener）
7	まぶたを緊張させる（lid tightener）	25	顎を下げずに唇を開く（lips part）
9	鼻にしわを寄せる（nose wrinkler）	26	顎を下げて口を開ける（jaw drop）
10	上唇を上げる（upper lip raiser）	28	唇を吸い込む（lip suck）
12	唇の端を上げる（lip corner puller）	45	まばたきする（blink）

や困惑などの内的状態, 性格特性といった様々な分析や認識に用いられている. 近年は機械学習の技術を用いて映像からそれぞれのAUの動きを検出することもでき, 例えばOpenFace（Baltrušaitis et al., 2018）のようなツールを使うことで, 自動で抽出することが可能である. なお, 表4.2はOpenFaceによって取得可能なAUの種類を示している.

(g) 視　線

　視線も, ある種の心的状態を対話相手に伝える手段の1つである. 例えば, ヴァーガス（1987）では, 注視対象への注視の度合いが, その人への集中度を判断する指標となるとしている. 相手に興味や好意がある場合は当然注視時間が長くなる. また, 質問に対する答えを考えたり, どう反応するべきかを考えたりしている場合には話し手も聞き手も目をそらすことが多くなるという. 視線に関しては, 5つの機能があることが知られている. すなわち,

- ターンテイキングの合図
- 相手の反応のモニター
- 意志表示
- 感情の表現
- 対人関係の性質の伝達

である. ターンテイキングにおける視線の役割はケンドン（Adam Kendon）の研究が詳しい. Kendon（1967）は話し手は発話の継続中には聞き手と視線を合わせることを避けるが, 順番交代時には聞き手に視線を向け, 自分が聞き手に回るという合図をする, ということを指摘している. また, 聞き手は, 話し

手が話している間は話し手に視線を向け続けることが多いことも述べている.

互いに視線を合わせることを,「相互注視」と呼ぶ. 具体的には, インタラクションに参与する 2 名の話者が互いに相手の「目の部分を含む顔」の領域を見ることを意味する. 会話の前の相互注視は, 相手とコミュニケーションを開始することの合図になる.

|||||||||||||||||||||||||||||||| **第 2 部　今 後 の 展 望** ||||||||||||||||||||||||||||||||

第 4 節
非言語コミュニケーション研究の展望

第 1 部で述べた通り, コミュニケーションは, 他者と関わっていたいという私たちの根源的な望みを満たす手段である. そのため, 会話を分析することは人間の営みを知る上で非常に有用である. 人間同士の会話において, どのような非言語メッセージがどのようにやりとりされるか, その全容はまだ完全には明らかにはなっていない. また, 時代の移り変わりとともに新たなコミュニケーション手段が生まれることで, それに合わせて非言語コミュニケーションのあり方も変わっていくだろう. その意味で, 人間同士のコミュニケーションの研究は, 人間の社会が存続する限り終わりのないものであるといえる.

近年, センシング技術や機械学習技術の進展を背景に, 今までには収録できなかった場面の対話データの取得や, 精度の高い非言語行動の定量化ができるようになり, 対話状況をより精緻かつ大規模に記録できるようになっている. また, 生体信号のようなこれまでは計測が難しかった信号の計測装置も比較的安価に手に入るようになっており, マルチモーダル会話分析の可能性が広がっている. ここではまず, これからコミュニケーション研究を始める初学者のために, 利用可能なデータセットや非言語行動の分析手法などについて簡単に紹介したい.

コミュニケーションの分析を始めるためには, まずは実際の対話データを準備することが必要である. すぐにコミュニケーションの研究を始めたい場合は公開されている対話データを用いるのが有用である. これらのデータセットは対話研究の専門家が作ったものであり, 収録条件がよく整備されており, データの品質も高い. 会話の状況や話者の表情, 仕草までもを収録したマルチモー

ダル対話データや，音声対話を収録したデータは，書き起こされた対話に比べると数は少ないものの多数公開されている．以下に研究に用いることのできる代表的なマルチモーダル対話データを紹介する．

- 日本語日常会話コーパス：　日常生活で自然に生じる会話を協力者に収録してもらうという方法で収集したコーパスで，200時間の会話データが含まれている．日常のリアルな会話を収録した日本語会話データとしては大きな規模で，対話分析・対話処理に有用である．様々なアノテーションがなされた会話の書き起こしに加え，音声データと会話のシーンを撮影した動画像データが提供されている．また，各データには対話参与者の属性や対話の状況の説明など，詳細なメタデータが付属する．アカデミック利用，商業利用ともに有償で配布されている．オンライン上でのコーパスの検索を目的とした利用であれば無償である．

- 大阪大学 マルチモーダル対話コーパス（Hazumi）：　対話エージェントと人との対話の様子を Wizard-of-Oz（WOZ）方式で収録したコーパスで，対話参与者とシステムとの雑談を収録している．WOZ方式とは，実験者に操作されたシステムとユーザーとの会話を収録する方法である．収録時には，システムが操作されていることを参与者に明かさないため，自然な会話が収録できる．一人当たり15分程度，延べ89名の対話データが収録されている．データとして，会話の映像データ，音声データ，Kinect（Microsoft）で収録した姿勢データなどが提供されている．2023年現在では3つのセットが提供されており，最も新しいセット（Hazumi1911）には，上記に加え，皮膚電位や心拍などの生体信号データも収録されている．

また，音声のみであるが，実際の音声会話を収録したデータセットとして，下記のものがある．

- BTSJ日本語自然会話コーパス：　人間同士の自然な会話を474会話（約120時間）収録したコーパスで，非日本語母語話者を含めた多数の話者の会話が含まれる．会話参加者の年齢や性別などの社会的属性，話者同士の関係などが統制されたデータが収録されており，また，「発話の重なり」や「沈黙」など語用論的分析に不可欠な情報が付与されている．話者の社会的属性や対話相手との関係など，言語運用に大きな影響を与える社会的要因を考慮した分析に

第2部　第4節　非言語コミュニケーション研究の展望　　　　93

も有用である.

・感情評定値付きオンラインゲーム音声チャットコーパス（OGVC）：　オンラインゲーム中のプレーヤーの音声チャットを収録したもので，自然な感情表出が行われた発話が多数収録されている．全体の 6,578 発話に対して，10 種類の感情種別ラベルが付与されている．また，プロの俳優が読んだ演技音声も含まれている.

　このほかにも，研究などに利用可能な音声・会話データセットは多数公開されている．その多くは，国立情報学研究所 情報学研究データリポジトリや音声資源コンソーシアムの Web サイトなどで取得できる.

　一方で，研究の興味によっては自身が着目したい状況下での会話データを取得したい場合もあるだろう．本章でも述べた通り，会話には様々な言語・非言語コミュニケーションチャネルが複雑に関与しており，いきなり対話の全体像を捉えるのは容易ではない．これから対話の研究を始める方は，まずは研究や分析で明らかにしたい問いや課題に合わせて，興味領域にフォーカスした会話データを集めるのがリーズナブルであると考えられる．非言語行動の収録には，例えば Azure Kinect DK（Microsoft）は安価で様々な非言語的行動を収録できるため，研究用途でよく用いられている．また，視線など画像中で小さな領域を保存したい場合は，アイトラッカなどの個別の収録デバイスを用意するのが有効である．モーションキャプチャ単体でも近年は高精度なデバイスが発売されている.

　撮影された動画像から非言語行動を取得する機械学習技術も高度化しており，特別なデバイスを用いずとも会話動画像からある程度正確に非言語行動の取得が可能である．例えば，OpenFace や，OpenPose，MediaPipe といったソフトウェアを使えば，表情の動きや手足の動きを動画像から抽出することができる．特に，OpenFace では本章でも述べた FACS の情報が抽出可能である．OpenPose や MediaPipe では，姿勢の情報を骨格の座標情報として取得することができる．これらのソフトウェアを用いるためには多少のプログラミング技術を要することは注意が必要である．また，機械学習を用いた技術は進展が著しく，本書が出版される時点ではさらに高精度かつ容易に利用できるソフトウェアが登場しているだろう．その時々の用途に合わせて，情報を集めること

が望ましい.

　対話分析の多様化と深化に加えたもう1つの重要な非言語コミュニケーション研究の展望として，近年社会に普及しつつあるスマートスピーカや対話ロボット，パーソナルアシスタントへの応用がある．現在，ある質問に対してその答えを述べるといった自然言語処理に基づく対話は，ChatGPTのような大量のテキストデータを学習した大規模なパラメータを持つ機械学習モデルを利用することで，非常に自然に行えるようになってきている．一方で，本章で述べた，表情やジェスチャー，音声の抑揚などの非言語行動に基づく対話の自然性はまだ十分とはいえない．特に，ユーザーの他者と関わっていたいという欲求を充足するためには，気持ちや感情，親しみなどの共有が鍵となるが，現在の対話システムはこのようなやりとりはほとんど実現できていない．対話システムが日常生活において人間を充足させる対話相手となるには，人間同士の会話を踏まえた自然な非言語コミュニケーションができるようになる必要がある．そこでは，単に個々の非言語行動を模倣するにとどまらず，その非言語行動の背後にあるメッセージを正確に捉えた対話が行えなければならない．ヴァーガスが主張するように，会話が起こった場所や会話の目的，会話に参加する人たちの関係など，その時々の状況を適切に認識して，状況に応じた振る舞いを行うことも重要だろう.

　機械との言語メッセージのやりとりが自然にできるようになった今，非言語コミュニケーションを介して感情や価値観までもを共有できる対話システムの需要が高まっていくように思われる．人間と共存するパートナーとなる対話システム・対話ロボットを実現するという観点からも，非言語コミュニケーション研究のさらなる多様化と深化が望まれる.

コラム　音声が伝える「情報」

　非言語コミュニケーションチャネルは様々な分野で研究されているため，研究分野ごとに伝搬する情報の分類や用語が異なることに触れておく．例えば，音声の分野では，音声が伝える情報を言語情報，パラ言語情報，非言語情報の3つに分類して説明してきた．音声が伝える情報の3分類は藤崎（Fujisaki, 1997）によって定義されたものである．3つの分類のうち，言語情報は言語記号が伝達

する情報であり，本章でいう言語コミュニケーションに相当する．パラ言語情報と非言語情報には，話者の感情的な状態や話し相手に対する態度などが含まれる．藤崎の定義では，伝達される情報が意図的に制御されるかどうかがパラ言語情報と非言語情報の分類の基準となっている．例えば，発話の強調であるとか，確信の度合い，疑いなどといった発話の意図や話者の心的態度などは話者が意図的に表出するため，パラ言語情報に含まれる．一方，話者の性別や個人的特徴，体調などといった意識的に制御できない（いわば，無意識的に伝達されてしまう）情報は非言語情報に含まれるとした．この分類は近年，森ら（2014）によって整理がなされている．これは，藤崎の分類では，感情を話者が制御できないものとして非言語情報に含めており，議論が混乱する場合がしばしばあったためである．森らは不随意的に（無意識的に）生成される生理反応としての感情（恐怖，驚きなど）と意図的に表出された感情（例えば，演技音声など）をそれぞれ非言語情報とパラ言語情報に分けることで分類を明確にした．

推薦図書

会話におけるマルチモーダル情報の役割に関しては，パターソンの *More than Words: The Power of Nonverbal Communication* が詳しい．この書籍を読むことで，非言語コミュニケーション研究の背景が概観できる．日本語文献では，『講座社会言語科学3 関係とコミュニケーション』（大坊・永瀬，2009）などもよい参考書である．対話の分析に関する基礎知識に関しては，『基礎から分かる会話コミュニケーションの分析法』（高梨，2016）が平易でかつ詳しい．この書籍では，ターンテイキングに関する知見も詳細に説明されている．最後に，音声コミュニケーションにおける非言語コミュニケーション，特に感情やパラ言語情報に関しては，『音声は何を伝えているか―感情・パラ言語情報・個人性の音声科学』（森ほか，2014）がよい参考書である．これらの書籍は，本章を執筆するうえで非常に大きな影響を受けた．この場をお借りして感謝を述べたい．

文　献

Argyle, M.（1988）*Bodily Communication*, second edition, Methuen.

Baltrušaitis, T. et al.（2018）OpenFace 2.0: Facial behavior analysis toolkit. *Proceedings of the IEEE International Conference on Automatic Face & Gesture Recognition*, 59-66.

大坊郁夫（1990）「対人関係における親密さの表現―コミュニケーションに見る発展と崩壊」『心理学評論』**33**(3)：322-352.

大坊郁夫（1998）『しぐさのコミュニケーション―人は親しみをどう伝え合うか』サイエンス社.

大坊郁夫・永瀬治郎（編）(2009)『講座社会言語科学3 関係とコミュニケーション』ひつじ書房.

Ekman, P. and Friesen, W.（1969）The repertoire of nonverbal behavior: Categories, origins, usage, and coding. *Semiotica* **1**(1): 49-98.

Fujisaki, H. (1997) Prosody, models, and spontaneous speech. In Y. Sagisaka et al. (eds.) *Computing Prosody: Computational Models for Processing Spontaneous Speech*, pp. 27-42, Springer.

Goodwin, M. H. and Goodwin, C. (1986) Gesture and coparticipation in the activity of searching for a word. *Semiotica* **62**: 51-75.

ホール，E. T.（著），日高敏隆・佐藤信行（訳）(1970)『かくれた次元』みすず書房.

Kendon, A. (1967) Some functions of gaze direction in social interaction. *Acta Psychologica* **26**: 22-63.

喜多壮太郎（2000)「ひとはなぜジェスチャーをするのか」『認知科学』**7**(1)：9-21.

Knapp, M. et al. (2013) *Nonverbal Communication in Human Interaction*, Cengage Learning.

Koiso, H. et al. (2018) Construction of the corpus of everyday Japanese conversation: An interim report. *Proceedings of the Eleventh International Conference on Language Resources and Evaluation*, 4259-4264.

McNeil, D. (1987) *Psycholinguistics: A New Approach*, Harper & Row.［鹿取廣人ほか（訳）(1990)『マクニール心理言語学―「ことばと心」への新しいアプローチ』サイエンス社.]

Mori, H. et al. (2011) Constructing a spoken dialogue corpus for studying paralinguistic information in expressive conversation and analyzing its statistical/acoustic characteristics. *Speech Communication* **53**(1): 36-50.

森　大毅ほか（2014)『音声は何を伝えているか―感情・パラ言語情報・個人性の音声科学』コロナ社.

パターソン，M. L.（著），工藤　力（監訳）(1995)『非言語コミュニケーションの基礎理論』誠信書房.

Patterson, L. (2011) *More than Words: The Power of Nonverbal Communication*, Aresta.

Patterson, L. (2014) Reflections on historical trends and prospects in contemporary nonverbal research. *Journal of Nonverbal Behavior* **38**: 171-180.

Sato, W. et al. (2019) Facial expressions of basic emotions in Japanese laypeople. *Frontiers in Psychology* **10**(259): 1-11.

高梨克也（2016)『基礎から分かる会話コミュニケーションの分析法』ナカニシヤ出版.

ヴァーガス，F. M.（著），石丸　正（訳）(1987)『非言語コミュニケーション』新潮社.

Vinciarelli, A. et al. (2009) Social signal processing: Survey of an emerging domain. *Image and Vision Computing* **27**(12): 1743-1759.

第5章

岡田美智男

ことばとロボット

◆ キーワード
構成論的アプローチ，音声科学とロボット，認知的ロボティクス，社会的ロボティクス，ヒューマン・ロボットインタラクション

　人と人との間で何気なく行われる「ことば」のやりとりについて，その片方をロボットに置き換えてみると，これまで当たり前に思えていたことが当たり前でなくなることも多い．あらためて考えれば，ロボットは，所詮は機械である．そうしたロボットと人とのコミュニケーションとはどういうものか．そもそもロボットはコミュニケーション可能な他者たり得るのか．すぐに明確な答えには辿りつきそうにもないけれど，これらのことを議論するための手がかりとして，ロボットはとても有用なものだろう．

　本章では，「構成論的なアプローチ」と呼ばれる，ロボットなどを利用したことばやコミュニケーション研究を中心に，音声科学や認知的ロボティクス，そして最近のヒューマン・ロボットインタラクション研究を概観する．

第1部　現在までの流れ

第1節
なぜロボットを作ろうとするのか

　この頃では，スマートスピーカやロボットからの合成音声をよく耳にするようになった．加えて，生成AIによる言語生成技術の進展もあり，コンピュータやスマートフォンからの「ことば」はすでに日常の中に溶け込みつつある．しかし，ロボットやコンピュータなど，機械とのコミュニケーションは可能なのだろうか．例えば，自動販売機からの「ありがとう！」のメッセージはどうか．気の利いた仕掛けだけれど，そのメッセージにお礼の気持ちを感じるだろうか．そもそも自動販売機は「お礼の気持ち」を持っていたのか．その言葉をお礼の意味と知っていたのか．いずれも，なかなか微妙なところだろう．ただ，こうした違和感はとても貴重なものであり，私たちに「ことば」や「コミュニケーション」について，あらためて考え直す機会を提供してくれる．

第5章　ことばとロボット

98

　ことばやコミュニケーションの研究には，一つひとつの発話や文を構成する要素，例えば，発話片，単語，形態素，音素，イントネーション，音声のスペクトル包絡[1] など，細部に分け入り，その成り立ちを微視的に探ろうとする方法（＝分析的アプローチ）がある．しかし，コミュニケーションという事態は，他者との関係性やその間に生まれる「場」などの側面も絡んでおり，個々の要素に分断してしまうと，その本質が見えにくくなってしまう．もしそうなら，最小限の要素を絡ませつつ，ターゲットとなる現象を生み出す試みを通して，その背後にある原理を探れないだろうか．これは「分析的アプローチ」に対して，「構成論的なアプローチ」と呼ばれており，その構成要素としてロボットは有用な道具となり得るのである．第1節では，まず音声科学の分野における「構成論的アプローチ」の事例をいくつか取り上げてみたい．

　私たちの「音声」は，どのようにして生み出されるのか．音声科学の歴史を遡ってみると，約250年前にはハンガリーの発明家フォン＝ケンペレン（Wolfgang von Kempelen）によって，機械式の音声合成器（speaking machine）が考案されている．

　「これで人々を驚かすことはできないものか……」，フォン＝ケンペレンの狙いは知る由もないが，彼の試みは後の音声生成における「ソース・フィルタ理論」，つまり声帯音源を声道フィルターに通過させることで音声の生成を説明するモデル（Fant, 1960）に波及している．加えて興味深いのは，音声生成の仕組みを探るために，木製の箱，革袋，リード，ふいごなど，あり合わせからスタートしている点だろう（図5.1）．音響音声学も確立していない段階にあって，最適な部品を設計することはできない．そこで，あり合わせのもので暫定的な模型を作ってみる．それが的外れでなければ，どんどん詳細化していき，より本物へと近づけていく．こうしたブリコラージュ的な試行錯誤（＝構成論的なアプローチ）が発想の飛躍を支えていたわけである．

　1930年代後半になると，米国のベル研究所のダッドレー（Homer Dudley）らにより，共振回路の接続によって声道フィルターを模擬した「ターミナルア

---

1)　ソナグラフなどにより分析された，音声の周波数成分やその強度の時間変化のこと．母音や子音を生成する際の声道フィルターの音響的特性を示している．

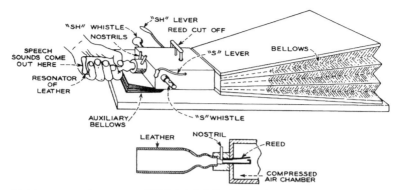

図 5.1 フォン=ケンペレンの機械式音声合成器の模式図（Wheatstone's reconstruction of von Kempelen's machine）(Flanagan, 1965)

ナログ（terminal analog）」方式に基づく音声合成器が作られた（Dudley et al., 1939）．この「ボーダ（Voder）」と呼ばれたシステムは，ブザーのような音を生み出すパルス発生器と乱流発生器の2つの音源，10チャンネルの共振回路（＝帯域フィルター）を用いることで，子音なども含んだ単語音声の合成に成功し，1939年に開催されたニューヨーク万国博覧会などでデモンストレーションされた．鍵盤のようなものを利用して，10個の帯域フィルターの出力を操作し，同時に足元のペダルで音声のピッチを変化させる．まさにオルガンなどの楽器を演奏するような感覚だったのだろう．

　もう1つ，音声科学に貢献した音声合成器として，米国のハスキンス研究所（Haskins Laboratories）のクーパー（Franklin S. Cooper）らによって考案された「パターン・プレイバック（pattern playback）装置」がある（Cooper et al., 1951；図5.2）．透明なシートの上に，音声を特徴づける複数のフォルマント周波数[2]パターンを自由に描き，それを光学的に読み込ませることで，様々な音声を生み出すことができた．これを使って調べたのは，フォルマント周波数パターンとその「聴こえ」との関係である．どのようなパターンを描くと [d] に聞こえるのか，あるいは [b] と聞こえるのはどのようなときか．こうした

---

2) 音声を生み出す際の声道の共振周波数のこと．母音などの有声音の音響的な特徴であり，主に第1〜2フォルマント周波数によって母音の識別が行える．

図 5.2 ハスキンス研究所の「パターン・プレイバック装置」(筆者撮影)

試行錯誤により,音声の音響的特徴量と破裂音の聴こえとの関係を明らかにしていった.この研究手法は「合成による分析(analysis by synthesis)法」と呼ばれており,フォン=ケンペレンの試みに端を発する「構成論的なアプローチ」そのものなのである.

第2節
認知的ロボティクスの黎明期

前節で紹介した音声合成器は,人の操作によって動作する「受動的な機械」であり,「自律的なロボット」のイメージからはまだ距離がある.「ことばとロボット」との本格的な関わりは,1960〜1970年代の人工知能や当時の認知主義の影響を受けた認知的ロボットの黎明期からである.

この先鞭をつけたのは,ワイゼンバウム(Joseph Weizenbaum)によって開発された自然言語システム「ELIZA(イライザ)」である(Weizenbaum, 1966).このシステムは,単純な仕組みにもかかわらず,人らしい会話を模倣することができた.

Person: Men are all alike.
ELIZA: IN WHAT WAY
Person: They're always bugging us about something or other.
ELIZA: CAN YOU THINK OF A SPECIFIC EXAMPLE
Person: Well, my boyfriend made me come here.

ELIZA: YOUR BOYFRIEND MADE YOU COME HERE
Person: He says I'm depressed much of the time.
ELIZA: I AM SORRY TO HEAR YOU ARE DEPRESSED
Person: It's true. I am unhappy.

　この例に示すように，ELIZA は入力されたテキストに含まれるキーワード
やフレーズを検出し，それに変換ルールを当てはめて応答文を生成しており，
ユーザーからの言葉を深く理解するものではない．当時の自然言語処理の限界
を把握した上で，「私は疲れている」に対しては，「なぜ，あなたは疲れている
のですか？」などの言い換えや，「仕事が忙しいのです」に対して，「そのよう
に感じることはありますよね」など，ユーザーに寄り添うような応答の生成に
留意した．また入力テキストに想定したキーワードが含まれていなければ，新
たな話題を促し，自然な会話の流れを維持するようにしている．
　この対話様式の設計では，ロジャーズ（Carl R. Rogers）らの「クライエン
ト中心療法（client-centered therapy）」を参考にして，ユーザーに対する積極
的な問いかけやアドバイスを避けて，聞き役として共感的な理解を示すことに
専念している．その結果，ユーザーの主体的な語りを引き出し，自己洞察を促
すように機能したのだという．ユーザーからの語りかけに対して，コンピュー
タが一定の理解や共感を示すと，そのことを好意的に受け取り，コンピュータ
に対しても人格を投影し，その役割を期待してしまう．さらに対話の継続によ
り親密さを覚えて，向社会的に振る舞ってしまうことがある．この認知的傾向
は「ELIZA 効果」として議論されており（Turkle, 1995），その後のヒューマン・
ロボットインタラクション研究にも大きな影響を与えている．
　また，代表的な自然言語理解システムに，MIT のウィノグラード（Terry
Winograd）により開発された「SHRDLU（シュルドゥル）」がある（Winograd,
1972）．グラフィック端末に，「積み木の世界（blocks world）」と呼ばれる仮
想的な箱が描かれ，そこにブロック，コーン，ポールなどのオブジェクトが入っ
ている．このシステムは，ユーザーと自然言語でやりとりしながら，これらの
オブジェクトを操作するわけである．

第5章　ことばとロボット

Person: Pick up a big red block.

SHRDLU: OK.

Person: Grasp the pyramid.

SHRDLU: I DON'T UNDERSTAND WHICH PYRAMID YOU MEAN.

Person: Find a block which is taller than the one you are holding and put it into the box.

SHRDLU: BY "IT", I ASSUME YOU MEAN THE BLOCK WHICH IS TALLER THAN THE ONE I AM HOLDING.

SHRDLU: OK.

Person: What does the box contain?

SHRDLU: THE BLUE PYRAMID AND THE BLUE BLOCK.

Person: What is the pyramid supported by?

SHRDLU: THE BOX.

Person: How many blocks are not in the box?

SHRDLU: FOUR OF THEM.

　このやりとりに見られるように，SHRDLUは簡単な動詞や形容詞の意味を理解し，ユーザーから入力された，"Put the red block on top of the green cube." などのテキスト文による指示に従う．また物理的な制約を考慮して推論を行い，不可能な命令に対しては，「その操作は不可能です！」と応答することができた．

　この「積み木の世界」は，「小規模なドメインやトイワールドでしか使えない人工知能」の意味で使われることも多いが，記号処理ベースの人工知能の本質的な問題を明らかにすることに大きく貢献した．また，ある事柄を表現するための属性とその属性値の集合体からなる「フレーム」ベースの知識表現言語や手続き付加，継承概念などのアイディアは，その後のオブジェクト指向言語[3]や知識ベース，各種マークアップランゲージ[4]などにも波及している．

---

3) Javaなどのオブジェクト指向言語では，システム全体を「モノ」に見立て，その部品であるオブジェクト（クラス）の集合体として考える．それぞれのオブジェクトは属性と属性値や手続き（メソッド）などから構成されている．

SHRDLUシステムの一定の成功により，これらの基本的な枠組みは「認知的ロボット（cognitive robots）」の分野にも波及している．例えば，SRI Internationalで研究開発された「シェーキー（Shakey）」は，人の知性の源とされた問題解決や計画立案のための「一般問題解決器（STRIPS）」やA*（エイ・スター）サーチと呼ばれる経路探索アルゴリズム，カメラやセンサーによる物体認識や環境認識などを備えていた．SHRDLUと同様に，障害物を避けながら，人からの指示に従い必要なブロックを探し，部屋の中に再配置するものである．

　また後継機として開発された「フレーキー（Flakey）」（図5.3）では，物理的なタスクに加え，「DECIPHER」と呼ばれる音声理解システムを搭載し，ユーザーとの自然言語でのやりとりを実現している（Murveit et al., 1989）．

　こうした研究開発と並行して，SRI Internationalでは，一般的な問題解決器や計画立案の枠組みを利用した対話理解や自然言語生成の研究も進められた（Appelt, 1985）．一つひとつの発話を情報伝達の手段としてだけでなく，「どのような発話を行えば，相手の信念を目標とする状態に変えられるのか」など，話し手の問題解決のための行為の一部として捉えている．具体的には「言語行

図5.3　自律移動ロボット「フレーキー（Flakey）」（筆者撮影）

4）　HTMLやXMLなど，テキストの構造や修飾情報を指定するための言語．

為論 (speech act theory)」(Searle, 1969) に基づき,「宣言する (Declarations)」
「ある事実や信念を伝える (Assertives)」「相手に指示を与え,促す (Directives)」
「ある行動を約束する (Commissives)」「気持ちを伝える (Expressives)」な
どの発話を一種の行為として捉えた.またゴール (goals) や信念 (beliefs),
欲求 (wants),意図 (intentions) などの心的状態などを含めることで,認知
的ロボティクスで議論されてきた,計画立案や推論の枠組みをそのまま対話理
解や言語生成の領域に拡張している.

これらの研究の進展に伴い,認知的ロボティクスのアプローチによる現実世
界の複雑さや曖昧さへの対応の難しさも明らかになってきた.また「シンボル
グラウンディング問題」(＝そもそもシステム内の記号の意味は,どのように
して実際の事物や概念と関係づけられるのか) (Harnad, 1992),そして「フレー
ム問題」(＝ある行動の結果を形式的に記述しようとする際に,その行動の影
響を受けて新たに成立する事実とその影響を受けずに成立し続ける事実を記述
する必要があり,後者は膨大なものになってしまう) (McCarthy and Hayes,
1969) などもクローズアップされた.

これらの課題を抱えながらも,レナート (Douglas Lenat) は「一般常識をデー
タベース化し,高度な推論システムを構築する」という壮大な研究プロジェク
ト (Cyc) を開始し,医療分野のエキスパートシステムやセマンティック Web
など,より現実問題への応用を試みた (Lenat et al., 1990).さらに,SRI Inter-
national の音声言語理解システムの研究は,2003 ～ 2008 年の「CALO プロジェ
クト」などを経て,音声アシスタント Siri の実用化に結実している.

第 3 節
認知的ロボティクスから社会的ロボティクスへ

1990 年代の後半になると,3D 技術などを駆使して,コンピュータ内で動作
する人型のバーチャルエージェントなども作られた.代表的なものに,キャッ
セル (Justine Cassell) らによる "Embodied Conversational Agent" の研究が
ある (Cassell et al., 2000).先のフレーキーでは音声理解機能を搭載しつつも,
コンピュータなどを格納する黒い筐体に移動のためのホイールやカメラが露出
し,機械的な姿をしていた.さらにリアルで豊かなコミュニケーションに向け
て,言語的な側面に加え,手振りなどのジェスチャーや顔の表情など,非言語

的な側面やマルチモーダルな側面なども重要視された．

　また，MITメディア・ラボのブラジール（Cynthia Breazeal）らは，幼児の頭部のような「キスメット（Kismet）」（図5.4）を開発しており，人との関わりを志向する「社会的ロボット（social robots）」の草分けとなった（Breazeal, 2004）．キスメットは，目や口など顔を構成するパーツの細かな動きによって，喜び，興奮，不安，驚きなどの感情を表現する．これを利用し，ロボットのコミュニケーション機能やその発達プロセスなどが議論された．

　この頃から，人とロボットとのインタラクション（human-robot interaction）研究も盛んとなり，社会的ロボットの外見のデザインや社会的なインタラクションの様相にも注意が向けられた（Bartneck et al., 2019）．また「生き物らしさ（lifelikeness）」や「人らしさ（humanlikeness）」，コミュニケーションにおけるリアリティなど，新たな研究テーマも生まれてきた．

　このロボットとのコミュニケーションにおけるリアリティとは，どのようなことか．最近では，音声認識機能を搭載したカーナビなど，様々な情報機器との間で音声言語によるコミュニケーションが試みられている．運転中であっても手を使わずに，音声でカーナビなど車載機器を操作できると期待されたのだ．しかしカーナビに向かって「自宅に帰る！」などと話しかけてみると，どこか照れくさい．カーナビの聞き手としての素性がよくわからないためだろう．

　自分の身を守るための生存戦略の1つなのだろうか，私たちは他の生き物に囲まれて暮らす中で，それらの存在や動きが気になる．「どのような構えをと

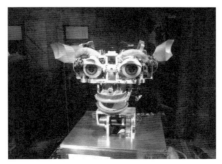

図5.4 社会的なロボット「キスメット（Kismet）」
（筆者撮影）

れば，その動きを正確に予測できるのか」を即座に判断しているようなのである．デネット（Daniel Dennett）の指摘によれば，私たちが目の前で動くものを目にしたとき，「物理的な構え（physical stance）」「設計的な構え（design stance）」「志向的な構え（intentional stance）」のいずれかの構えをとるのだという（Dennett, 1996）.

　床の上に転がっているゴミ箱を見たとき，「あぁ，疲れたから横になっているのか」とは考えない．「誰かがぶつかって，倒れてしまったのだろう」などと物理的な素性や法則に基づき，その行動を理解しようとする（＝物理的な構え）．また，朝早くにベルを鳴らしているスマートフォンに対しては，「そのように昨日設定したから，ベルが鳴っているのだ」と，その設計意図に基づき行動を理解している（＝設計的な構え）.

　ヒューマノイドロボットなどの振る舞いに対してはどうか．開発者の目線からは，「さっき直したプログラムは，ちゃんと動作しているのか？」などと気にしていることだろう（＝設計的な構え）．しかし多くの人は，「どこに行こうとしているのか．そこで何をしようとしているのか」と，願望や意図などの心的状態に基づき合目的的に行動していると捉えようとする（＝志向的な構え）.

　同様に，目の前の対象をどのようなものと捉えるかにより，インタラクションやコミュニケーションのモードを選んでいる．例えば，ゴミ箱に話しかけようとはしない．むしろ，手でゆすりながら，その重さやバランスを確かめようとする（＝物理的な構え）．先ほどのカーナビを情報機器として捉えるなら，ボタンやコマンドで操作を行えばよい．あえて音声言語で操作しようとすると，「自宅に帰る！」「ルート検索！」など，依頼なのか，宣言なのか，命令なのか，よくわからない発話となってしまう．スマートスピーカに対しても，「エアコンつけて！」「音楽かけて！」と，どこか命令調になっている．まだ「志向的な構え」では捉えていないためだろう．同様に，自動販売機からの「ありがとう！」の音声合成に対しても，所詮は機械なのであり，そもそもお礼の気持ちなど持っていないと，多くの人は設計的な構えで捉えてしまうようだ.

　こうした中で，二足歩行をし，会話も行うホンダの〈ASIMO〉の登場は，ロボットとのインタラクションやコミュニケーションを議論する上でも転換点となった．得体の知れない存在ではなく，友だちのような存在として，私たち

にすーっと近づいてきた．この距離感は，一緒に行動したり，相手を理解する上で大切なものだろう．その行動の背後にある意図を探ろうとするとき，その読みを立てやすいのである．

第4節
ロボットと「環境」との出会い

ほんの一部でも，相手と自分とが共通したものを備えていると，それを手がかりに相手の気持ちを察しやすい．コミュニケーションの基底にある一種の「共通基盤」ということだろう．では，私たちと〈ASIMO〉との間にある共通基盤とはどのようなものか．ここでは「動歩行モード」と呼ばれる二足歩行ロボットの歩容モードをヒントに考えてみたい．

かつてのロボットの歩き方は，薄氷を踏むかのように，どこかぎこちないものだった．片方の足底に重心を確保して，そっともう片方の足を前に進める．これを交互に繰り返すことをする．いわゆる「静歩行モード」と呼ばれるものである．その一方で，〈ASIMO〉などの実現した「動歩行モード」は，もう少し小気味よい．「どうなってしまうかわからないけれど」と少し倒れ込むように，一歩を地面に半ば委ねてみる．するとその期待に応えて，地面はそっと支えてくれる．この地面に対する「委ね」と地面からの「支え」との動的なカップリングにより，スムーズな歩行を生み出すのである．私たちと〈ASIMO〉との間にある身体的な共通基盤は，単に「人型である」「二足歩行をする」ことに限られない．この「ドキドキしつつも，地面を味方にして歩く」という行動様式に，ある種の同型性を感じているのだろう．

では，認知的ロボットや二足歩行ロボットはどのようにして，周りの「環境」を味方につけはじめたのか．まず「状況論的認知（situated cognition）」の考え方やその影響を受けた「状況論的ロボティクス（situated robotics）」について整理しておきたい．

「砂浜の上を1匹の蟻が歩いている．その後には延々と続く，蟻の足跡．この足跡が複雑な絵模様を描くのはなぜなのか」，これはサイモン（Herbert A. Simon）の指摘した，「サイモンの蟻」と呼ばれる挿話である（Simon, 1996）．小さな蟻であっても複雑な筋骨格系を持っており，その足跡が複雑なのも頷ける．あるいは「空腹でフラフラなんじゃないのか」「いや，道に迷ってしまっ

たんだよ！」との解釈も可能だろう．このように蟻などの振る舞いを観察者の立場（＝鳥瞰的な視点）から眺めるとき，その要因を蟻という個体やその内部構造に帰属させて考えやすい．しかし，こうした解釈に対してサイモンの指摘は，ほんの少し意表を突くものだった．なぜ複雑な絵模様を描くのか，サイモン曰く，「この蟻の行動の軌跡の複雑さは，必ずしも蟻内部の複雑さだけを反映したものではない．むしろ，その多くは蟻を取り囲んでいる環境の複雑さを反映したものなのではないか」と．

いわれてみると合点もいく．砂浜の凹凸を回避していたら，結果として複雑な足跡を残したのかもしれない．サイモンはこの挿話を通して，「ある視点から捉え直すならば，もっとシンプルな仕組みで動いているのかもしれない」「人の行動などに対しても，必要以上に複雑なシステムとして捉えすぎる傾向にあるのではないか」と指摘したのである．ただ，その要因を環境の複雑さだけで説明することには無理がある．それは行為主体の内部状態とそれを取り囲む環境との間に分かち持たれたものなのだろう．

ロボティクスの分野でも，これらの議論を受けつつ，ロボットの「身体」とそれを取り囲む「環境」との関わりに焦点が移されるようになった．先導したのは，ブルックス（Rodney A. Brooks）による「表象なき知性」に関する議論や「サブサンプション・アーキテクチャ（subsumption architecture）」[5]に基づく昆虫ロボット「ゲンギス（Genghis）」（図 5.5）などのデモンストレーションである（Brooks, 1991）．

6 本の脚をせわしく動かし，凸凹した不整地を動き回る昆虫型のロボット，これがなぜ「表象なき知性」の持ち主なのか．ゲンギスの振る舞いを鳥瞰的な視点からではなく，ゲンギスの目線から外界の様子を眺めてみたい．目の前には，小高い丘や小石などの障害物がいくつも立ちはだかっている．それを避けながらどのように進んでいけばいいのか．先のフレーキーであれば，ステレオカメラなどを駆使して，目の前に近づく障害物との距離やその高さなどの特定を試みる．そして，それらの詳細な情報を「シンボルとその属性値」の組とし

---

5) 「障害物を避ける」「うろつく」など振る舞いを生成する下位層の知覚−行為ループをより抽象度の高い「探索する」「地図を作成する」などの上位層が包摂することを特徴とする並列型／階層型アーキテクチャのこと．

図 5.5　昆虫型ロボット「ゲンギス（Genghis）」（iRobot の X（旧 Twitter）公式アカウントより）

て丁寧に把握し，その障害物を避けるための経路を一つひとつ計算しようとすることだろう．一方のゲンギスではどうか．あまり熟考することなく，とりあえず脚を交互に動かして，不整地の上を歩いてみる．もし小石や岩につまずいたら，その脚をすこし高く上げてみる．それでも越えられないときには，もうすこし高く脚を持ち上げる．そこで身体のバランスを失いかけたら，他の脚と協調して，その体勢を立て直す．ゲンギスは，複雑な環境と多くの構成要素とを協調させ，障害物の中でも歩き続けてしまう．このとき「表象」は，ゲンギスの頭の中に残らない．不整地の状況を「環境モデル」として頭の中に表現することなく，むしろ環境に備わる制約を自らの行為を組み立てるリソース（認知資源）として直接に利用していたわけである．

第 5 節
「ことば」に埋め込まれた身体性

「状況論的認知」の観点は，人を含めた行為主体全般の振る舞いを説明する上でも，様々な視点の転換を促すことになった．本節で着目するのは，私たちの何気ない会話の中に頻出する，言い淀みや言い直し，「えー，そのー」などそれ自体はあまり意味を持たないように聞こえるフィラー（filler, つなぎことば）などを含んだ非流暢な発話の現象（disfluencies）である．

　でー，そうね，そこのお店のー，内装とかデザインとか素敵でー，

あの，いま，最近，六本木とか，銀座とかー，よくお店でてるんですけど，
えーなんか，壁は白いしっくいでー，
でー，柱，黒い，黒い柱が，おっきい太い黒い柱が，ぬっと出ている，
なんていうかなぁ，フランスの田舎風っていう感じのー，
んー，そんな感じのレストランなんですね……

　かつて利用したことのあるレストランの様子をなんとか伝えようとしている
のだけれど，見方を変えれば，こうした発話は先ほどのゲンギスの振る舞いの
ようでもある．「ちょっとおしゃれなレストランの様子を紹介したい」という
漠然とした意図はあっても，「どのように表現するか」「どのように伝えるか」
などの詳細なプランまでは用意されていない．ひとまず印象に残っていた「柱」
のことを口にしてみる．すると「その柱は黒かった」ことが思い浮かび，すか
さず「黒い」と補足する．「柱，黒い」を「黒い柱が」と整えて，その間に「おっ
きい太い黒い柱」であること「ぬっと出ている」ことを思い出した．そんな見
方も可能だろう．これらは漸次的に精緻化を行っていると捉えることもできる．
あるいは，たまたま言い誤った表現を言い直したのではなく，むしろ言い直す
ことを前提に発話を繰り出しているようにも思われる．
　聞き手に対する「深いモデル」や自らの詳細な「発話プラン」を持つことな
く，聞き手の表情やたまたま繰り出された発話などをリソースとして，その場
その場で発話を組織していく．「おしゃれなレストランの様子を紹介したい」
という漠然と抱いていた発話意図もリソースの１つにすぎない．こうした発話
のプロセスそのものが一種の「思考の道具」となっているのである．
　話し手や聞き手などの参与役割についてはどうか．会話の様子を少し離れた
ところ（＝鳥瞰的な視点）から眺めていると，複数の参与者の間で，その役割
を上手に交代させているように見える．発話のやりとりについても，個々の発
話の意味や役割は完結しているように思われる．しかし，それぞれの参与者の
内なる視点から，この会話の様子を眺めてみると，また違ったものとなる．例
えば，話し手が今「話し手」であろうとしても，相手が「聞き手」となってく
れなければ，「話し手」にはなれない．「話し手」や「聞き手」という参与役割
も，その都度，相互行為的に組織されるわけである．

第1部　第5節　「ことば」に埋め込まれた身体性　　　*111*

　バフチン（Mikhail Bakhtin）によれば，私たちの〈声〉はいつも誰かに向けられており，「宛名」を伴うという（バフチン，1996）．また，その発話の意味は，話し手の〈声〉に対して，聞き手の〈声〉が応答しているときだけ成立する．そして，生きた言葉や発話の理解はどれも，能動的な返答の性格を持つ．どのような理解も応答をはらみ，何らかの形でかならず応答を生み出すのだという．いわゆる「内的対話性」と呼ばれるものである．

　このことは，何気ない生活の中でも経験することだろう．こちらに向かってくる知り合いに「おはよう！」と語りかけるも，相手が気づかずに通り過ぎたのでは，その「おはよう！」の意味は宙に浮いてしまう．それが挨拶として意味を成すのは，相手からの「おはよう！」や「おう！」などの何気ない応答に支えられるときである．ちょうど〈ASIMO〉が地面を味方につけながら歩くように，対面での相互行為にも「賭け」を伴う．この「委ね」と「受け」との動的なカップリングが相互行為におけるリアリティを支えているようなのだ．

　私たちの発話は「伝達的な機能」と「意味の生成機能」の2つを同居させており，どちらを優位なものとするかにより，その会話の雰囲気を変えることができるという．自己完結した，意味の明確な発話を相手に届けようとすると，「伝達的な機能」の勝ったフォーマルな会話となりやすく，話し手と聞き手との間に距離が生まれ，その関係は非対称なものとなりやすい．例えば，上司から部下に対する「これをコピーしておいてください！」という発話の意味は自己完結しており，それを受け入れるか，拒否するかの二択しか残されていない．受け手との間で調整する余地を残しておらず，強い言葉，一方的に押しつけたような言葉となってしまう．これはバフチンが「権威的な言葉（authoritative discourse）」と呼ぶものである．その一方で，バフチンは「内的説得力のある言葉（internally persuasive discourse）の意味は，完結したものではなく，開かれたものである」という．一方的に発話の意味を押しつけることなく，一緒に意味を生み出すことから，結果として納得感を伴い，説得力も高まるようだ．

　スマートスピーカとのインタラクションなど，人とロボットとの「ことば」を介したやりとりでは，その意味の曖昧さを避けようとするため，バフチンのいう「権威的な言葉」に偏りやすい．もう少し，「意味の生成機能」を優位にする，つまり「雑談的なもの」「対話的なもの」に近づけていくには，二足歩

行ロボットでいえば，「静歩行モード」から「動歩行モード」に移行したようなパラダイムシフトを必要とするのだろう.

|||||||||||||||||||||||||||||||||||| **第2部　今後の展望** ||||||||||||||||||||||||||||||||||||

第6節
ロボットの「ことば」と他者との出会い

　ここまで認知的，社会的，状況論的なロボティクスの動向と「ことば」との関わりを見てきた．今後，社会的ロボットを発展させていく上では，基礎定位（positioning），姿勢（addressing），顔の向き（facing），視線（gazing）などの志向性を表示する手段，うなずく，首を横に振り否定するなどの社会的表示（social displaying）の手段などをさらに精緻なものにしていく必要もあるだろう．しかし他者に姿勢や視線を向けて，ただ「ことば」を発するだけでは，他者との社会的な関わりを生み出せそうにない．もう1つ重要なことは，「他者を味方につけながら，一緒に発話そのものや会話連鎖を組織していく」という側面だろう．本節では，どのような方向性があり得るのかを検討しておきたい[6]．

　例えば，「きょうは，幼稚園で，ひなちゃんと，お絵描きして遊んだ！　とても楽しかった！」との情報をどう伝えるのか．ここでは筆者らのロボットを利用した試みを紹介する.

（a）聞き手の視線を手がかりとした発話の組織化

　そのまま諳んじてもいいけれど，「あのね，えーと，きょうね，ようちえんでね，ひなちゃんとね……」と，聞き手に視線を向けながら，語りかけてみたらどうか．ロボットの目線の動きと相まって，一つひとつの発話片は聞き手に向けられたものとなる．「あのね……」は，発話開始要素（turn initials）と呼ばれるもので，内容に移る前に，「あなたに語りかけようとしている」ことを表示しつつ，同時に相手の様子をうかがう．またこちらに視線が向けられるのを確認しながら，「えーと」とフィラーで間をつなぎ，発話のタイミングを探

---

6)　本節からの議論は，筆者らのオリジナルなロボットである〈トーキング・ボーンズ〉（図5.6）などによる試みに基づいている.

第2部　第6節　ロボットの「ことば」と他者との出会い　　　　113

ろうとする.

　先述したように, 対面的な相互行為には「賭け」を伴う. 相手が聞き手となってくれなければ, 発話を繰り出しても「話し手」とはなれない. そこで大きく踏み外すリスクを避けるために, 「あのね, えーと……」と小刻みに手順を踏む必要がある. これは「オープニング (opening)」と呼ばれるプロセスである.

　それに続く, 「きょうね, ようちえんでね」など, 発話片に添えられる終助詞は, 話し手のスタンスを示すモダリティとして機能し, 「あなたに向けられた発話ですよ！」という宛名性を伴う. 相手に半ば委ねるようにして, 相手の視線やうなずきを引き込みながら, 支えてもらう. ちょうど地面からの支えを予定しながら, 一歩ずつ歩を進めていくようなものだろう.

　これに聞き手の状態をもう少し丁寧に反映させてもおもしろい. 相手の視線が外れたら, ロボットは「えーと」といいつつ途中で発話を停止し, また視線が戻ってきたら再開する. これだけにもかかわらず, 「あなたをちゃんと意識して話していますよ！」という宛名性の表示となる. と同時に, 自らの発話は「相手を振り向かせるだけの力を備えるのか」「目の前の相手は, 聞き手となり得るか」など, 自らの行為や相手を特定するものとなる. ここで相手の視線を引きつけているのは, 発話の働きだけではない. 二足歩行ロボットの身体的特性と地面との間で「動的カップリング」を生み出すように, ロボットの顔や視線の動きなどの身体的特性と聞き手側の認知的特性が相まって, 人とロボットとの関係性を作り出す. 発話の中で相手の視線を引き込めるのは, こうした「場」の力によるのだろう. こうしてロボットは, 「あのね, えーと, きょうはね, えーと, よう, ようちえんでね, ねっ, ひなちゃんとね, えーと, おえかきして, あそんだんだよ！」と, 聞き手の視線の動きを気にしつつ, 言い淀みや言い直し, リスタートを繰り返すわけである.

　このような非流暢な発話は聞きにくいものに思われるだろう. しかしロボットと関わってみると, そのことはあまり気にならない. むしろ, なんとか聞き手に届けようとするロボットの思いが伝わってくる (＝志向的な構え). 聞き手の状態に配慮しながら発話のタイミングを調整しているため, ロボットの優しさも感じるのである.

　では, ロボットの立場からはどうなのだろう. 言葉を繰り出すためには, ど

んな言葉を選ぶべきか，そのタイミングをどうするか．多くの自由度を律する必要があり，聞き手の状態によって，その自由度の一部を制約してもらえるのはありがたい．ロボット側の制御の一部を聞き手に半ば委ねながら，手助けしてもらう感じなのである．バフチンが「私たちの〈声〉は他の〈声〉からまったく切り離されて存在することはない」と指摘したように，ロボットはオドオドしながらも，聞き手を味方に引き込み，その視線に支えられるようにして，生き生きとした発話を生み出す．聞き手も，その振る舞いに「生き物らしさ」を感じ，自らの身体をそこに重ねてしまうのである．

(b) 言葉足らずな発話による「共話」の組織化

　話し手のオドオドした発話によって，聞き手を味方に引き込むことができた．それでは，ロボットや子どもからの発話が言葉足らずなものであったらどうか．

　　「きょうね，いっぱいあそんだ……」（えっ，だれと？）
　　「そらちゃん！」（へぇー，なにしてあそんだの？）
　　「おえかきした！」（あー，そうなんだ！）
　　「ひなちゃんもいっしょ！」（へぇー，たのしかった？）「うん」……

　ぽつり，ぽつりと不完全なところもあるけれど，聞き手からの手助けや解釈を上手に引き出しながら，なんとかおしゃべりを続けてしまう．過不足のない発話と比べて，聞き手との関わりはさらに豊かなものになるようだ．

　こうした言葉足らずな発話は，相手にその解釈を半ば委ねている，あるいは相手に開いている．そこに関わる余地が生まれ，聞き手も身を乗り出して，「だれとあそんだのか」「どんなことをしてあそんだのか」と矢継ぎ早にたずねてしまう．そうした関心に引き出されながら，「そらちゃん（とあそんだ）」「おえかきした」などの言葉が加えられる．

　こうして一方的に今日の出来事を伝えるはずの発話は，いつの間にか聞き手との協働の作業となっている．私たちが上手に地面を味方にして軽快に歩くように，話し手の伝えたい思いと聞き手との関心が上手に絡まり合い，一緒に「共話」（水谷，1993）と呼ばれるような発話連鎖を組織するのである．

　こうした発話は，知覚行為としての側面もある．「あのね，きょうね……」といいながら，相手はどんな状態にあって，自分の話を聞く余裕はあるのかを

探ろうとする.「きょうね, いっぱいあそんだ！」も, 相手の関心を同時に探っている. そもそも相手の関心など, 事前には把握できない. それなら発話を繰り出しつつ, 相手の関心を部分的に探り, その場その場で発話の方向性を調整していく. 必要最小限の認知コストで, 相手の関心に合わせた情報を適切に提供していくには, とても理にかなっているようだ. ただ,「きょうね, いっぱいあそんだ！」などは, 誰に対しても使える表現ではない. 地面からの支えを予定して, 一歩を踏み出すのと同様に, 相手がしっかり支えてくれないと, 発話の意味は宙に浮いてしまう. この発話が求めるのは, リード（Edward S. Reed）の指摘したような, 能動的かつ支援的な「促進行為場（promoted action field）」（Reed, 1996）の働きだろう. このロボット（あるいは子どもたち）は, 促進行為場を生かし, 省力的かつ豊かなコミュニケーションを生み出していたわけである.

(c) 発話の途中で大切な言葉を物忘れしたらどうか

「えーと, あれ, あれ……. あれは, なんだっけ？」と, 発話の途中で言葉が出てこないこともある. 何気ない振る舞いなのだけれど, 自分の状態を隠すことなく, 周りに半ば委ねる, 開いている側面もある. 結果として, 周りからの手助けを引き出すのだ. 次の例は, 子どもたちに昔話を語り聞かせようとするも, 時々大切な言葉を物忘れしてしまうロボット（トーキング・ボーンズ）（図5.6）と子どもたちとの関わりの様子である.

> 「むかしむかし, あるところにね」「おじいさんとおばーさんがいました」「おじいさんは山に柴刈りに, おばーさんは川に……」「えっとー, あれっ, なにをしに行ったんだっけ……」「えっとー」……
>
> 「えーと, なんだっけ？」などと困った仕草をすると, 周りの子どもたちの目が輝き始める. 子どもたちからの「せんたくにいったんじゃないの？」との手助けに,「あっ, それだ！ それそれ！」「せんたくにいったんだった」「それでね, おばーさんは川にね, せんたくにいきました」「すると川のなかなら, どんぶらこ, どんぶらこと……」「あれっ, えーと, なにが流れてきたんだっけ？」「スイカじゃなくて, えっと」…….

こうした頼りない語りを目の前にすると, 子どもたちも身を乗り出し, なん

図 5.6 「トーキング・ボーンズ（Talking-Bones）」（豊橋技術科学大学 ICD-LAB）

とかロボットの助けになろうとする．「なにを困っているのか」「なにを思い出そうとしているのか」と，ロボットの志向を自らの中に住まわせ，「ああでもない，こうでもない」と考えを巡らす．つまり，ロボットと子どもたちとは，「忘却要素」をめぐって志向を向け合い調整し合うような「相互のなり込み」の場を作り上げるのである．こうした関係は，子どもたちの間でも生まれることがある．次の例は，ロボットの「モモのなかから……，あれっ，なにが出てきたんだっけ？」に対して，子どもたちの間で紛糾している様子である．

「ももたろうじゃないの？」「えっ，あかんぼうじゃない……」「あかんぼう」「ちがっ，ちがう……」「ももたろう！」「えっと……」「あかんぼう……」「あっ，あかちゃん！」「あかちゃん！ それだ！」（子どもたちの笑い）

桃の中から出てきた「あるもの」をめぐって，子どもたちの間でも二転三転するが，最終的には「あかちゃん！」ということで決着をみた．みんなでホッと安堵し，そこで笑い声が起こったというわけである．もしロボットが淡々と昔ばなしを読み聞かせるだけなら，子どもたちはすぐに退屈してしまうことだろう．このロボット側の記憶や想起の不完全なところが子どもたちの積極的な関わりや強みを引き出している．その一方で，子どもたちであっても，昔ばなしの『桃太郎』を最後まで諳んじることはできない．その意味で，子どもたちとロボットとは，互いの〈弱いところ〉を補いながら，その〈強み〉を引き出し合うような「持ちつ持たれつの関係」を生み出すのである．

第7節
人の心を揺り動かすには？

　本章では，ロボットにまつわる「ことば」やコミュニケーション，人とロボットとの相互行為などに焦点を当てながら，これまでの議論を概観してきた．

　ことばやコミュニケーションについて考えるとき，「モノ」と「コト」の2つの側面からアプローチできそうに思う．話し手から聞き手にどのようなメッセージを伝えようとするのか．そこでは，どのような言語表現を選ぶのか．これはコミュニケーションにおける「モノ」的なアプローチだろう．一方で，コミュニケーションを支える要素には，人と人との間の関係性や「場」などの「コト」的な側面もある．例えば，相手に挨拶しようとするとき，ほんの少しドキドキしたり，相手からの挨拶に対して，思わず応答責任を感じたりする．ところが自動販売機からの「ありがとう！」やロボットからの「たすけて！」のメッセージに，私たちはあまり心が揺り動かされることはない．

　このようなコミュニケーションにおける「場」は，どのようにして生まれるのか．それを人とロボットとの間に生み出すことはできないのか．そのような「場」を生み出しながら，その背後にある原理を探れないものか．まだロボットは，こうした研究を進めるための有用な道具に思えるのである．

推薦図書

　ヒューマン・ロボットインタラクション研究の入門書としては，*Human-Robot Interaction: An Introduction*（Bartneck et al., 2019）がある．『知能の原理—身体性に基づく構成論的アプローチ』（Pfeifer and Bongard, 2010）は，認知的ロボティクスに関して体系的に論じている．また本章の内容に関連する書籍として，『ロボット—共生に向けたインタラクション』（岡田，2022）などがある．

文　献

Appelt, D.（1985）*Planning English Sentences*, Cambridge University Press.

バフチン，M. M.（著），伊東一郎（訳）（1996）『小説の言葉』平凡社.

Bartneck, C. et al.（2019）*Human-Robot Interaction: An Introduction*, Cambridge University Press.

Breazeal, C.（2004）*Designing Sociable Robots*, MIT Press.

Brooks, R. A.（1991）Intelligence without reason. *Proceedings of 12th International Conference on Artificial Intelligence*, 569-595.

Cassell, J. et al. (eds.) (2000) *Embodied Conversational Agents*, MIT Press.

Cooper, F. S. et al. (1951) The interconversion of audible and visible patterns as a basis for research in the perception of speech. *Proceedings of the National Academy of Sciences* **37**: 318-325.

Dennett, D. C. (1996) *The Intentional Stance*, MIT Press.

Dudley, H. et al. (1939) A synthetic speaker. *Journal of the Franklin Institute* **227**: 739-764.

Fant, G. (1960) *Acoustic Theory of Speech Production*, Mouton.

Flanagan, J. L. (1965) *Speech Analysis, Synthesis and Perception*, Springer Verlag.

Harnad, S. (1992) *Grounding Symbolic Representation in Categorical Perception* (PhD thesis), Princeton University.

Lenat, D. B. et al. (1990) Cyc: Toward programs with common sense. *Communications of the ACM* **33**(8): 30-49.

McCarthy, J. and Hayes, P. J. (1969) Some philosophical problems from the standpoint of artificial intelligence. *Machine Intelligence* **4**: 463-502.

水谷信子 (1993)「「共話」から「対話」へ」『日本語学』**12**(4)：4-10.

Murveit, H. et al. (1989) SRI's DECIPHER system. *Proceeding of the Workshop on Speech and Natural Language*, 238-242.

岡田美智男 (2022)『ロボット―共生に向けたインタラクション』東京大学出版会.

Pfeifer, R. and Bongard, J. (著), 細田　耕・石黒章夫 (訳)(2010)『知能の原理―身体性に基づく構成論的アプローチ』共立出版.

Reed, E. S. (1996) *Encountering the World: Toward an Ecological Psychology*, Oxford University Press.

Simon, H. A. (1996) *The Sciences of the Artificial*, third edition, MIT Press.

Searle, J. R. (1969) *Speech Acts: An Essay in the Philosophy of Language*, Cambridge University Press.［坂本百大・土屋　俊 (訳)(1986)『言語行為―言語哲学への試論』勁草書房.］

Turkle, S. (1995) *Life on the Screen: Identity in the Age of the Internet*, Simon & Schuster Paperbacks.

Weizenbaum, J. (1966) ELIZA: A computer program for the study of natural language communication between man and machine. *Communications of the ACM* **9**(1): 36-45.

Winograd, T. (1972) Understanding natural language. *Cognitive Psychology* **3**(1): 1-191.

第6章

横森大輔

ことばと相互行為

◆キーワード
会話分析，分析と試行錯誤，ターン，順番交替，投射可能性

　現実の会話は一見するとあまりに「ぐちゃぐちゃ」しているが，会話参加者たちの間の相互行為に目を向けることによって，むしろ言語について理解を深めさせてくれるデータになる可能性がある．本章では，人間の言語を相互行為との関わりの中で捉えるため，会話分析という学問分野について概説し，その枠組みを採用することで言語をどのように理解することができるかを論じる．会話分析については，それが人々の「分析」と「試行錯誤」を記述するアプローチである点に注目する．また，会話分析の成果の一例として順番交替の秩序と投射可能性を取り上げ，それらの着眼点によって現実の会話にみられる言語構造およびそこに映し出された人間の言語能力についてよりよい見通しが得られることを示す．

||||||||||||||||||||||||||||||| **第1部　現在までの流れ** |||||||||||||||||||||||||||||||

第1節
はじめに：相互行為の中のことばと言語研究

　20世紀の理論言語学に最も影響を与えた人物の名前を問われれば，多くの人がノーム・チョムスキー（Noam Chomsky）を挙げるだろう．そのチョムスキーは，初期生成文法を代表する一冊である著書の冒頭（Chomsky, 1965: 3-5）で，次のようなことを述べている．言語学とは，理想的な話し手と聞き手（例えば，記憶の限界がある，気が散る，他のことに興味が移る，エラーを起こすなど，言語知識の運用に際して言語外の要因が入ってこないような架空の存在）を想定して研究するものであり，したがって現実の話し言葉の録音は言語学のデータにならない，と．

　確かに，実際の会話を文字起こししてみると，一見すると言語の理論的研究にとってノイズでしかないようにみえる要素で溢れている．以下の会話例では，ポーズ（間），音の延伸，話速の緩急，発話の重なり，単語の中断と訂正，不

120 　　　　　　　　第6章　ことばと相互行為

完全な文が観察される[1]．こうした非語彙的要素の多くは通常の書き言葉には
現れない現象であり，本章がこれから紹介する会話分析という分野では特別な
記法を用いてこれらを視覚的に表現する[2]．

(1)
01 高畠： 　　あ，あと>ごめんなさい<.
02 　　　　　　これ編集：権限↑が↓:,　(0.2)　た[ぶん今,
03 川添： 　　　　　　　　　　　　　　　　　[あっ
04 　　　　(0.6)
05 川添： 　　そうなんだ.
06 　　　　(1.5)
07 川添： 　　<ということは>，これは編しゅ-=
08 　　　　　　=またこれ設定の問題なってくるのかな_

　このような「ぐちゃぐちゃ」を目の当たりにすると，チョムスキーのいうこ
とにも一理あると頷く読者も少なくないのではないだろうか．条件を統制する
ことで一般化を得るのが学問の営みの基本であり，研究対象にとって本質的で
ない要素が捨象されるのは当然である．
　その一方で，チョムスキーとは異なる見解を表明している研究者もいる．フ
レーム意味論や構文文法などの提唱者として知られるフィルモア（Charles C.
Fillmore）は，「対面会話は言語使用の基礎かつ根本であり，それ以外の言語

---

1) 書き起こしに用いる記号の紹介も兼ねて，(1) に見られる非語彙的要素を指摘する．
  • ポーズ： 括弧で括られた数値で秒数を表す．2行目に0.2秒，4行目に0.6秒，6行目には1.5
  秒のポーズが見られる．
  • 引き延ばし： コロンで表現される．2行目の「編集権限」では，語の内部で母音が引き延ばさ
  れている．同じく2行目の「が」の後にも引き延ばしがある．
  • 話速の変化： 不等号で表す．1行目の「ごめんなさい」は周囲の発話よりも早口で，7行目の「と
  いうことは」はゆっくりと産出されている．
  • 重なり： ブラケットで表す．2行目の「たぶん」と3行目の「あっ」は重なっている．
  • 中断： ハイフンで示す．7行目から8行目にかけて，いったん「これは編集」と言いかけるも「編
  集」という語の途中で中断し，その後その内容を「これ設定」に置き換えている．
  • 強勢： 下線で示す．2行目の格助詞「が」は際立って強く発されている．
  • ピッチ： 上向き矢印と下向き矢印で示す．2行目の「が」は，直前の発話要素より際立って高
  いピッチで産出され，その後引き延ばされる際に際立ってピッチが下がっている．
2) この (1) は，本章第3節で (9) として再掲する．

使用は対面会話からの派生として理解されるべきである．このような考え方は，異論の余地はないし，わざわざ説明する必要もないだろう」と述べている（Fillmore, 1981: 152）．また，心理言語学者のクラーク（Herbert H. Clark）は，やはり会話というものが言語使用の基本であると述べた上で，その根拠として「会話は（1）多様な人間社会に普遍的である，（2）特別な訓練なしでできるようになる，（3）人間が第一言語を習得する環境である」という3点を挙げている（Clark, 1996: 8-9）．

　では，会話が言語使用の基本だとして，極めて「ぐちゃぐちゃ」した現実の会話データの分析は，はたして人間の言語について理解を深めることにつながるのだろうか．本章では，会話分析（conversation analysis）という学問分野の知見を活かすこと，言い換えれば会話参加者たちの間の相互行為（interaction）に目を向けることによって，現実の会話にみられる言語構造およびそこに映し出された人間の言語能力についてよりよい見通しが得られることを示したい（相互行為と言語については第3巻第3章も参照）．

　以下，まず第2節において会話分析という研究分野について，それが人々の分析と試行錯誤を記述する枠組みであるという点に焦点を当てて概説する．続く第3節では，会話の中の言語使用における分析と試行錯誤を象徴するトピックとして，会話における順番交替の諸問題とその中での言語の位置づけについて述べる．第4節では，順番交替の基礎となる投射可能性の観点から，会話という相互行為の特徴とそれが言語研究にもたらす含意について論じ，今後の展望とする．

▌第2節
会話分析：相互行為における「分析」と「試行錯誤」の科学

（a）オラフもあなたも会話分析者

　言語学やその関連分野の中に様々な研究分野や下位領域がある中で，実際の相互行為の中の言語使用についての研究を特に生産的に蓄積してきた分野として，会話分析がある．会話分析は，その名称から誤解を受けやすいが，会話を分析すること一般の総称ではなく，1960年前後に米国の社会学者ハーヴィー・サックス（Harvey Sacks）とエマニュエル・シェグロフ（Emanuel Schegloff）が中心となって創始し，今日に至るまで伝統的な学問分野の垣根を越えて実践

122　　　　　　　　　　第6章　ことばと相互行為

されている，特定の研究枠組みを指す固有名詞である[3)]．この会話分析がどの
ような枠組みなのか，まずは身近な例を挙げながら概略を確認していきたい．

　エメリー・ホフスタッター（Emily Hofstetter）という会話分析研究者が開
設している YouTube チャンネルの中の動画の1つにおいて，ディズニー映画
『アナと雪の女王』の1シーンを引用して「オラフは会話分析者だ」という説
明がなされている．これはどういうことだろうか．ホフスタッターが取り上げ
たシーンは，女王エルサを追って雪山に入った妹のアナ，氷売りの青年クリス
トフ，そして雪だるまのオラフの3名がやりとりしている場面で，とある出来
事をきっかけに急に白く変化し始めたアナの髪色にクリストフが気づき，慌て
た反応を見せた後のやりとりである．

（2）
01 アナ：　　　　　Does it look bad?（似合わない？）
02　　　（間）
03 クリストフ：　No.（そんなことないよ）
04 オラフ：　　　You hesitated.（ためらったね）

自分の髪の毛が白くなってきていることについてアナが「似合わない？」と尋
ねると，クリストフが「そんなことないよ」と否定する．ここでのポイントは，
否定の発話がごくわずかに（しかし無視できない存在感を伴って）遅いタイミ
ングで産出されたことである．するとオラフが2人の間に割って入り，クリス
トフに対して「ためらったね」と指摘する．ごく短いやりとりの間にアナ，ク
リストフ，オラフのそれぞれの性格が表れた印象的な場面であると同時に，ど
こにでもありそうで，多くの人にとって状況が容易に理解できるような会話で
ある．

　では，オラフが会話分析者であるということはどういうことなのだろうか．
一般に，ある話し手が自分の見た目を心配するような質問を投げかけたら，投
げかけられた相手は即座に否定することが望ましい[4)]．にもかかわらず，クリ

---

3)　会話分析という研究分野の学説史的な特徴として，社会学者ガーフィンケル（H. Garfinkel）が創
　始したエスノメソドロジー（ethnomethodology）を理論的母体としている点が挙げられる．
4)　Pomerantz（1984）は，自己卑下の発話に対しては，不同意の発話を産出することが選好的であ

第1部　第2節　会話分析：相互行為における「分析」と「試行錯誤」の科学　　*123*

ストフは遅れてしまった．このわずかな間について，オラフが「ためらった」と意味付けしている点に注意しよう（クリストフは「えっと〜，あの〜」のような躊躇を示す言語表現を用いたわけではない）．この文脈で「ためらう」ということは，発話の内容上はアナの言うことを否定するものであっても，心のどこかで「似合わない」と思っているかもしれないという憶測を生む行動である．オラフはそれを見逃さなかった．すなわち，アナとクリストフのやりとりを「分析」していたのだ．

　会話の中のごくわずかな間に気づくことができるのは，オラフだけではなく，それを見て楽しめる私たちも同様だ．つまり，私たちも（ほとんどの場合に意識にのぼらせずに）会話を分析している，会話分析者なのだ．そして，「誰かがためらったことに気づくこと」は，私たちが会話の中で分析している様々なことの中でごく一部にすぎない．例えば，同じように沈黙が気になるケースでも少しタイプが異なるのは，誰かと会話している時に話題が途切れてしまったような状況である．気まずい沈黙が流れ，どちらか一方が質問をすることで再び会話が活況を帯びる（あるいは再び気まずい沈黙が訪れる）．また，沈黙とは逆に，言葉の重なりが気になることもある．発言しようとしたら，不思議なほど同じタイミングで別の人が話し始め，「どうぞどうぞ」と譲り合ったり，そこで話し続けなかった人に対してしばらく経ってから「さっきなんか言いかけたよね」と話を振ったりすることは，多くの人が体験しているだろう．こういった例を検討する中で明らかになるのは，私たちは，会話の中でその場の状況を頭の中で分析するだけでなく，その分析に基づく行動も起こしているということである．本章で試行錯誤と呼ぶのは，このような，分析に基づく行動のことである[5]．

　会話における分析と試行錯誤の例をさらに挙げていこう．例えば，自分の発話に慌てて言葉を付け足すこと．これは，直前の発話がそのままでは誤解を招きそうだったり，伝わりにくそうだと分析するからこそ行われることである．また，分析は，会話の中ですでに起こったことだけでなく，これから起こるこ

　　ると論じている．
5)　クリストフの「そんなことないよ」もアナの「似合わない？」も，それぞれによる分析と試行錯誤の結果である．つまり，オラフだけでなく，クリストフもアナも会話分析者である．

とに対して行われることもある. 例えば, 自分が何か言う前に「ちょっと関係ないんだけど」であるとか「間違ってるかもしれないんだけど」といった, いわば予防線を張るようなことを述べることもあるだろう. こうした予防線の発話は, 自らがこの後に言おうとすることとそれに対する会話相手のあり得る反応を分析し, それらへの対処として行っている.

会話の中で行われる行動をあえて試行錯誤と呼んでいるのは, 第一にその行動のもとになる分析が正しいものであるという保証はないからであり, 第二に人々の分析とそれに基づく行動は1回限りで完結するものではなく, その後に続くやりとりの中でうまくいかなかったことをやり直したり, 軌道を修正したり, 逆に「なかったこと」にしようとしてみたり, といった展開があり得るからである. 例えば, あなたが部屋の中を整理した後にやってきた人物があなたに対して「なんであれ片付けたの」と言ってきたとしよう. この場合, 純粋に理由を尋ねているのか, 理由を知りたいのではなくただあなたのことを非難したいのか, あるいはその両方が入り混じった状況なのか, よく見極めてから返答を行う必要がある. それに対してあなたなりの分析に基づいて返答(例:「ご, ごめん」) を行った結果, その分析が不正確だったと会話相手から訂正されること (例:「いやいや, ただ理由を聞いただけ」) もあるかもしれない. そうすると, 次にあなたは「あ, なんかもう使わないかなと思って」と改めて理由説明を行うことができる[6].

以上のように, 私たちは今目の前で起きているコミュニケーションの意味を絶えず理解して, それに対して適切な応答や反応をしようとしている. こうした分析と試行錯誤について研究するのが会話分析という分野である. ここには, 「「人々による分析」を (研究者が) 分析する」とでも定式化できるような二重構造が見いだせることに注意されたい.

(b) 会話分析は何でないか

i) 会話分析≠会話の分析

会話分析が (会話の分析の総称ではなく) 人々の分析と試行錯誤を研究する

---

6) ここで挙げた例は, 会話分析では「修復 (repair)」として知られる現象の一部であり, 特に「第三位置での修復 (third position repair)」という名前で知られている. 代表的な文献としては Schegloff et al. (1977), Schegloff (1987) などを参照.

分野であるということをより明確にし，諸分野の中での会話分析の位置づけを整理するため，「会話の分析ではあるが，会話分析ではない」というような研究トピックを考えてみよう．

例えば，「関東人と関西人はどちらがよく喋るか」という問いはどうだろうか．関東出身者と関西出身者を一定人数集めて会話をしてもらい，話者ごとの発話量を計測すれば数値の比較は可能だろう．はたして一般的なステレオタイプの通り関西出身者のほうがよく喋るのか，それともそのようなステレオタイプを覆すような結果が出るのか，個人的には興味がある．こうした研究から得られた結果は，日本語の会話についての理解を一歩深める，重要な知見となるだろう．しかし，ある研究が「会話の研究」であることと，「会話分析の研究」であることは別である．このケースは，会話分析の研究とはみなされない．なぜならば，各発話が会話の中のどのような文脈に生起したものかを区別せずに発話量を数値化しても，会話の中で人々が行っている分析や試行錯誤を明らかにすることには（直接は）つながらないからである．会話とひと口に言っても，食事の席を盛り上げるためにたくさん喋ったほうがよい場合もあれば，落ち込んでいる相手に寄り添うためにできるだけ口数少なくただ横にいることが適切な場合もあるだろう．ある話者がたくさん喋っていたとして，それが食事の場を盛り上げるために行われている場合と，口喧嘩で相手を言い負かすために行われる場合とでは，やはり事情が異なる．これらを一緒くたにして数値化してしまっては，会話における人々の分析と試行錯誤を明らかにすることにはつながらない．

「会話の相手によって心拍数はどう変わるか」というトピックはどうだろう．会話において，相手が緊張する人物あるいは好意を寄せる人物である場合，人の心拍数は高まるかもしれない．これもまた私たちの会話経験を構成するリアリティの1つであり，会話時の参加者の心拍数を計測し，条件ごとの数値に有意差があること（あるいはないこと）が示されれば比較は可能だろう．実際，心拍数の急激な変化が本人の行動に影響を与えることはあるかもしれない．しかし，心拍数が「人々による分析」の対象になる状況は考えにくく，それを起点とした人々の試行錯誤も生じないだろう．それに対して，同じく緊張した心理状態の指標であっても，視線の動きであれば（物理的な障壁がない限りは）

他の会話参加者から観察できるため「人々の分析」の対象になり得る[7].

　急いで補足すると，ここでいう「分析と試行錯誤」は，必ずしも意識にのぼらせて行うことだけを意味するわけではない．会話の中に限らず，私たちは莫大な量の情報を常時処理しているが，その中で「意識にのぼらせる」部分はごく一部である（例えば，カクテルパーティー効果のことを考えてみよう[8]）．したがって，会話分析の研究対象は，会話の中で人々が「意識して」やっていることだけに限られるものではない[9].

　以上を念頭に，会話分析をその隣接領域と比較してみよう．ここで比較対象となるのは，会話コーパス研究と談話機能言語学，そして談話分析である[10].

ii）　会話分析と会話コーパス研究・談話機能言語学

　2022 年に公開された国立国語研究所の『日本語日常会話コーパス』（小磯ほか，2022）を頂点として，近年，話し言葉や会話の録音・録画に基づいて構築されたコーパスの充実が著しい[11].　筆者を含め，会話コーパスを利用する会話分析研究者は少なくない．一方で，会話コーパスを利用する研究のうちで，会話分析研究はごく一部である．

　例えば，コーパスを利用すれば，よく似た意味の語句（例えば，「はい」と「うん」，「やはり」と「やっぱり」，「けど」「けれども」「が」）がデータ内でどのような分布を見せるかを明らかにすることができる．具体的にはこれらの語句の頻度を単純に比較することもできるし，データにタグ付けされた話者の属性（年齢，性別など）や場面の属性（雑談，用談など）との相関を見ることもできる．その結果，例えば，会話において「やはり」が生起するのは用談に限られるとか，雑談で接続助詞「が」はほとんど用いられないといったことが，根

---

7)　視線に関する会話分析研究については Rossano（2013）を参照.

8)　カクテルパーティー（あるいは飲み会全般）に参加していると，自分の周辺以外の参加者たちの話し声はただガヤガヤと響くばかりで，会話の中身までは聞こえていないように感じられるが，誰かが自分の名前を口にすると，その部分は不思議なほど明瞭に聞こえてくる.

9)　一方で，ほとんど私たち自身の意識にものぼらないような「人々の分析」をどれだけ説得力を持って記述するかという点は，実際に研究を行う段階になって多くの会話分析研究者が直面する課題である．その詳細はここでは触れないが，例えば串田（2006）は有用なガイドである.

10)　談話機能言語学および談話分析とエスノメソドロジー・会話分析については第 3 巻第 3 章にも詳しいので参照されたい.

11)　コーパス分析，コーパス言語学，計量言語学については第 3 巻第 7 章を参照.

拠となる数値とともに示される．こういった知見は，日本語の実態を知る上で極めて有用である．

　こうした会話コーパス研究に隣接する存在として位置づけられるのが，談話機能言語学（discourse-functional linguistics）である（大野・中山，2017；中山・大谷，2020）．言語研究を行うにあたって各言語形式の機能の果たす役割を重視した談話機能言語学は，その研究方針の1つとして実際のデータを利用することを掲げている．その多く（特に1990年代以降の研究）において会話データが利用されており，作例や書き言葉コーパスを観察していては見つからないような，興味深い言語現象を次々と報告している．

　その上で改めて強調したいのは，これらは会話資料を用いた研究であっても，会話分析ではないということである．例えば，会話分析と会話コーパス研究・談話機能言語学との間の大きな違いは，頻度に対するスタンスである．会話分析にとって，あるタイプの発話や表現がどのような頻度で現れているかということは，第一義的な関心事ではない[12]．例えば，次の2つのやりとりを見てみよう．

(3)　A：　いま何してんの
　　 B：　何もしてないよ

(4)　A：　いま何してんの
　　 B：　息

これらは作例ではあるが，会話における分析と試行錯誤について検討する上で，様々な論点を喚起してくれる．まず，(3)におけるBの応答の方が「常識的」なもので，(4)におけるBの応答は「ふざけている」「冗談を言っている」といった意味合いを持つだろう．なお，「正しい」内容を伝えているのは後者の方である（この会話をしている時点でBが「何もしていない」ということは事実関係としてはあり得ない．少なくとも「息」はしているはずである！）．おそらく世の中の会話の中で生じた回数は(3)の方が圧倒的に多いのではないか

---

12)　研究背景の整理や分析における傍証の1つとして統計情報を利用するケースはある．

と思われるが，BがどのようにAの発話を分析して自らの発話を産出したか，それが次にどのような分析を引き起こすか，といった点で，(3) と (4) はそれぞれに会話分析流の記述を行う価値がある[13]．そういう意味で，会話コーパス研究や談話機能言語学との対比を念頭に言えば，会話分析は「会話の実態」を明らかにしようとしているわけではないのである[14]．

iii) 会話分析と談話分析

次に，談話分析との比較を行おう．会話分析と談話分析は何が違うのかという問いは，これらの分野について興味を持った誰しもが直面する，素朴な疑問だろう．まず，名前がよく似ている．「会話」と「談話」はいずれも文よりも大きい言語事象であり，また日本語の場合はどちらも「○話」という語構成になっている．そして，日本の言語学関連コミュニティでは，どちらも同じぐらい存在感がある（書店や図書館で調べてみればわかるように，書名に「会話分析」を冠する書籍と「談話分析」を冠する書籍は，どちらもかなりの数出版されている）．実際に会話分析や談話分析の論文を見てみると，どちらも会話のトランスクリプトのようなものを載せていることが多く，これらの分野に馴染みのない人間が両者を見分けるのは困難かもしれない．

鍵になるのは，すでに述べたように，会話分析は固有名詞であるという点である．サックスとシェグロフが創始した分野である会話分析は，実は会話データを扱うことにその本質はない[15]．むしろ重要なのは，人と人との相互行為における人々の分析と試行錯誤を記述しようとする，ものの見方にある．

それに対して談話分析は，談話データを扱っている様々なアプローチの研究を包含する，総称的なカテゴリーである．談話分析の専門書や概説書にあたればすぐにわかるように，談話分析と呼ばれる諸研究の中には極めて多様な学問的立場が存在する．大きく分けるだけでも，文法の働きを知るために（文ではなく）談話を資料にする言語学的研究，人間の心理メカニズムの探究の中で特

---

13) 例えば，先行連鎖（pre-sequence）の概念（Levinson, 1983; Schegloff, 2007）を参照することで，これらのやりとりにみられる分析と試行錯誤について考察することができるだろう．

14) 詳しくは Nishizaka（2015）および前述の串田（2006）を参照．

15) 実際，通常の意味での会話を含まないデータを分析する会話分析研究は珍しくない．例えば，政治家の演説と聴衆の反応について分析した Atkinson（1984）や，身体と身体の間の言葉を介さない相互行為を分析した Lerner and Raymond（2021）などを参照．

に文章読解という認知プロセスに関心があるがゆえに談話を対象にする心理学的研究，社会や文化を解き明かすために談話＝言説（いずれも discourse の訳語）に着目する社会学的研究など，談話データを研究に利用するということを除けば共通点を見いだすのが困難なほど多様な研究を含んでいる．

　以上のように，名称だけ見れば対称的な関係にあるようにも思える会話分析と談話分析だが，そもそもカテゴリー化の水準が異なるため，二項対立的に比較することにはあまり生産性がないように思われる．もちろん，以上の点を念頭に入れた上で両者の比較を検討すること（例えば Levinson, 1983）には，会話分析と談話分析のそれぞれの理解を深める意義があるだろう．談話分析と対比的に捉えることで，会話分析が，人々が他者とコミュニケーションを行った結果物としての会話／談話データについて分析するのではなく，そういったデータから観察できる「人々の分析」について分析するという点が改めて明確になる．この点は，会話コーパス研究との対比で述べたように，会話分析にとってある現象の頻度が第一義的な関心事ではない，という点と照らし合わせるとより理解しやすいだろう．

第3節
会話における順番交替とその言語的要因

（a）分析と試行錯誤としての順番交替

　相互行為の中で言葉を使うということの1つの特徴は，会話に参加している人同士の間で順番（ターン）を取って話しているということである．そのため，人々は「いつ，誰が話すか（話してよいか，話すべきか）」，すなわち話すターンをめぐる諸問題についての分析と試行錯誤を繰り返しながら会話に参加している．会話の中で間が空いたのを気にする（オラフの例を思い出してほしい），あるいは言葉が重なってしまったのを気にするのは，ターンに関わる分析と試行錯誤の例である．

　従来の言語コミュニケーション研究（例：言語行為論）では，「ここからここまでが1つの発話」という発話ユニットの問題は自明視あるいは等閑視されていた．しかし，台本に従って話す場合と比べてみれば明らかなように，会話の中で次の話し手がいつ話し始めるのか，いつまで話し続けるのか，その後に誰が話すのか，といったことは事前に何も取り決められておらず，リアルタイ

ムで行われる人々の分析と試行錯誤の積み重ねによって発話が形作られていく．仮に会話データの中に主語，述語，修飾語，文末表現などが揃った「きれい」な文の形をした発話が観察されたとしても，そのような発話ですらあらかじめ確定したものではあり得ず，人々の分析と試行錯誤の結果としてそのような形になっただけのことである（Goodwin, 1979）．以上のような意味で，ターンにまつわる分析と試行錯誤は，相互行為の中の言葉を理解する上で特に重要な領域の1つである．

　ターンをめぐる人々の分析と試行錯誤には様々なものがあるが，相互行為の中の発話の姿を理解する上で特に重要な鍵の1つは，「現行のターンがいつ終わりを迎えるか」という問題にまつわるものである．

(b) ターンが交替してよい位置をもたらすもの

　世の中には話の長い人がいる．しかし，どれだけ話の長い人であっても，永遠に一続きの発話を続けることはあり得ない．会話の中で一人の話者が話し始めると，その発話はいずれどこかの時点で，ターンが交替してもよい場所すなわち移行適切場（transition relevance place: TRP）に到達する（Sacks et al., 1974）．では，それはどのような時点だろうか．ある発話の中のある位置をTRP として（話し手本人にとって，聞き手にとって，分析者にとって）認識させる要因にはいくつかの事柄が複合的に関係しているが，ここでは，文法，韻律，行為という3つの要因について論じる[16]．

i) 文　法

　あるターンが TRP に到達したかどうかを会話参加者および分析者に対してわかりやすくする要因の1つは文法である．次の2つの例を見てみよう．(5)は，研究者仲間の磯貝と細川による電話会話で，磯貝が仮予約を行った施設の本予約手続きを細川に依頼する中で生じたやりとりである．その次の (6) は，大学生の美希の携帯電話に，美希の友人の恋人である川島からかかってきた通話の一部である．ここで川島は，飲み会で酔いつぶれてしまった自分の恋人を，美希のマンションに送り届けようとして，マンション名を確認している．

---

16)　文法，韻律，行為といった要因による TRP の認識については，Ford and Thompson（1996）を参照．

第1部　第3節　会話における順番交替とその言語的要因　　131

(5)

01 磯貝：　　予約番号とか今ちょっと言っ-（0.2）言っていいか（な）

02　　　　（0.3）

03 細川：　　はい．

(6)

01 川島：　　えっと:，リュミエールで_（0.2）いいやんなあ．

02　　　　（0.2）

03 美希：　　hh（0.2）↑あ，はい．

（5）において，1行目の磯貝のターンは，話題句「予約番号とか」，副詞句「今ちょっと」，動詞＋文末形式「言っていいかな」といった文法要素から構成され，文末形式である「〜かな」によってターンが完了し，細川が返答している．同様に（6）における1行目の川島のターンは，談話標識（フィラー）「えっと」，名詞＋コピュラの連用形「リュミエールで」，形容詞＋文末形式「いいやんなあ」といった文法要素から構成され，文末形式である「〜やんなあ」によってターンが完了し，その後に美希が返答している．

　このように，文末形式の産出によってターンが交替してよい位置（TRP）に到達することは，ごく当たり前の事象であるように見えるかもしれない．ここで注目したいのは，（5）の磯貝のターンも（6）の川島のターンも，途中に発話産出の非流暢性が観察されることだ．すなわち，そのような発話産出が滞った位置において，聞き手がその気になればターンを奪うことも可能であった．しかし，実際にはそのようなことは起きなかった．（5）の磯貝のターンが「予約番号とか今ちょっと言っ-」で，あるいは（6）の川島のターンが「えっと:，リュミエールで_」で，それぞれ止まったとしたら，いかにも中途半端な感じがするだろう．このように，ターンがきりのよい位置に到達したことを認識させる上で文法の働きが重要であることに異論は少ないだろう．

ⅱ）　韻　律

　その一方で，TRPになるかどうかは文法的なきりのよさだけでは決まらない．文法とは別の要因の1つとして，まず韻律（prosody）に注目しよう．次の（7）は，大学生の西川と青山が，サッカーワールドカップについて話して

いるところである．近日中にテレビ中継される試合の対戦国について，西川が
ベルギーではないかと確信のない様子で述べた後に「ペルーか」と訂正すると
（3行目），青山が「>ペルーペルーペルーペルーペルーペルーペルーペルー<」と，
実に8回も「ペルー」という名詞を繰り返す発話を産出する（4〜5行目）．
ここでのポイントは，この発話が，一続きの韻律で産出されていることである．

（7）
01 西川：　ベルギーじゃなかったっけ. =なんかもう-
02　　　（0.4）
03 西川：　ペルーか. （0.1）>え？ [なんやったっけ. <]
04 青山：　　　　　　　　　　　　[>ペルー　　ペル　]ーペルーペルー=
05 青山：　=[ペルーペルー]ペルーペルー<
06 西川：　　[ペルーか.　　]

会話相手による「ベルギーじゃなかったっけ」の直後という文脈を考慮すると，
ここでの「ペルー」は1語で名詞述語文を構成して文法的に完了し得るもので
ある．ではこの青山の発話において TRP が8回訪れているかというと，その
ようなものとしては扱われていない．ここでは一続きの韻律で産出されること
によって，全体をひとまとまりとして構成し，5行目末尾においてようやく初
めての TRP が訪れたものとして認識可能になる．

　文法と韻律の関わり方について，少し異なるバリエーションを以下の例で見
よう．次の（8）は，（5）と同じ録音から取られたやりとりで，施設の本予約
の具体的な手続きが話題になっている．ここで注目したいのは，5行目の細川
の発話の「わかりまし t.=なんかねえ，」である．

（8）
01 磯貝：　（かもう，）たぶん，それ- （0.4）団体名で. それ, =
02　　　　=宇治学院大学のイソガイヒロシで言ってもらったら=
03　　　　=いいと思う. （.）h
04　　　（0.8）
05 細川：　.hh （0.3）わかりまし t.=なんかねえ，たぶん，（.）えっと::_

第1部　第3節　会話における順番交替とその言語的要因　　　*133*

((予約手続きの方法について述べる細川のターンが続く))

予約手続きについて磯貝が見解を述べた後，細川は了解を示す語句「わかりました」を産出する．ここで，この語句を構成する最後の音節 /ta/ は明瞭に発音されず，子音 /t/ を短く産出した後に急いで次の発話の冒頭要素となる談話標識「なんかねえ」を産出している．このように，韻律を操作することで，文法によって生まれる可能性が高かった「きりのよい」場所を TRP にしないことが可能になっている[17]．

ⅲ）行　為

　さらに，統語的にも韻律的にもきりが悪かったとしても，その文脈において行為（action）として完結するのであれば，TRP となる．（9）は，同じ授業にて発表のグループを組むことになった大学院生の高畠と川添が，他の 4 人のメンバーとともに発表準備に向けた打ち合わせをしている場面である．ここでは，発表に向けた作業のための Google ドキュメントを川添が用意したが，メンバーに編集権限が付与されていないということが話題になっている．ここで注目したいのは 1 〜 2 行目の高畠のターンである．

（9）
01 高畠：　　あ，あと>ごめんなさい<.
02　　　　　これ編集：権限↑が↓:，(0.2) た[ぶん今,
03 川添：　　　　　　　　　　　　　　　　[あっ
04　　　(0.6)
05 川添：　　そうなんだ.
06　　　(1.5)
07 川添：　　<ということは>，これは編しゅ-=
08　　　　　=またこれ設定の問題なってくるのかな_

高畠は 1 行目冒頭の「あ，あと>ごめんなさい<.」によって新しい用件が開

17）　これは，会話分析の分野で「駆け抜け（rush-through）」と呼ばれる現象である（Schegloff, 1982）.

始されることを示してから「これ編集：権限↑が↓：，」と述べる．この発話要素は，述部や文末形式まで至っていないという点で文法的には未完結であり，また格助詞「が」に発話継続を示唆する音調が用いられている点で韻律的にも完結点とはいえない．にもかかわらず川添は「あっ」と反応を開始し，高畑は「たぶん今，」と副詞を2つ追加するもののそれ以上ターンを継続することなく，川添のターンに移行している．すなわち，ここでは「これ編集：権限↑が↓：，」あるいは「これ編集：権限↑が↓：，（0.2）たぶん今，」という，文法的にも韻律的にもきりの悪い位置であるにもかかわらずTRPとして扱われている．

　なぜそのようなことが起きるのか．ここで，文法・韻律に続く第3の要因である行為としての完結性について検討しよう．簡単に言ってしまえば，この文脈において「編集権限が」とだけ言えば，高畑から川添への行為は十分に認識可能になり，それゆえにターン交替してもよいという扱いになるのである．ここでは，川添が準備したGoogleドキュメントが話題になっている流れの中で，川添以外のメンバーが「あ，あと>ごめんなさい<．」とターンを開始した時点で，やや言いにくい内容を伝えようとしていることが観察可能になる．その展開の中で「編集権限が」と言われると，編集権限の設定のために，グループメンバーが利用できないという問題について言及しようとしていることは理解可能になるだろう[18]．

　もう1つ事例を検討しよう．（10）はピアノ教室でのレッスン場面を収めたデータの一部で，レッスン開始前に教師Tが今回の指導曲を選んだ背景を生徒Sに尋ねているところである．3行目の「アサクラ」は，同じ市内にある，幼稚園教諭養成課程を持つ大学の名前である．Sは自身もピアノ講師として活動しており，近日中に自身の生徒（アサクラの大学3年生）に教える予定の楽曲について，Tの指導を仰ごうとしている．ここで注目したいのは，1行目でTが「どの（0.3）ぐらいの生徒さんが弾くの＿」と質問した後の，Sによる返

---

18) 高畑のターンがきりの悪い場所で終わったこと，そして川添がそのような場所でターンを取得したことは，高畑の側の「Googleドキュメントを用意してくれた川添に対して文句のように聞こえることを言うのは避けるべきである」という配慮と，川添の側の「自分の側の責任で生じた問題はできるだけ速やかに対処すべきである」という配慮が重なった結果であるという点も無視できないだろう．

答の発話の形式である．

（10）
01 T： どの（0.3）ぐらいの生徒さんが弾くの_
02 　　　（0.2）
03 S： 大学：3年生［でアサクラの］
04 T： 　　　　　　　［ふ::ん¿　］
05 S： あの<幼稚園>［の，>先生になる<ため↑に↓い，］
06 T： 　　　　　　　［　.hh　はい　はい　はい　］はい．
07 S： でな［んか:，（s-）セミ−］
08 T： 　　［↑うんうんうん．　］
09 　　　（0.2）
10 S： ゼミでこれを発表［する機会［があるらしく↑て↓え，］
11 T： 　　　　　　　　　［°は:°　［　あ：　そ　う　な]んだ．
12 　　　（0.5）
13 T： うん，↓°うん°．なるほど_
14 S： はい

興味深いポイントはいくつかある．最もわかりやすいのは，Sのターンが10行目の「～あるらしく↑て↓え，」という，文法的にも韻律的にもきりの悪い位置で完了している点である[19]．これは上述の（9）と同様，この文脈で，これ以上発言を続けなくとも，行為の成立に問題がないということが関わっている．Tから尋ねられた質問に対して，すでに十分な情報提供がなされており，返答という行為としては成立しているのである．また，5行目の「あの<幼稚園>の，>先生になる<ため↑に↓い，」もまた，文法的，韻律的にきりの悪い箇所ではあるが，この時点でターンが完了してもよい発話として産出されていたように見える．7行目以降にSは引き続いて質問に返答する情報提供を行うが，7行目冒頭は「でなんか:，」と，5行目からの文法上の継続要素としてはデザ

---

19) 3行目から10行目までSは断続的に情報を追加しているが，13行目のTの「なるほど_」の後には「はい」とだけ応答し，情報提供のターンが11行目までで終わっていたことを遡及的に明確化している．

インされていないのである．実際，5行目までで内容的には1行目の質問に対して十分に答えていると言えるだろう．さらに，同じことが3行目の「大学：3年生でアサクラの」についても指摘できる．このように，文法や韻律は重要な手がかりだが，それらだけでターンの形が決まるわけではない．当該の文脈において行為として完結するかどうかが，発話の言語構造に影響を与えるのである．

|||||||||||||||||| **第2部　今後の展望** ||||||||||||||||||

第4節
分析と試行錯誤が作る発話の姿：投射可能性と言語研究への含意

　ここまで，文法，韻律，行為といった複数の要因が関係し合って，ターンが交替してよい位置（TRP）の出現に至っていることを見てきた．ここでは，会話におけるTRPの現れ方を投射可能性の観点から会話以外のターン交替現象と対比させて論じ，それを通じて言葉が相互行為に与える影響と，相互行為が言葉に与える影響について考えてみたい．

　人々の間でターン（順番）の配分が問題になる（気にかけたり，取り合ったり，譲り合ったりする）状況は，会話に限られない．例えば，公園のブランコを考えてみよう．ブランコの数よりも乗りたい子供の数が多ければ順番待ちが発生する．あるいは，家族と一緒に暮らしている場合，家の中にある洗面台，浴室，トイレなど個人で使用する設備は，同居するメンバー間でターンを取り合って使っていく必要がある．朝の身支度の際などこれらの設備を使いたい時間が重なると，やはり順番待ちが発生する．

　有限の機会に関して，ターンを取って交互に享受するという意味では，発話もブランコもトイレも変わりはない．しかし，順番待ちの際の感覚は随分と異なるのではないだろうか．公園のブランコの順番待ちをしている際，今ブランコに乗っている子供があと何回漕いだら満足するのか，予想するのは難しい．そのためただひたすら待つしかない．ブランコに比べれば，洗面台や浴室やトイレがどれくらいで空くかはまだ予想しやすいとも言えるが，思ったよりも長く待たされてイライラが募った経験を持つ人も多いだろう．それに対して，発話のTRPはずいぶんと予測がしやすいように思われる．

ブランコや洗面台と発話が違うのは会話分析の概念で言うところの投射可能性（projectability）の程度の違いである．例えばボールを前に投げる状況を想像しよう．ボールが手から離れた時点で，どのような軌道を辿って，どのあたりの位置に，いつごろ落ちそうかということは，ある程度予測がつく．もちろん予測はあくまで予測にすぎず，ボールが急に飛んできた鳥にあたったり，風が急に吹いたりして，予測通りに進まないこともあるかもしれない．しかし重要なことは予測がつくということである．投げられたボールだけではなく，発話にも投射可能性は存在する．以下は(10)の1行目のみを再掲したものである．

(11) T： どの (0.3)

日本語の体系において「どの」という語は後に続く名詞にかかるため，「どの」が産出され，0.3秒のポーズの間，少なくとも名詞1語は続くことが投射される．実際，次のように名詞「ぐらい」が続いている．

(12) T： どの (0.3) ぐらい

もしこの「ぐらい」の末尾に上昇調のイントネーションが生じていれば「どのぐらい？」という完結した質問発話を構成していたかもしれない．実際にはそのようなイントネーションは生じていないため，「どのぐらいX」という構造になるような展開を投射する．ここで実際に生じたのは，様々な可能性のうち「どのくらいのNが」という構造である．

(13) T： どの (0.3) ぐらいの生徒さんが

ここまで来れば，ターンの完了可能点が近づいていること，それがどのような言語要素によって完了するかといったことが，はっきりと投射される．実際，次のようにTの発話は文法的，韻律的に完結点を迎え，行為としても十分に認識可能なものになる．

(14) T： どの (0.3) ぐらいの生徒さんが弾くの_

この例においても明らかなように，会話におけるターンの投射可能性が，ブランコや洗面台のターンのそれと比べて強力なのは，文法や韻律といった言語構

造に依るところが大きい[20]．会話における話すターンは，他ならぬ「話す」ことのターンである以上，文法や韻律といった言語構造によってもたらされる，分析可能な内部構造を持つ．進行中の発話のカタマリは，その言語の話者であれば，複数の構成要素に分解することができるし，ある構成要素が他の構成要素に対してどのような関係性を持つかということも理解できるため，強力な投射可能性がもたらされるのである．ここでいう発話の内部構造には，修飾部＋被修飾部，主部＋述部，従属節＋主節といったものが含まれる[21]．

　言語構造がもたらすターンの投射可能性は非常に強力であるため，相互行為を形作る存在にもなり得る．例えば，英語の会話の中で一人の話者が"I think"という語句を産出し，それが終端的な韻律を伴っていなかった場合，同じ話者が補文節に相当する発話を産出することが投射される．そのような投射可能性があるため，他の会話参加者はターンを取らずに発話の完了を待つことができるし，あるいはそのような投射可能性を利用することであえて発話を割り込ませて特別なコミュニケーション効果を上げることもできる．

　他方で，相互行為が定型的な発話のパターンを生み出し，それがやがて「文法」（人々の規範的な言語知識）の一部を構成することもあるだろう．再び (10)から後半部分を再掲する．すでにみたように，ここでのSのターンは［述部＋て］という文法的にきりの悪い位置で完了していた．

(15)
07 S:　　でな［んか:，(s-) セミ−］
08 T:　　　　［↑うんうんうん．　]
09　　　(0.2)
10 S:　　ゼミでこれを発表［する機会［があるらしく↑て↓え，]
11 T:　　　　　　　　　　［°は:°　[　あ:　　そ　う　な]んだ.
12　　　(0.5)

---

20) ただし，これはあくまで一般論である．文脈や発言の組み立て次第では「どこに向かうか」が不明瞭な発話は存在するし，会話以外のターン活動の中には文法や韻律が与えてくれるのとはまた異なる形で強力な投射可能性を与えるものもある．

21) ただし，会話分析の関心事である「人々の分析」を記述するにあたって，言語学の中で論じられている文法用語を利用することが妥当かどうかは経験的な問題である．

```
13 T： うん，↓°うん°. なるほど_
14 S： はい
```

実は，質問に対する回答のターンが［述部＋て］という形式で完了するパター
ンが会話の中で観察されることはすでに知られている[22].　どのような相互行為
上の要因で，ここで［述部＋て］という形式が選択されたのかという詳細な論
述は他の機会に譲るが，重要なことは特定のタイプのターン（例：説明）を構
成する上での定型的な発話パターンとして［述部＋て］が繰り返し利用される
と，やがてそれが人々の言語知識をアップデートすることにつながる可能性も
あるということである．

第5節
おわりに：相互行為に基づく言語研究へ

　会話が面白く，また複雑なのは，台本に基づくやりとりとは異なり，何事も
あらかじめ確定されたことがない点によるところが大きい．その一方で，最後
に論じたように，発話のターンには非常に強力な投射可能性がある．この不確
定性と投射可能性のせめぎ合いに大きな役割を果たし，またそのせめぎ合いに
よって大きな影響を受けているのが，文法と韻律すなわち言葉である．

　チョムスキーは，会話のデータは言語研究に適さないと断じたが，会話の中
でリアルタイムに人々が行っている分析と試行錯誤がいかに高度な認知プロセ
スであるかを過小評価していたのではないだろうか．会話分析の枠組みに依拠
し，人々の分析と試行錯誤を丹念に解き明かすのであれば，むしろ会話データ
は人間の高度な知性の象徴としての言語能力の解明に大きく貢献できるだろ
う．

推薦図書
　会話分析という学問分野に入門するための一冊としては串田ほか（2017）を推薦する．会
話分析の知見に基づく一般書である Enfield (2017) は邦訳が出版されており，串田ほか（2017）
を読む前のウォームアップによいかもしれない．自分でも会話分析の枠組みを使ってデータ
分析をしたいという人は，高木ほか（2016）を読んで基礎的な分析技術を身に付けるとよい

---

22)　関連研究として，Shimotani and Endo (2015) を参照.

だろう．平本ほか（2018）は，社会学，言語学などの伝統的学問との関わり，様々なタイプのフィールドとの関わり，身体や環境との関わりなど，会話分析という分野の広がりを概説する論考が集められており，広い視野から理解を深めるのに役立つ．

文　献

Atkinson, M.（1984）*Our Masters' Voices: The Language and Body Language of Politics*, Routledge.

Chomsky, N.（1965）*Aspects of the Theory of Syntax*, MIT Press.

Clark, H. H.（1996）*Using Language*, Cambridge University Press.

Enfield, N. J.（2017）*How We Talk: The Inner Workings of Conversation*, Basic Books.［エンフィールド，ニック（著），夏目　大（訳）（2023）『会話の科学—あなたはなぜ「え？」と言ってしまうのか』文藝春秋.］

Fillmore, C. C.（1981）Pragmatics and the description of discourse. In P. Cole（ed.）*Radical Pragmatics*, pp. 143-166, Academic Press.

Ford, C. E. and Thompson, S. A.（1996）Interactional units in conversation: Syntactic, intonational, and pragmatic resources for the management of turns. In E. Ochs et al.（eds.）*Interaction and Grammar*, pp. 134-184, Cambridge University Press.

Goodwin, C.（1979）The interactive construction of a sentence in natural conversation. In G. Psathas（ed.）*Everyday Language: Studies in Ethnomethodology*, pp. 97-121, Irvington.

平本　毅ほか（2018）『会話分析の広がり』ひつじ書房.

小磯花絵ほか（2022）『『日本語日常会話コーパス』設計・構築・特徴』（国語研究所「日常会話コーパス」プロジェクト報告書6）.

串田秀也（2006）「会話分析の方法と論理—談話データの「質的」分析における妥当性と信頼性」伝　康晴・田中ゆかり（編）『講座社会言語科学6 方法』pp. 188-206, ひつじ書房.

串田秀也ほか（2017）『会話分析入門』勁草書房.

Lerner, G. H. and Raymond, G.（2021）Body trouble: Some sources of difficulty in the progressive realization of manual action. *Research on Language and Social Interaction* **54**（3）: 277-298.

Levinson, S. C.（1983）*Pragmatics*, Cambridge University Press.［安井　稔・奥田夏子（訳）（1990）『英語語用論』研究社.］

中山俊秀・大谷直輝（編）（2020）『認知言語学と談話機能言語学の有機的接点—用法基盤モデルに基づく新展開』ひつじ書房.

Nishizaka, A.（2015）Facts and normative connections: Two different worldviews. *Research on Language and Social Interaction* **48**（1）: 26-31.

大野　剛・中山俊秀（2017）「文法システム再考話しことばに基づく文法研究に向けて」鈴木亮子ほか（編）『話しことばへのアプローチ—創発的・学際的な談話研究への新たなる挑戦』pp. 5-34, ひつじ書房.

Pomerantz, A.（1984）Agreeing and disagreeing with assessments: Some features of preferred/dispreferred turn shapes. In M. Atkinson and J. Heritage（eds.）*Structures of*

Social Action: Studies in Conversation Analysis, pp. 57–101, Cambridge University Press.

Rossano, F. (2013) Gaze in conversation. In J. Sidnell and T. Stivers (eds.) *The Handbook of Conversation Analysis*, pp. 308–329, Wiley.

Sacks, H. et al. (1974) A simplest systematics for the organization of turn-taking for conversation. *Language* **50**(4): 696–735.

Schegloff, E. A. (1982) Discourse as an interactional achievement: some uses of 'uh huh' and other things that come between sentences. In D. Tannen (ed.) *Analyzing Discourse: Text and Talk*, pp. 71–93, Georgetown University Press.

Schegloff, E. A. (1987) Some sources of misunderstanding in talk-in-interaction. *Linguistics* **25**: 201–218.

Schegloff, E. A. (2007) *Sequence Organization in Interaction: A Primer in Conversation Analysis*, Cambridge University Press.

Schegloff, E. A. et al. (1977) The preference for self-correction in the organization of repair in conversation. *Language* **53**(2): 361–382.

Shimotani, M. and Endo, T. (2015) Sequential patterns of storytelling using *omotte* in Japanese conversation. *Journal of Japanese Linguistics* **30**(1): 33–53.

高木智世ほか（2016）『会話分析の基礎』ひつじ書房.

第7章

深田　智

子育てのことば

◆キーワード
親子，発達，社会化，集団保育・集団教育，多様性，研究と実践

　子どもが言語を獲得する上で，また，社会の一員として成長していく上で，母親をはじめとする養育者から子どもに向けられたことばは非常に重要な役割を担う．本章では，子どもと関わる大人のことばを可能な限り様々な角度から考察したい．第1部では，子育てのことばとして，親子のやりとりを中心に，集団保育・集団教育の現場でのことばがけにも注目しながら，日常生活の中で養育者は子どもにどのようなことばをかけているのか，またそれは，子どもの言語獲得や社会化とどのように関連しているのかを見ていく．第2部では，困難さを抱える子どもへの対応や，養育者同士あるいは養育者と専門家（研究者）の横のつながりという観点から子育てのことばを考察する．

|||||||||||| **第1部　現在までの流れ** ||||||||||||

第1節
言語獲得と養育者からのことばがけ

　子どもの言語獲得において，養育者（caregiver）[1] からかけられることばが非常に重要であることは想像に難くない．言語発達研究では，子どもに対する大人の語りかけは大人からの「インプット（input，入力）」と呼ばれ（Goldberg，2006；森川，2017），具体的にどのようなことばがけがどのような言語獲得を促すのかが検討されてきている．本節では，この大人からのことばがけと子どもの言語獲得との関係に焦点を当てて論じる．

（a）対子ども発話：情動的なつながりに注目して

　子どもがことばを獲得するためには，子どもがことばに注意を向けるようになる必要がある．そしてそのために大人は，様々な工夫をしている．子どもに

---

1)　養育者とは一般に，親や保育士など，子どもの傍にいて子どもを養い育てる大人のことである．

語りかける際の大人のことばは，「対子ども発話（child-directed speech: CDS）」と呼ばれる[2]．対子ども発話には，短く文法構造が単純，テンポがゆっくり，声のトーンが高く発音が明瞭，韻律の変化が豊か，使用語彙が限定され繰り返しが見られる，誇張された動作を伴う，質問や呼びかけが多い，〈今・ここ〉にある事物を話題とする，などといった特徴がある（岩立，2017；小椋，2017；Roy et al., 2009；鈴木，2013 なども参照）．発音の明瞭さや繰り返し，誇張などを通して，子どもは，養育者が何に注意を向けてもらいたいと感じているかを理解できる．また，「韻律の変化が豊か」「誇張された動作を伴う」などの特徴によって，子どもは，まだことばを理解できない段階にあっても養育者が何を伝えようとしているのかを，その感情も含めて感じ取ることができる．母語の韻律特性は胎内にいるときから感じ取っているという報告もあり（馬塚，2009），養育者のことばがけは，胎児期の子どもにも影響を与えていると考えられる[3]．

　嶋田（2016）は，乳児期にも見られる養育者と子どもの声合わせに注目し，子どもの声に大人が歩み寄り，子どもと同じような声を出すという事例を示しながら，その行為の意義について考察している[4]．例えば，嶋田には，生後2か月の子どもの「ぐー」という声に，父親が「あっぐー」と応じ，それに子が「あっぐーうーうーう」と応じると，父親も「あっぐーうー」と声を重ねていく様子や，2歳の子どもの「きいぎょ」（＝金魚）「でたや」（＝出たよ）という発話に対して，養育者が「きんぎょ」「でたよ」と応じ，このことばを互いに何度も（子どもは時に発音を一部変えたりしながら）繰り返す様子などが示されている．これらの事例から，嶋田は，子どもと養育者とが互いの声を重ねるという行為には，言語的な情報交換や伝達にではなく，「和する」こと，

---

2) 子ども，とりわけ乳児に向けて発せられる大人のことばは，マザリーズ（motherese），ベビー・トーク（baby talk），対乳児発話（infant-directed speech: IDS）などとも呼ばれる．

3) 馬塚（2009）は，韻律情報の中でも音節や強勢拍をもとにしたリズムに注目して議論を展開している．それによれば，フランス語などは音節がリズムの基礎となっている音節リズムの言語，英語などは強勢拍を持つ音節がリズムの基礎となっている強勢リズムの言語，日本語はモーラを基礎とするモーラリズムの言語である．

4) 嶋田（2016）は，乳児が養育者やきょうだいに声を合わせる事例に関しても考察を加えているが，本章では養育者が子どもに声を合わせる事例に絞って紹介する．

144　　　　　　　　　　第7章　子育てのことば

すなわち，互いに心を合わせ共にあることを楽しむことにその主軸があると述べている．

　養育者による声合わせの事例は，やまだ（1987）にも見られる．やまだの日誌によれば，やまだの息子が生後3か月の頃，彼の出した声にやまだが反応してその声に似た声を数回発すると，やまだの息子はじっとやまだの顔を見て2，3回のちに微笑した，ということである（p. 54）．養育者と子どもとのこの情動的なつながりを，やまだは「共に「うたう」間柄」（p. 59）と命名している．

　嶋田の事例でも，やまだの事例でも，声合わせしている時の二人はその声合わせを楽しんでいる，あるいは，少なくともそのように見えるという．養育者から子どもへのことばがけの最初期から見られる，この養育者による子どもの声への声合わせは，養育者と子どもの心をほぐし，両者を情動的につなげ，両者の心に共にあることの喜びや安堵を生むように思われる[5]．

(b) 共通基盤の形成と養育者のことばがけ

　養育者にとってこの情動的なつながりが子どもとの間で結ばれる最初の段階であるとするならば，子どもにとっても同様である．そしてそれは，他者とのインタラクション（interaction，相互作用，関わり合い）の始まりでもある．それでは，他者と言語を介してやりとりできるようになるためには，さらに養育者からのどのような働きかけが必要であろうか．

　子どもが他者と言語的なやりとりを行うようになるためには，他者との「共通基盤（common ground；インタラクトしている者同士が共有していると信じている知識，信念，前提)」を築く必要がある（Clark, 1996 も参照）．この種の共通基盤があるからこそ，他者との間でことばの意味や用法が共有される．

　Clark（2001）は，子どもと養育者がこの共通基盤を形成していく上で実際にどのような養育者から子どもへの働きかけが見られるのかを検討している．それによれば，養育者はまず，子どもとの「共同注意（joint attention)」を成立させる[6]．名前を呼んで子どもの注意をこちらに向けさせ，こちらに向いた

---

5) Reddy（2008）も，養育者と子どものこの種の情動的関わり（emotional engagement）とその時の両者の親密さ（intimacy）を重視して乳幼児の心とことばの発達に関する議論を展開している．

6) 通常，子どもは生後9か月頃には共同注意ができるようになるといわれている（Tomasello, 1999 も参照）．共同注意の成立は子どもの「指さし」の発達とも関係づけて論じられている（やまだ，

ら，"look!"ということばとともに共同注意の焦点となる対象に目を向けさせる．養育者は，自らその対象に目を向けたり，指さししたり，時に，手に持って子どもに見せたり，*this/that/here* といった直示表現を用いてその対象を示したりする．そして，子どもがその対象に目を向けたときにその名称（子どもにとっては新規な語）を示す．(1) は，この一連の流れを示している（Clark, 2001: 98 からの抜粋．1 歳 5 か月の子どもに対する母親の発話．簡略化して表記）．

(1) Parent: Joe. (0.25 secs-) Joey (2 secs-) ［中略］（子ども，カメラのほうを見る）Look! (5.23 secs-) Look! (7.1 secs-) Honey — look at this. (7.15 secs-) ［中略］（おもちゃのトラを手に取って）And what's this? (0.1 secs-)（子どもがトラのほうを見る．親，トラを見たり指さしたりする）Is that a tiger? (2.1secs-)

一度共同注意が成立すると，共同注意の対象が変わっても子どもは同様の対応ができるようになる．その中で養育者は，その子にとっては馴染みのない新規な語彙をそれまでに獲得された語彙と関連づけながら導入していく．(2) は1 歳 8 か月の子どもと母親のやりとりである（Clark, 2001: 100 からの抜粋．簡略化して表記）．この事例では，母親と子どもの共同注意の対象は本に描かれたフクロウの絵である．フクロウを "duck" と呼んだ子どもに対し，母親はまずその子どもの発話を "yeah" と受け入れつつ，フクロウとアヒルの上位概念を表す語（*birds*）で言い直し，続けて，子どもの見ている絵の鳥は *duck* ではなく *owl* であると教えている．習得済みの語彙（*duck, bird*）と関連づけながら新規の語彙（*owl*）を導入している様子がうかがえる．

(2) Child:　（絵本の中のフクロウを見ながら）duck duck.
　　 Mother: yeah those are birds.（絵を見る）they're called owls.（絵を指して）owls, that's their name. owls.（子どもを見る）
　　 Child:　 birds.
　　 Mother: and you know what the owl says?（もう一度絵を指して）the

1987 なども参照）．

owl goes "hoo." "hoo."

Child:　owl.

Mother: that's what the owl says.

Child:　hoo.（微笑む）

Mother: that's right.

　このような養育者による子どもの言い誤りの訂正は，語彙だけでなく，発音や統語構造の場合もある．いずれの場合も，子どもが養育者との共同注意を達成する必要があり，両者の間に共通基盤が形成され，そこに養育者からのことばがけ（言い直しを含む）が加わることで，子どもは語彙を増やし，その言語共同体で慣習化された言語使用を獲得していくことになる．

(c) 子どもの成長に伴う大人からのことばがけの変化

　前項でもわかるように，養育者のことばがけは子どもの成長に合わせて変わる．本項では，このことばがけの変化に注目して議論を展開している鈴木（2013）と Roy et al.（2009）の研究を概観する．

　鈴木（2013）は，日本語のオノマトペに焦点を当て，親子のインタラクションの中で養育者がオノマトペをどのように用い，そしてそれが子どもの言語獲得に合わせてどのように変化していくかを，CHILDES（子どもの言語発達研究のための発話データ共有システム）内の Jun データの分析を通して明らかにしている．日本語は，英語などのヨーロッパ言語と比べてオノマトペに富んでいる．子どもだけでなく大人も日常会話でよく用い，「しっかり」「きちん」「ちゃん」などはあまりにも頻繁に使用されるため，一般語彙だと思っている日本語母語話者も多い（日本語のオノマトペに関しては，小野，2007 も参照）[7]．また一般語彙とは異なり，経験の中の生き生きとしたイメージを伝えることば，自分自身の知覚的，身体的な経験と関連づけてその意味を感覚的に感じ取ることのできることばである（Kita, 1997 も参照）ため，言語獲得の初期の段階にある子どもに向かって用いられることも多く（今井，2013：105-111 も参照），

---

7)　「きちん」「ちゃん」は「しっかり」と同様に様態を表すオノマトペで，通常は「ちゃんとしようね」「きちんとしなさい」など，「ちゃんと」「きちんと」という形式で用いられる．

第 1 部　第 1 節　言語獲得と養育者からのことばがけ　　　*147*

習得も容易であるとされる[8].

　それならば，オノマトペあるいはオノマトペ的言語表現と一般語彙とはどのように習得が進んでいくのだろうか.鈴木の分析対象となった談話データでは，養育者（父親）は，子ども（Jun）が 1 歳 6 か月になるまでそれほど多くの「オノマトペ＋する」動詞を用いていなかった.しかし，子どもが 1 歳 10 か月から 2 歳 2 か月の時期になると，養育者の「オノマトペ＋する」動詞は，その種類（タイプ）も事例（トークン）も増加する.ただ，そのさらに 4 か月後の 2 歳 6 か月になると，養育者による「オノマトペ＋する」動詞の使用は減少し，代わりに，一般動詞が用いられるようになっていった.鈴木の分析では，養育者の「オノマトペ＋する」動詞の増加時期は子どもが「オノマトペ＋する」動詞を使用し始める時期と，また，減少時期は子どもの「オノマトペ＋する」動詞が多様化する時期と重なっていた，ということである.「オノマトペ＋する」動詞から一般動詞への移行期には，養育者が両者を同時に用いたり（父親：ああ，こわした，やぶった，びーした），一般動詞を用いた後でその言い換えとして「オノマトペ＋する」動詞を用いたり（父親：あ，こけるよってか？Jun：ん？　父親：xxx ばたんするよってか？）する事例が見られた[9].オノマトペという一事例からの検討ではあるが，養育者が子どもの言語獲得に合わせて，さらには，子どもの言語獲得を促すように，かけることばを（おそらく自然に）調整している様子がうかがえる.

　また Roy et al.（2009）も，養育者が子どもへのことばがけを子どもの言語発達に合わせて調整していることを英語母語話者の事例から明らかにしている.Roy らが分析に用いたのは，1 名の子どもとその養育者 3 名の日々のやりとりを収めた生後 9 か月から 24 か月までのビデオデータである.このデータは，この子の誕生以来その家庭内で毎日継続的に採取された.分析の結果，① 養育者が高頻度で用いる語は，子どもによるその語の獲得時期も早い（その語の

---

8)　今井（2013）によれば，イギリス人の 3 歳児に対して行った実験でも，"doing nosunosu" のようにある動作と感覚的にリンクしたオノマトペ的な言語表現で教えられた場合には，"fepping" のようにナンセンス動詞を用いた場合よりもことばと意味（動作）との対応づけが容易になされた，ということである.

9)　「xxx」は不明瞭な発話を表す.

初出時期が早い），②養育者は，子どもの言語能力に合わせて，1回の発話を
長くしたり，その中で用いる語を増やしたりしていく，ということが明らかに
なった．彼らの研究においてさらに興味深いのは，3名の養育者が，徐々に複
雑になっていく自分たちのことばをそれぞれ異なる方法で子どもにもわかるよ
うに提示していたようだ，という点である．3名のうち，2名は一語文をよく
用いるという方略を，残りの1名は文脈を限定して発話するという方略を用い
て，複雑化する発話を子どもにもわかるように提示していた．

　子育てが複数の養育者によって行われることはよくある．子どもの言語獲得
に，それぞれの養育者のこの種の個性も絡んでいるということは，あまり考慮
されてこなかった点であり，今後の大きな課題である．

(d) インプットの頻度と言語獲得

　子どもの言語獲得における大人からのことばがけの影響を議論する中で重視
されてきたのが「頻度（frequency）」である．Goldberg（2006: Ch. 4）は，単
語の獲得ではなく，項構造構文の獲得に注目し，自動詞移動構文（Subj V
Obl），使役移動構文（Subj V Obj Obl），二重目的語構文（Subj V Obj Obj₂）
という3つの項構造構文を取り上げ，その獲得と母親からのインプットの関係
を明らかにしている．CHILDES 内の Bates コーパスを用いた15名の母親の
発話に関する分析から，それぞれの構文で母親が頻繁に用いる動詞，すなわち，
自動詞移動構文では *go*，使役移動構文では *put*，二重目的語構文では *give* が
あることが明らかになった（表7.1, タイトルと見出しは日本語で提示）[10]．

　また，いずれの動詞も「基礎的な経験のパターン（basic pattern of experi-
ence）」，すなわち，*go* は〈何かが動く〉，*put* は〈何かが何かをどこかに動かす〉，
give は〈誰かが何かを誰かに受け取らせる〉を表すために用いられることが多

表7.1　項構造構文と母親の使用動詞（Goldberg, 2006: 76）

項構造構文	高頻度動詞とその割合	使用動詞数
1. Subj V Obl	39% *go*（136/353）	39 verbs
2. Subj V Obj Obl	38% *put*（99/276）	43 verbs
3. Subj V Obj Obj₂	20% *give*（11/54）	13 verbs

---

10)　これらの動詞は，他の項構造構文でも用いられる，使用頻度の高い動詞である．しかし，多様な
　　項構造構文がある中でここまでの頻度で用いられることはないという．

表 7.2 高頻度動詞と対応する構文の意味（Goldberg, 2006: 78 より一部改変）[11]

高頻度動詞	構文の意味	項構造構文名
go	X moves Y	Intransitive Motion
put	X causes Y to move Z	Caused Motion
give	X causes Y to receive Z	Ditransitive

く，これらはとりもなおさず，各項構造構文の意味でもある（表7.2，タイトルと見出しは日本語で提示）．ある特定の基礎的な経験のパターンを反映した動詞がある特定の項構造構文で頻繁に用いられるからこそ，子どもは，この種の項構造構文を習得していくことができる，というわけである．

　Goldberg の議論の中でさらに興味深いのは，母親がこれらの項構造構文で用いる各動詞の頻度に着目し，子どもの言語獲得に関して論じられてきた2つの側面，すなわち，① 子どもはインプットの事例に忠実なことばの使い方をするという側面（conservative learning）と，② 子どもはインプットの事例を一般化（generalization）して新規な状況にも当てはめてことばを用いるという側面とを検討している点である．ある項構造構文で用いられる動詞が常に同じであるならば，その構文はその動詞でしか現れないことになり，構文としての一般化はできない．しかし，表7.1 にもあるように，母親が各項構造構文で用いる動詞は1つではない．1つの構文（タイプ）を複数の動詞を用いて提示しつつ，その事例（トークン）の頻度に差をつけている．Goldberg らが行った子どもを対象とした項構造構文の意味獲得に関する実験でも，1つの項構造構文に対して5つの動詞を用い，その出現頻度を変えて構文獲得と事例の頻度との相互関係を検討していた．一般化や抽象化は，比較できる同等の事例があればこそ，そしてその事例の中で特に高頻度で現れる事例があるからこそ可能となると考えられる[12]．

---

11) Goldberg（2006: 78）の表には，*make*（結果構文で用いられ，〈X causes Y to become Z〉という意味を表すとされている）も入っているが，本章では前後のつながりから *go, put, give* の3動詞のみを取り上げて示す．

12) Goldberg（2006）は，言語以外のカテゴリー化においても，トークン頻度の偏りが重要となることを示している．

150　　　　　　　　　　第7章　子育てのことば

　インプットの頻度だけで子どもの言語獲得がすべて説明できるわけではない，という点に関しては，今井・針生（2007）や森川（2017）にも興味深い指摘が見られる．今井・針生は，名詞と動詞の獲得時期の違いに関して，それぞれの品詞が表す意味（概念）にも注目して議論を展開している．〈モノ〉を表す名詞，とりわけ〈イヌ〉〈リンゴ〉〈イス〉などの「基本レベルカテゴリー（basic level categories）」[13] を表す名詞は，インプットでの使用頻度も高く，その意味するところをまとまった概念として捉えることが容易である．他方，動詞は，〈モノ〉と〈モノ〉の関係を表すため，その獲得には，その関係を構成する〈モノ〉の理解はもちろん，それをどのような項構造に反映するかという知識も必要になる．加えて高頻度であればあるほど，多様な場面で多様な関係を表すために多様な項構造で用いられることになり，概念的なまとまりを見いだしにくくなるため，大人と同じような使用に至るには時間がかかる．また森川は，日本語の格助詞「を」（使用頻度は高いが省略されることも多いため使用の一貫性が低い）と「に」（使用頻度は低いが省略される確率も低く使用の一貫性は高い）とを比較し，頻度だけでなく，大人による「使用の一貫性（consistency）」も，子どもが大人と同等の言語使用に至る上で重要であると述べている．

　以上の研究から，インプットの頻度情報だけで言語形式の獲得の早さ（遅さ）が決まるわけではないことがわかる．言語形式の獲得の難易には，他の語彙との関係や概念的なまとまりの捉えやすさ，言語形式への概念の反映のしやすさやその言語形式に関する大人の使用の一貫性なども関与している．

第2節
社会化と養育者からのことばがけ

　本節では，養育者から子どもへのことばがけを，子どもと向き合う養育者の姿勢や子どもの社会性の発達との関連で検討する．前者は主に発達心理学的な観点から，後者は主に「言語社会化（language socialization）」の観点から，それぞれ議論を展開する．

13）　今井・針生（2007）では basic-level category は「基礎レベルのカテゴリー」と呼ばれているが，本章では認知言語学の分野で定着している「基本レベルカテゴリー」という訳語を用いることにする．

（a）子どもを一個の主体として受け入れる

　保育における発達心理学という観点から，鯨岡（2006）は，「相互主体性（intersubjectivity）」[14] をキーワードに，養育者が子どもとどのように向き合い，声をかけていくべきかを論じている．相互主体性とは，互いに相手を一個の主体として受け止めていく関係のことである（p. 139）．鯨岡によれば，この関係は大人が子どもと関わる上でも重要で，たとえ子どもの気持ちがわからなくても（すなわち，間主観的に理解できなくても），「子どもを一個の主体として受け止める」（p. 133）姿勢を持ち続けることが，子どもと緩やかにつながっていくことに通じるという．鯨岡がこのように考えるようになったきっかけには，妻との以下のような議論があるということである．

　　「主体として受け止める」ということがどういうことなのかを議論する中で，妻は「むずかって泣いている赤ちゃんを一個の主体として受け止めるときに母親（養育者）にできることは，「おお，よしよし」なのよ，泣き止ませようとすることではないのよ」といったのです．［中略］しかもそれは必死に抱え続けるというような悲壮感漂う「おお，よしよし」ではなく，むしろ養育者の側がゆったり落ち着いて，まさに自分もそこに主体としておりながらの「おお，よしよし」であり，「赤ちゃんにも泣きたい気持ちがあるのだ」と鷹揚に受け止める態度だとも妻は言います．まさに相互が主体であって，なおかつそこに主体と主体のかかわりが生まれ，そこに「共にある」という状態が成り立ち，そこから関係が動いていく……．
　　　　　　　　　　　　　　　　　　　　　　　　　（鯨岡，2006：36-37）

　しかし子どもは，はじめから「主体」，すなわち，自分の思いを押し出すだけでなく，相手を主体として受け止めることもできる存在（鯨岡，2006：36）であるのではない．養育者によって「一個の主体」として受け止められ，そのように関わられることで「主体になる」（鯨岡，2006：76 も参照）．

　子どもが主体となっていく過程として，鯨岡は，次の３つの段階を示している（鯨岡，2006：188-190）．第１段階は，子どもが自分の思いを押し出せるよ

14）　鯨岡（2006：12）は intersubjectivity には少なくとも５つの次元——間主観性，相互意図性，相互情動性，相互理解，相互主体性ないしは共同主体性——があると述べている．

うになる前の段階（1歳前頃まで）である．この時期に養育者が，子どもを一個の主体とみなして関わる（子どもの思いや行為を受け止め,認める）ことで，子どもは自分に自信を持ち，受け止めてくれた相手を信頼して自分を前に押し出すことができるようになるという．第2段階は，子どもが自分の思いを押し出すようになる段階（1歳過ぎから2歳半頃まで）である．この段階になると，子どもの思いと周りの大人の願いとの間にずれが生じ，両者の間で摩擦や対立が起こることもある．子どもが主体となり始めているからこそ養育者という別の主体との間にずれが生じるのであるが，まだ養育者の応じ方ひとつで気持ちが揺らぐ段階でもあるため，養育者は思いが異なるということをことばで伝えたり，教えたり，時に叱ったりする．第3段階は，子どもが養育者には自分とは違う思いがあると気づき，養育者の気持ちを受け止められるようになる段階（2歳半から3歳頃）である．子どもは，自分を大切にしてくれる大人が頼むことならば聞き入れ，それを自分も嬉しいと感じるようになる．子どもと養育者とが「相互に主体として認め合う」（p. 190）段階といえる．

　鯨岡（2006）には，このそれぞれの段階における子どもと養育者のやりとりの事例が示されている．紙幅の都合上，その詳細のすべてをここに記すことはできないが，子どもに対して養育者がどのようなことばがけをしているのかに注目して筆者が気になったことばを簡単にまとめてみる．

(3)【順調に母親からスプーンで差し出される離乳食を食べていたが，徐々に口を開けるタイミングがずれだした6か月の子どもに対して】
　　母親：もういらないの？　マンマ終わりにする？　（スプーンを運び続けるが，子どもが顔をそむけたので）ごちそうさまにしようね．

(4)【砂遊びをしたかったのに母親が家に連れ帰ったので不機嫌になった9か月の子どもに対して】
　　母親：そんなに砂遊びがしたかったの．

(5)【ゼリーを手で食べようとする1歳1か月の子どもに対して】
　　母親：（子どもがゼリーに指を入れたので）ジュボジュボジュボ．お手手洗ってないからだめよ．（また指を入れようとするので）お手手拭き拭きしてあげるから．（それでも指を入れようとするので）ちょっと待っ

て！（子どもが指を突っ込んでしまい）お手手じゃなくてスプーンで食べてごらん．（それでも容器ごとすするのを見て）おいしいですね．（スプーンでもう一度食べさせるが吐き出してしまったので）なーに，なんで出すの．（観察者が子どもの気持ちを代弁して「自分でしないといけないのね」と言うと）へー，そうですか，そうですか[15]．［後略］

(6)【おせんべいを食べたいという1歳5か月の子どもに対して】
　　母親：牛乳と一緒よ，オムツ替えてから．

(7)【おもちゃの車の上にさらに車を載せようとしてうまくいかない1歳9か月の子どもに対して】
　　母親：できるよ，やってごらん．

(8)【友だちにミニゼリーをあげようとしない2歳8か月の子どもに対して】
　　母親：あ，サンタさんに言っとこう．Y君は悪い子です．Mちゃんにゼリーを分けてあげないから，サンタさん，プレゼント持ってこなくていいです．

　養育者から子どもへの質問（「もういらないの？」など）は子どもが1歳になる前から使用されている．養育者が子どもを自分とは異なる主体として受け入れているからこそ，ことばを話せない子どもに対しても質問が投げかけられる．さらに，「ごちそうさまにしようね」や「やってごらん」などには，「○○しよう」「○○してごらん」といった子どもを次の行動へと促すことばが入っており，また，「お手手洗ってないからだめよ」や「牛乳と一緒よ」などは，終助詞の「よ」が入っていることからこちらが望む行為への促しと考えられ，「ごちそうさまにしようね」「おいしいですね」などは，終助詞「ね」で思いの共有がなされていると解釈できる（「しよう」や「ね」に関しては，次項も参照）．また，「そんなに砂遊びがしたかったの」は子どもの気持ちを受け止めることば，「へー，そうですか」は，受け止めつつもそれがこちらの思いとは異なることを示すことばと考えられ，こちらの思いと大いに異なる場合には，「だめよ」

---

15) この場面における観察者のように，養育者は子どもがまだことばを使えるようになる前の段階から子どもの思いを代弁するようなことばもよく用いる（高田ほか，2016やDuranti et al., 2014なども参照）．

「ちょっと待って」と行為を中断させ，「スプーンで食べてごらん」とこちらの望む行為の遂行を促す（終助詞「よ」と「○○して」という要求形に関する詳細は次項参照）．子どもが大きくなると，「牛乳と一緒よ，オムツ替えてから」などのように交換条件を出したり，「できるよ」と行為を応援したりもする．さらに，言語獲得が進んだ子どもがこちらの願いをなかなか聞き入れない場合には，「あ，サンタさんに言っとこう」などと子どもの好きな第三者を引き合いに出してそれに言いつけるといった戦略をとる．いずれも，子どもと関わった経験のある大人であれば一度は使ったことのあることばであろう．

このように子どもは，養育者によって一個の主体として受け止められ，その成長に合わせて多様なことばをかけられる中で，徐々に主体としての自己を確立していく．またそれを通して，他者（＝自分とは異なる主体）とことばで交渉できるようになり，自分を他者との間で調整できるようにもなる[16]．子どもが社会の一員として育つ上で，子どもを「一個の主体」とみなして関わるという養育者の態度とことばがけは非常に大きな役割を果たしている．

(b) 子どもを誘う，子どもに行為を促す

鯨岡（2006：107）は，子どもを一個の主体として受け止める，子どもの思いを受け止める際の養育者の姿勢として，誘うこと，待つこと，促すことの3点を挙げている．本項では，誘うことばと促すことばに焦点を当てて論じる．

子どもを自分とのインタラクションに誘うことば

前項でもわかるように，養育者は，対子ども発話の中で，終助詞「ね／よ」を伴う発話をすることが多い．「ね／よ」は，対子ども発話に限らず，日本語の会話，すなわち，他者とのインタラクション（相互行為）を志向している発話内でよく用いられることから，Maynard（1993）はこの2つを「相互行為詞（interactional particles）」と呼んでいる（「相互行為詞」という訳語は，同じく「ね／よ」などの終助詞を "interactional particles" と呼び，「相互行為（助）詞」という訳語で議論を展開している森田（2008, 2016）に従っている）．Maynard によれば，「ね」はコミュニケーションにおける対人関係（インタラクションそのもの）に，「よ」はコミュニケーションにおける情報交換に，そ

---

16) 自己調整あるいは自己統制（self-regulation）に関しては Tomasello（2019）なども参照．

れぞれ焦点を当てたことばであり，森田によれば，「ね」は会話という相互行為における参与者同士の「協調（alignment）」を明示的に求めることば，「よ」は会話相手に対して何らかの応答を求めることばであるという．

　第1節第2項でも述べたように，子どもとのインタラクションの成立のためにはまず，子どもの注意をこちらに向ける必要がある．養育者が「ね／よ」を多用するのは，あちこちに向かう子どもの注意を自分に向け，自分とのインタラクションに誘おうとしているからだと考えられる．また，だからこそ養育者は，この種の自分のことばがけに対する子どもの反応あるいは無反応に対しても，何らかのフィードバックを行う．この一連のやりとりは子どもがことばを発する前から見られる（(3) も参照）．子どもの「ね」「よ」の獲得（使用）時期が，それぞれ，生後20 〜 23 か月，24 〜 27 か月と，助詞・助動詞の中では比較的早い（綿巻，2017）のは，このためであろう．

子どもに行為を促すことば：子どもの動作へのかけ声と行為指示のことば

　養育者は，子ども，とりわけ乳幼児期の子どもが何かしているときに，その行為をする際の子どもの気持ちや感覚などを代弁するような声がけをすることがある．例えば，荷物を運ぼうとしているときには「よいしょ，よいしょ」と，また，ウンチをしようと力んでいる場合には「う〜ん，う〜ん」などと声をかける．川端（1978）は，この種のことばを子どもの動作への「かけ声」と呼び，これによって一定の語形（ことば）と動作（意味）とがリンクするようになると考えている．

　また遠藤・高田（2016）は，養育者が子どもに行為を指示する際に用いることばには，強制力の強い順に，「○○しろ／しなさい」（命令形），「○○して」（要求形），「○○したら？」（勧め形），「○○しよう」（誘い形）があるとし，これらの使用頻度と養育者の使用戦略を検討している．それによれば，① 使用頻度は要求形が最も高く，勧め形と誘い形がこの順でそれに続き，命令形が最も低い，② 子どもの行為を促すために，養育者は，同じ行為指示のことばを繰り返すだけでなく，強制力の弱い形式から強い形式へと用いることばを変えたり，指示する行為を変えたり（「貸してあげて」から「触らせてあげて」に変える，など）する，ということである．

　深田（2021）も，この種の子どもの行為を促すことばに着目し，CHILDES

を用いて英語母語話者の養育者が子どもに用いる *let's* を調査した。それによれば、*let's* によって導入される子どもの行為は、子どもの運動能力や社会性との関連で変わっていくということである。例えば (9) は、おむつ替えのときの母親のことばである。このとき母親は、子どものおむつを替える主体、子どもは、替えられる対象であって、両者がそれぞれ別のおむつ替えという行為を行っているわけではない。しかし *let's* を用いることで、この両者がともに1つのおむつ替えという行為に（主体と対象という異なる役割ではあるものの）参画することが明示される。この母親の *let's* は、おむつ替えという自分が行おうとしている行為を子どもとの共同行為として提示し、子どもをその共同行為に（心で）参画させようとすることばとみなすことができよう。

(9) 【おむつが臭う生後8か月の子どもに】
　　　母親：let's go get that diapie changed!

他方 (10) では、顔を洗い、歯を磨かなくてはならないのは子どもだけである（これは *your teeth* や *your face* からもわかる）。にもかかわらず *let's* が用いられているのは、母親も早く身支度をしなくてはならない状態にあるためである（(10) の後で子どもは、対話相手である母親に向かって "and you'll hafta get dressed" と言っている）。行うべき具体的な行為は異なるが、ともに出かける前の身支度という行為を行うべき場面であり、それを一緒に行おうという母親の気持ちが込められた *let's* であると解釈できる。

(10) 【身支度をすべき4歳11か月の子どもに】
　　　母親：well let's go get your teeth brushed and your face washed!

これと同様の事例は日本語でも見られる。なかなかトイレに行こうとしない子どもに「トイレ行こう」と言ったり（養育者はトイレまで連れていくだけで、トイレで用を足すのは子どもである）、お片付けしない子どもに「お片付けしよう（ね）」などと言ってみたりすることはよくある。子どもとの会話で用いられる「〇〇しよう」は、たとえするべき行為が違っても、ともにその実現に向かって行動しようという養育者の思いを表すことばといえよう[17]。

子どもの思考や反応を促すことば

　筆者は，保育園児を対象とした身体表現活動セッションでの指導者のことばの分析から，指導者が子どもたちに向かって「かな」をよく用いることに気づき（詳細は次節参照），2018年に予備調査として，36名の養育者（母親，父親，保育士）を対象に「かな」の使用に関するアンケート調査を行った．「かな」は大人同士の会話では「かなと思う」のような形式で用いられることが多く，日本語学の分野では，話し手の〈判断不明〉や〈疑念〉を表してはいるものの，聞き手への回答や応答は特に求めていない言語表現（安達，2002）とされている．しかし養育者らは，子どもから返答・反応が欲しいとき（22名），子どもにじっくり考えてほしいとき（20名）に「かな」を用いていた（実際の使用事例としては，「それ，あってるかな？」「宿題終わったんかな～」「だれが片付けてくれるのかな」などが挙がっていた）[18]．対子ども発話における「かな」は，大人同士の会話で見られる「かな」とは異なり，子どもからの返答・反応を引き出すために用いられているといえる．

第3節
集団保育・集団教育の中でのことばがけ

　子育ては，乳幼児期で終わるわけではない．学童期，思春期と続いていく．本節では，幼児期から学童期の集団保育・集団教育の中での養育者（指導者，教師）のことばがけを扱う．現在，日本では，乳児の3割，幼児のほぼ全員が，保育園や幼稚園をはじめとする集団保育・集団教育の場で育っている（秋田，2016）．集団保育・集団教育における養育者のことばも，基本的には，養育者と子どもという1対1の関係の中で用いられることばと大きくは変わらない．しかし，子ども集団が相手だからこそ用いられることばがあったり，あるいは，

---

17)　また子どもも，養育者とともにある行為を達成しようとする際に，その中で行う具体的な行為（役割）が異なっても「○○しよう」を用いることがある．例えば，子どもが迷路の本を持ってきて「ママ，迷路しよう」と言ったときには，実際に迷路を解くのは母親，子どもはその傍にいて母親が解くのを見ているだけということはある．

18)　この予備調査では複数選択可として，①子どもにじっくり考えてほしいとき，②子どもの注意を自分に向けたいとき，③子どもからの返答が欲しいとき，④子どもからの反応が欲しいとき，⑤その他，の5つから回答を選択してもらった．子どもからの返答・反応が欲しいときの回答者数は，③もしくは④もしくはその双方を選択した回答者数の合計である．

158　　　第 7 章　子育てのことば

たとえ同じことばが用いられていても，その使用頻度が集団の成長に伴って変わったりすることもある．本節ではその事例をいくつか見ていく．

「みんな」

　子ども集団を対象とした場合には用いられ，1 対 1 のやりとりでは用いられないことばの 1 つに，「みんな」がある．深田（2016）は，小学 4 年生を対象とした食育の授業における指導者（大学生）と児童たちとのやりとりを分析対象とし，指導者が児童に向けて発した「みんな」の使用頻度を場面ごとに分析している．指導者は，授業開始時には約 0.9 回/分の頻度で「みんな」を用いていたが，積極的に課題に取り組ませる場面では約 2.3 回/分とその頻度が上昇していた．このことから深田は，「みんな」は，児童全員の注意を引き，積極的な授業参加を促すために用いられていたと考察している．

　「みんな」に関しては，深田（2020）でも，保育園児を対象とした身体表現活動場面の縦断データ（第 1 ～ 3，第 5，第 10 セッション）をもとに議論が展開されている．このデータでは，「みんな」の使用頻度は回を重ねるごとに基本的には減少していった．「みんな」と呼びかけずとも子どもの注意がこちらに向くようになったからであると考えられるが，興味深かったのは，第 3 セッションにおいて，個々の子どもの名前を呼ぶことが急増（第 5 および第 10 セッションでは再び減少）し，それと同時に指導者から子どもへの《承認の「できる」》（「できた」「できるじゃん」など）も増加していた点である．集団保育・集団指導の現場では，ある子どもへの《承認》は，それを見ている子ども（「傍参与者（side participant）」（Clark, 1996: 14））にも影響を与える．指導者は，子どもたち全員を受け手（"addressee"（Clark, 1996: 14））とする「みんな」と，子ども一人一人の名前とを場面に合わせてうまく織り交ぜながら，子どもの注意を自分に引きつけ，子どもを指導内容へと引き込んでいくということであろう．

終助詞「ね」，疑問の「かな」

　第 2 節の議論から，養育者は，子どもを自分とのインタラクションに誘う際には，「ね／よ」を，また，子どもの思考や反応を促す際には「かな」を用いる傾向があることが明らかになった．深田（2017）は，前項で挙げた保育園での縦断データ（第 1 ～ 5 セッション）をもとに，指導者の「ね」と「かな」の

使用頻度がどのように変化し，それが子どもたちのどのような発達的変化と連動しているかを検討している．それによれば，「ね」も「かな」も回を重ねるごとにその使用頻度は減少していたが，「ね」に関しては，第1，第2セッションでの使用頻度が非常に高く，また「かな」に関しては第1セッションで特に高頻度であった，ということである．第1，第2セッションでは，まだ指導者にも，また活動にも馴染めず，戸惑い，ただ茫然と立ち尽くしていることが多かった子どもたちも，第3セッションあたりから徐々に活動に馴染み始め，積極的に参加するようになっていったことから，深田は，第1，第2セッションでの指導者の「ね」と「かな」の多用は，子どもたちからの協調，すなわち，子どもたちのことばや活動への参与を引き出そうとする指導者の態度の現れであると考察している．子どもたちと指導者の関係の変化，および，子どもたち自身の成長によって，指導者のことばも変化していくのである．

|||||||||||||||||||||||||||| **第2部　今後の展望** ||||||||||||||||||||||||||||

第4節
多様な子どもとことばがけ：他の表現手段も用いて

　前節までの議論は，基本的に，健常児を対象とした研究がもとになっている．しかし近年，知的障がい，肢体不自由，コミュニケーションの障がい，外国にルーツがある，など，何らかの困難さを抱えている子どもたちへの対応に関する研究が進み，それをもとにした実践も行われてきている．星山（2019）では，このような特別な支援を必要とする個々の子どもの特性と，それに合わせた関わり方が具体的に示されている．その関わり方は，ことばだけではなく，音楽，絵や図を使っての構造化など多岐にわたる．また萩原（2017）では，自閉スペクトラム症の子どもと関わる作業療法士が，その時々のその子の反応や成長に合わせて自身のことばや振る舞い，やりとりの中で用いる道具を変え，その子から（その子自身の思いを伝える）ことばを引き出し，その子とことばでやりとりし始めるまでの過程が示されている．

　星山でも萩原でも，支援の姿勢として重要視されているのは，それぞれの子どもが抱えている困難さを理解すること，また子どもは一人一人異なり，養育者とも異なることを理解し，その上で人として真摯に付き合うこと，である．

160　　　　　　　　　　　　第7章　子育てのことば

この姿勢は，子どもが抱える困難さの有無や大小に関係なく，すべての子育て
に当てはまる．個人特性や成長の速度は多様でも，どの子も社会の一員，社会
を形成する存在である．子どもへの支援はそれぞれの子どもに合わせて，こと
ばだけでなく，時に絵や図，抱き締めるといった行為なども含めて柔軟になさ
れることが重要であろう．

第5節
母子の関係から子どもを取り巻く環境全体へ

　子育てのことばを扱う多くの研究では，これまで，養育者，とりわけ母親の
ことばが主たる研究対象とされてきた．これは母親が，多くの子どもにとって，
傍にいて自分の思いを受け取ってくれる，最も身近で安心・信頼できる他者で
あり（鯨岡，2006），その意味で子どもと最も深く関わる養育者と考えられる
からである．

　しかし，子どもは成長に伴って，母親以外の他者とも交流するようになる．
また，子育ての場面には母親だけでなく他の養育者もいる場合が多々あり，そ
の場合には，養育者同士が互いの思いを調整しながら子どもと関わることにな
る[19]．そこで星山（2019）は，これからの子どもへの支援は，子どもと関わる
すべての大人（親，保育者，専門家，医師など）の連携に基づくものへと変わ
る必要がある，と主張する．また鯨岡（2006：第2章第7節）も，養育者が時
に思い込みによって子どもの思いを決めつけてしまうことがある点に注目し，
その克服には「経験を積むことと，複数の実践主体＝観察主体による相互チェッ
クないしは相互的スーパーヴィジョン」（p. 179）が必要であると述べている．
子どもと関わる大人同士の横のつながりが重視されつつあるのである．

　ただ現時点では，この種の大人同士の連携に関する具体的な枠組みが確立し
ているわけではない．しかしテクノロジーの進化によって，子ども–養育者間
のやりとりや子ども同士のやりとり，子どもを含む複数の参与者による会話な
ど，様々なデータを収集・保存・分析することも可能になってきている[20]．こ

---

19)　養育者同士の会話が子どもの言語獲得や社会化などにどのような影響を与えるかに関しては，稿
　　を改めて論じたい．
20)　経済産業省による「「未来の教室」ビジョン」（https://www.meti.go.jp/shingikai/mono_info_
　　service/mirai_kyoshitsu/pdf/20190625_report.pdf）や，EdTech，EdAI の試みは，テクノロジー

れらのデータをもとに子どもと関わる大人同士が意見交換する場を定期的に持つことで，子どもの多面性を知り，それぞれの大人が自身のことばや態度を調整したり，その幅を広げたりすることもできると思われる．

　加えて近年では，複数の養育者間に見られる子どもへのことばがけの違いに関する研究（本章第 1 節，Roy et al., 2009 参照）や，子育ての枠組みや子育てにおける言語使用の文化差とともに，文化を超えた共通性，普遍性にも着目した研究（Duranti et al., 2014）も行われている．子育ての現場がこの種の研究成果ともつながることで，子育ての当事者（現場）は，子ども，子育て環境，子育てのことばの多様性を再認識し，子どもや子どもの育ちに対する柔軟性，寛容性を高めていくことができると思われる．他方，研究においては，現場の実態を知ることで，子ども，ことば，社会の関係をより多角的に，より深く捉えていくことができる．

　このように子育てのことばは，広く社会・文化にもつながる．子育ての当事者（現場）と研究者とが連携し，人の未来をともに考えることができる場がそこにはある．

推薦図書

　子どもとの向き合い方に関しては本章でも取り上げた『ひとがひとをわかるということ』（鯨岡，2006）を参照されたい．また，子育ての現場で実際に養育者と子ども，あるいは，養育者同士のどのようなやりとりが見られ，それによってどのように子どもが社会化していくのか，また，それがどのような社会文化的な要因と関連しているのか，などに関しては，*The Handbook of Language Socialization*（Duranti et al., 2014）や『子育ての会話分析』（高田ほか，2016）が参考になる．

文　献

安達太郎（2002）「質問と疑い」宮崎和人ほか『モダリティ』pp. 174-202，くろしお出版.
秋田喜代美（2016）「いま『保育』を考えるために」山邉昭則・多賀厳太郎（編）『あらゆる
　　学問は保育につながる』pp. 1-14, 東京大学出版会.
Clark, E. V. (2001) Grounding and attention in language acquisition. *Papers from the 37th
　　Meeting of the Chicago Linguistic Society* **1**: 95-116.
Clark, H. H. (1996) *Using Language*, Cambridge University Press.
Duranti, A. et al. (eds.) (2014) *The Handbook of Language Socialization*, John Wiley &

───────────────

　　を利用して子ども一人一人の特性や成長に合った教育を提供することを目指している.

Sons.

遠藤智子・高田　明（2016）「言うことを聞きなさい」高田　明ほか（編）『子育ての会話分析』pp. 55-75，昭和堂.

深田　智（2016）「お話への入り込みのメカニズム」中村芳久・上原　聡（編）『ラネカーの（間）主観性とその展開』pp. 305-331，開拓社.

深田　智（2017）「主体性・相互主体性の発達」『第1回共創学会年次大会』16-21.

深田　智（2020）「身体表現活動セッションでの指導者と子どもたちとのインタラクションとその変遷」田中廣明ほか（編）『動的語用論の構築に向けて』第2巻，pp. 108-126，開拓社.

深田　智（2021）「意味論・語用論と子どもの言語発達のインターフェイス」米倉よう子（編）『意味論・語用論と言語学諸分野とのインターフェイス』pp. 99-126，開拓社.

Goldberg, A. E. (2006) *Constructions at Work*, Oxford University Press.

萩原広道（2017）「ことばの基盤としての身体—環境のインタラクション」『日本認知言語学会論文集』**18**：561-566.

星山麻木（編著）（2019）『障害児教育ワークブック』萌文書林.

今井むつみ（2013）『ことばの発達の謎を解く』筑摩書房.

今井むつみ・針生悦子（2007）『レキシコンの構築』岩波書店.

岩立志津夫（2017）「生得理論を強く意識した心理学的研究」岩立志津夫・小椋たみ子（編）『よくわかる言語発達 改訂新版』pp. 14-15，ミネルヴァ書房.

川端春枝（1978）「幼児のことば」浜田啓介（編）『論集 日本文学・日本語 5 現代』pp. 221-245，角川書店.

Kita, S. (1997) Two-dimensional semantic analysis of Japanese mimetics. *Linguistics* **35**: 379-415.

鯨岡　峻（2006）『ひとがひとをわかるということ』ミネルヴァ書房.

MacWhinney, B. (2000) *The CHILDES Project: Tools for Analyzing Talk*, third edition, Lawrence Erlbaum.

Maynard, Senko K. (1993) *Discourse Modality: Subjectivity, Emotion and Voice in the Japanese Language*, John Benjamins.

馬塚れい子（2009）「言語獲得の基盤をなすリズム」『月間 言語』**38**(6)：58-65.

森川尋美（2017）「言語発達でのインプット研究の可能性」岩立志津夫・小椋たみ子（編）『よくわかる言語発達 改訂新版』pp. 190-191，ミネルヴァ書房.

森田　笑（2008）「相互行為における協調の問題」『社会言語科学』**10**(2)：42-54.

森田　笑（2016）「会話の初めの一歩」高田　明ほか（編）『子育ての会話分析』pp. 145-170，平和堂.

小椋たみ子（2017）「養育者からの語りかけの特徴と役割」岩立志津夫・小椋たみ子（編）『よくわかる言語発達 改訂新版』pp. 30-31，ミネルヴァ書房.

小野正弘（編）（2007）『日本語オノマトペ辞典』小学館.

Reddy, V. (2008) *How Infants Know Minds*, Harvard University Press.

Roy, B. C. et al. (2009) Exploring word learning in a high-density longitudinal corpus. *Proceedings of the Annual Meeting of the Cognitive Science Society* **31**: 2106-2111.

文　　　献

嶋田容子（2016）「子どもと声を合わせたら」高田　明ほか（編）『子育ての会話分析』pp. 123-143，昭和堂．

鈴木陽子（2013）「インタラクションのなかで使われる『オノマトペ＋する』動詞」篠原和子・宇野良子（編）『オノマトペ研究の射程』pp. 167-181，ひつじ書房．

高田　明ほか（編）(2016)『子育ての会話分析』昭和堂．

Tomasello, M.（1999）*The Cultural Origins of Human Cognition*, Harvard University Press.

Tomasello, M.（2019）*Becoming Human: A Theory of Ontogeny*, Harvard University Press.

綿巻　徹（2017）「形態面での発達」岩立志津夫・小椋たみ子（編）『よくわかる言語発達 改訂新版』pp. 54-57，ミネルヴァ書房．

やまだようこ（1987）『ことばの前のことば』新曜社．

第8章

早瀬尚子

カウンセリングのことば

◆キーワード
認知，スキーマ，メタファー，物語（ナラティブ），認知行動療法

　言語学的知見は，カウンセリングということばのやりとりを介した実践の場にも用いられている．カウンセリングを通じて人はそれまでの物事の捉え方，つまり認知を変容させ，新しい意味付けを行い，最終的には行動に移していく．本章では言語学的な場面で用いられてきた道具立てや考え方が，どのようにカウンセリング現場で応用されているかを概観し，言語学が「生きた使い方」となる実際の場面への，橋渡しを行う．特にことばの使用ややりとりを重視して積極的に治療の場面に取り込む認知行動療法およびその関連学派での応用事例を紹介し，言語学的アプローチとの親和性や発展可能性に触れる．

|||||||||||||||||||||||| **第1部　現在までの流れ** ||||||||||||||||||||||||

第1節
はじめに：言語学からのインタラクションへの試み

　ことばはその人そのものを表す．日常の些細な表現にその人の隠されている暗黙の思考がにじみ出ていることがある．また，ことばは人の気持ちを伝えるだけではなく，人の考え方や行動を変えるきっかけにもなる．それは偶発的に生じるのか，それとも背後に何らかの一貫性のあるパターンやメカニズムが見受けられるのか．だとしたらそれはどのような道具立てか．こういった素朴な疑問に答える言語学の理論的な概念にはどんなものがあるのだろうか．

　言語学にも様々な流派があるが，特に認知言語学はその手がかりを提供する分野である．認知言語学では，人が世界をどう捉えたか，その認知のありようが言語表現に反映されると考える．言語表現が異なれば，場面をどう認識したかの違いが連動するとも主張する．また表現されない話者の存在や視点が見いだされることも指摘する．認知言語学の概念を用いることで，コミュニケーションの背後にある，人の「思い」の解明に貢献できるのではないだろうか．

本章では，特に語用論的・認知言語学的なトピックを中心に，インタラクショナルな場面の一例としてカウンセリングのことばを試験的に紐解いていく．認知言語学の知見を，コミュニケーションを通じて聞き手の認知のあり方を変容させる動的な側面にも応用できる可能性について概観したい．

第 2 節
言語学とカウンセリング

カウンセリングとは，クライアントの困りごとについての話を聞き，その解決への手助けをするセッションをいう[1]．カウンセリングには講義形式，集団形式，一対一の個人形式など様々な形式があるが，いずれも「困っていること」「感情が大きく動いたこと」についての具体的エピソードの聞き取りから始まる．カウンセラーはクライアントの視線のとりかた，表情，口調，感情，ことばづかいなどに注意を向けて，困りごとの共通理解を得ようとする．本章では主としてこのことばのやりとりに焦点を当てて考察を進める．

カウンセリングで用いられることばは，クライアントが語ることばと，カウンセラーが尋ね指示することばに大別される．カウンセリングに対する言語学的観点からのアプローチは主としてカウンセラーのことばに注目して発展してきた．本章ではそのアプローチについても概観する一方で，クライアントが語ることばに言語理論がどう援用できるかという観点について，これまでにあまり関連性が詳述されていない認知言語学的アプローチの立場からも考察する．

(a) カウンセラーのことばと NLP

カウンセラーは，クライアントから効果的な回答を引き出す質問を意識的に提示する必要がある．というのも，今日のカウンセリングでは，カウンセラーはクライアントに助言を行う存在では「ない」からである．1940 年くらいま

---

[1] カウンセリングと心理療法とはよく似たものと扱われることもあるが，厳密には異なる．どちらもクライアントを対象とするものの，カウンセリングはカウンセラーが当面の問題についての（主として行動レベルでの）解決を図るものであるのに対し，心理療法はセラピストが行うさらに根本的な医療的治療行為であり，クライアントの問題を引き起こす個人の信念といった深い部分に働きかける．ただし，どちらのプロセスも主としてことばを用いて行われる側面は共通している．このため，そのことばのやりとりの中で用いられる共通した何らかのパターンを抽出して体系化しようとする試みとして，言語学とのつながりも認められる．本章では両方を射程に入れて話を進める．

では，カウンセリングは精神分析に基づく助言が中心であったが，それは治療者と患者という力関係のもとで展開されてきた．しかし助言は多くの場合，上から目線による押し付けであり余計な介入であるリスクが高い．カウンセラーの役割はむしろ，クライアントが問題を意識化し，自ら解決に向かって気づいていくための援助をする存在であり，そのためにカウンセラーは，質問の組み立て方に細心の注意を払う．クライアントの回答の幅を狭めずに，自由に語ってもらえる質問の組み立てが必要である．かといって，あまりにも漠然とした質問だと効果は少ない．問題を具体的かつ的確に理解できるよう語ってもらうために，カウンセラーの質問にはある一定の技術が必要である．

このような観点から，質問の際に留意すべきポイントを言語面での関心に基づきあぶりだしてきたのが，NLP（neuro-linguistic programming，神経言語プログラミング）（Bandler and Grinder, 1975）である．当時心理療法として著名であったゲシュタルト療法や家族療法，催眠療法での「魔法のような」セッションを調査分析し，ことばのやりとりに共通して見られる言語パターンを，ミルトン・モデルなどのメタモデルの形で取り出した．クライアントから情報を得るために，カウンセラーはある決まった手順や質問を出す．つまり，成功するカウンセリングにはいくつか決まった「文法」のような型があるとわかってきたのである[2]．

(b) クライアントのことばとその解釈

カウンセリングの場では，クライアントの語ることばに最大限の注意が注がれる．それは「ことばでその人の世界の捉え方がわかる」からである．クライアントが直接言及せずとも，困りごとをどう報告するかにその人の環境・世界観が反映されるため，そこをまず正確に理解することが肝要である．

例えば，クライアントのきょうだい関係の聞き取りをするとき，クライアントは「あなたの子ども時代，お兄さんはどんな方でしたか」と尋ねる．これは，

---

[2] 断っておくが，NLP やミルトン・モデルは，後に述べる認知行動療法とは異なり，「科学的根拠に基づく医療行為（evidence-based medicine: EBM）」としては認められていない．本章でこれらに言及したのは，カウンセリングにおけるあくまでも「ことばのやりとり」としての相互行為において，どのような認知的様相が見られるかという分析例として取り上げたものであり，心理療法として有効かどうかという医療的観点から議論したり推奨したりしているものではないことを，念のためお断りしておく．

その人の兄が実際にどんな人だったかというより，そのクライアント本人が兄をどう思っているか，つまり，クライアント自身がどのような人物なのかを知るためである．またカウンセラーは，「どんなことがありましたか？」とエピソードを聞くが，それも「語られている事実」に関心を向けるというより，「クライアント本人がどんな信念を持ち，自分の身の回りの世界をどのように見ているか」を明らかにすることを狙いとする．「おじいさんはどんな方だったのですか」に対して「かわいそうな人でした」という答えが返ってきたら，そこで語られる「かわいそう」な内容は，クライアント個人の人生ではできれば避けたいと否定的に捉えている事柄であろう．同様に「立派な人だった」と語られるエピソードからは，クライアントがどんな事柄を「立派」だと捉えているかがうかがえるし，「影の薄い人だった」と言えば，クライアント自身がその人からは人生の影響を受けていない可能性が示唆される．このように，人が語る語り口にはその人自身が露呈する．少なくともそういう想定のもと，カウンセラーは目の前にいる人の相談に乗っていく．

これはまさに認知言語学的な捉え方（construal）の理論と合致する．「語り手が世の中をどう捉えているか」が明らかになると同時に，語り手にとっても自分がどんな人か，どんな物事の捉え方をする人間なのか，という主観的な捉え方が，ことばを通じて客観的に明らかになっていくのである．

認知言語学とも親和性が高いのが，1990年代に米国の精神科医ベック（Aaron T. Beck）が新しく立ち上げた，「認知行動療法（cognitive behavior therapy: CBT」（Beck, 1979）である．これは物事に対する「認知（考え方）」が変われば行動が変わるという発想に根差した治療法であり，認知と行動とは表裏一体の関係だという前提に立っている．この療法は薬物療法と同程度の効果があることが多くの臨床研究で認められている[3]．

認知行動療法では大きく3つの側面に注目する．思考・感情・行動である．その中でも思考はその人が生来持つ「認知パターン」あるいは「考え方の癖」として捉えられ，感情や行動を生み出す重要な源と考えられる．出来事が起こっ

---

3) 米国や英国ではうつ病などの治療法として早くから積極的に採用され，日本でも認知療法とともに 2010 年から診療報酬の適用となっている．

てから感情や思考が起こるのではなく，まず思い込みとしての思考があり，何か出来事が起こると，この思考をもとにしてその人特有の感情や行動といった反応が，自動思考と呼ばれる形で出てくると想定される．この反応を変えるには，まずその人の持つ思い込みとしての認知パターンに働きかけるのが有効である．この認知パターンは無意識の信念であり，これをあぶりだすためには言語化による可視化が必要である．特に，患者に多く見られる「思考のゆがみ」をカウンセリングによって「ゆるめる」ことが，病気を再発させるリスクを軽減することにつながる．

第3節
言語学的概念とその応用

本節では，従来の言語学の基本概念について概説を行い，それがカウンセリングや心理療法の現場でどのように応用されるかを概観する．

(a) 閉じた質問と開いた質問

言語学では，回答が Yes/No あるいは，A か B かなどの選択肢を限定した疑問文を「閉じた質問（Closed Question）」，一方で 5W1H による疑問文を「開いた質問（Open Question）」という．2つはそれぞれ機能的に異なる特徴を持つため，カウンセリングの場面では2つを効果的に組み合わせて使用する必要がある．以下この2つのタイプの質問が持つ特徴について述べる．

開いた質問を用いると回答者の自由度が高くなり，情報量も増える．

(1) A「お兄さんが嫌いだとおっしゃいましたが，どんなところが嫌いですか」
B「そうですね．いつも偉そうに命令してくるからかな」

カウンセリングでは，(1A) のような開いた質問を意識的に提示することで，クライアントが自らの思考の中から回答を探し，作り上げ，気づいていくことを目指す．相手が「当たり前」だと無意識に反応している感情や思考について「どういうことがあってそう感じたんでしょう」「そう考える出来事が何かあったのですか」と，開いた質問を投げかけることにより，相手に無意識の感情や思考の道筋について意識化させることができる．

一方，閉じた質問を使用すると，その質問者が優位な立場となり，回答者はその質問の枠の範囲内でのみ回答を制限される受け身存在となる．このため，

一方通行の対話となる傾向にあるし，話が展開していきにくくなる．よって，カウンセリングでは基本的には避けられる．

しかし，閉じた質問が効果的に使われる場面もある．それは，カウンセラーが確認をしたい場合，例えばクライアントの発言を受けての自分の推測が当たっているかどうかを確認する場合である．

(2) A「お兄さんが嫌いだとおっしゃいましたが，どんなところが嫌いですか」
　　B「そうですね．いつも偉そうに命令してくるからかな」
　　A「なるほど，お兄さんが偉そうにしているときにお兄さんが嫌いだなと思うということでしょうか」

カウンセラーが自らの「解釈投与」（＝クライアントの問題に対する推測）を行うときに Yes/No 疑問文を使うなら，クライアントはその適切性を判断して Yes/No で答えられる．このように，二者の間での共通理解が形成されているかどうかを確かめつつ進めることが，カウンセリングでは重要である．

「閉じた質問」の注意点として，強力かつ強引な誘導になり得ることが挙げられる．例えば，選択肢（A or B）を設定して尋ねる場合，その選択肢以外は選択できない可能性になるからであり，疑問文を発する側に大きな権限が認められるからである．例として，子どもが電車の中で騒いで周りの迷惑になっている場合，「おとなしくしますか，それともここで電車を降りますか？」と示すことは，どちらかの選択肢しかないことを教え諭す発言になる．

ただし，この選択肢効果をあえて逆手にとり，クライアントに正対（confront）させる，つまり自身の問題に対する態度を決めさせることも可能である．

(3) 進級条件である資格試験の基準点を下げることはルールですからできません．その代わり，成績報告の締切にはもう少し間がありますから，それまでにネット上の簡易の試験を受けられるだけ受けてクリアすれば，正々堂々と進級できます．資格試験受験にはお金がかかり経済的に厳しいなら仕方がないですが，1 年留年した場合の学費の方がもっと高額です．どうしますか．がんばって受けますか？　受けないでおきますか？

170 　第8章　カウンセリングのことば

(3) は閉じた質問とはいえ，実は片方の選択肢の可能性を暗につぶしているため，結果的には受験を強力に促すことに注意したい．

　以上，閉じた質問の誘導的かつ策動的な使い方を見た．ただしこれらは特殊な事例である．カウンセリングは本来クライアントに対する「権力」を発揮するものではないため，基本的にはクライアントに語ってもらうことを優先し，そこにあるクライアントの世界観をなぞっていくことが大切である．

(b)「発話行為文」と間接発話行為

　言語学では，「状況描写文」と「発話行為文」とを区別して考える．状況描写文とは，事態状況を事実として第三者的に描写するタイプの文であり，(4a) のように，客観性が高く誰でもその真偽を判定しやすい文である．一方，(4b) は発話と同時に何らかの行為を遂行する種類の文である（Austin, 1962/75）．

(4) a. 日本の首都は東京だ ／ 明日は雨になるそうだ ／ 花子は今度引っ越すらしい．

b. お詫び申し上げます ／ 感謝いたします ／ これにて閉会といたします．

実際に「ごめんなさい」「ありがとう」と言わずとも，(4b) の発言をするだけで謝罪や感謝の表明および閉会宣言となる．このような，発話と同時に行為を遂行する文は「発話行為文（speech act sentence）」，また謝罪・謝意といった発話行為の具体的な種類は「発話の力（illocutionary force）」と呼ばれる[4]．

　前節の (a) で扱った疑問文も基本的には［質問］という発話の力を持つ発話行為文である．ただし，この発話の力は文脈状況により変化する．(5) はいずれも質問形式だが，実際には様々な発話の力を持つ．

(5) a. そこの窓を開けられますか？（＞ 開けてください［依頼］）

b. そんな口をきいていいんですか？（＞ そんな口をきくな［禁止］）

c. もう時間だし行きますか？（＞ 行きましょう［勧誘］）

このように，疑問文は質問という形式をとりつつ，発話全体としては，相手

---

4)　他の翻訳として speech act を「言語行為」とするもの，また illocutionary force を「発話内（効）力」と訳すものもある．

に対して何らかの指示を行う効果を狙って，利用されることがある．このように，形式とは必ずしも対応していない発話の力を行使する文を，間接発話行為文（indirect speech act sentence）と呼んでいる．

(c) 前　提

　前提（presupposition）とは，語や文を発話した際に，すでにその成立が当然視され不問に付されキャンセルができないものをいう（Yule, 1996 など）．

(6) a. いつ外出しましたか？（前提：外出した）
　　b. 彼が文句を言ってきたらどう対応しましょうか？（前提：彼が文句を言ってくる）
　　c. 犬と猫，どっちが好き？（前提：犬か猫かが好き）

(6a) では外出したことを前提とした上で，その時間を尋ねている．(6b) では彼が文句を言ってくることを，(6c) では聞き手が犬と猫の少なくともどちらかが好きであることを，それぞれ前提とした上で質問をしている．

　前提情報は通常は既出の内容であり旧情報だが，あえて新情報を意図的に紛れ込ませ，聞き手に暗黙裡に承諾させる方向に思考を誘導することもある．

(7) a. 車が信号無視をして突っ切ったとき，どれくらいスピードが出ていたか？
　　b. ねぇ，私たちいつ結婚する？
　　c. 会社からの第一声として，「奥さんおめでとう！　育休はいつとるの？」と聞くようにしています（育休取得率が高い企業へのインタビュー）．

(7a) の質問の段階で，車が赤信号を無視したことは既成事実化され，また (7b) では結婚が既定路線とされている．前提を忍び込ませることで聞き手の思考や答えの可能性を特定の方向へ誘導することが可能なため，(7c) ではあえてこれを利用し，育休取得しやすい環境を意識的に作っていることになる．

　前提は，叙実動詞（factive verb）と呼ばれるある一群の動詞を用いたときにも生じる（Kiparsky and Kiparsky, 1970）．

172　　　　　　　第8章　カウンセリングのことば

(8) a. 彼は自分が馬鹿だと {気づいている / わかっている}.

　　 b. 彼は自分が馬鹿だと {信じている / 思っている}.

(9) この先，大変な惨事が降りかかるとは，知るよしもない2人であった.

(8a) は「彼が馬鹿だ」が事実であることをまず前提とした上で，さらにその事実を彼自身が気づき理解している，という二段構えの意味を成す．その証拠に，「彼は自分が馬鹿だと {気づいて / わかって} <u>いない</u>」と否定しても，「彼は馬鹿だ」は依然として事実として成立していると理解される．これに対し，(8b) では「彼が馬鹿だ」が彼の脳内での考えにすぎず，事実かどうかはこの文からはわからない．ためしに「自分が馬鹿だと {信じて / 思って} <u>いない</u>」と否定すると，「彼は馬鹿だ」は成立しないことになる．このように，ある種の動詞を用いるとその認識内容は真として成立することが前提になる．この前提は (9) のようにドラマの予告などで先の展開をほのめかすときに使われることも多い.

　前提は心理療法やカウンセリングの場でも用いられる．(10) は，エリクソンの催眠療法の場面である.

(10) a. あなたは深いトランス状態に入っていますか？

　　 b. ご自分が深いトランス状態に入っていることにお気づきでしょうか.

　　 c. あなたは今，トランスに入っていませんよね？　けれど，あなたはトランスに入りたがっているんじゃありませんか？　そして，あなたはご自分がトランスに入りつつあるのをご存知ないんじゃありませんか？　　　　　　　　　　　　　　(Rossi and Ryan, 1985；澤野，2019：224)

(10a) では「トランス状態に入っている」ことは前提とした上でそれが「深い」かどうかが質問の焦点であるため，これに NO と答えたとしても，患者はトランス状態に入っていることは認めたことになってしまう．(10b) に「気づいていない」と答えたとしても，気づいていないだけですでに患者はトランス状態に入っているという前提が伝達される．(10c) に対して患者が「知っている」と答えたなら，自らトランスに入りつつあると認めたことになるし，「知らない」

と答えても，トランスには入りつつあるのに自分は気づいていないと主張していることになる．どちらにしても患者は自分がトランス状態にあることを認めざるを得ないダブルバインド構図になっている（Rossi and Ryan, 1985；澤野, 2019：225）．

前提を利用した質問は，相手に暗に指示を行い誘導する間接発話行為として機能することが多い．心理療法のように治療者と患者との力関係（上下関係ともいえる）が明確な場合には使用することもあるが，誘導の力が絶大な劇薬でもあるので，カウンセリングの場では強力な抵抗にあうだろう．

（d）否定の効果

一般に，否定文はその対応する肯定文を前提とする文だと分析される．

(11) a. Don't think of an elephant!（ゾウのことは考えるな）
b. 廊下は走らないこと！

(11a) で「考えるな」という否定的な操作を行うためには，まず対象であるゾウの存在を思い浮かべる必要がある．(11b) で「走らないこと」と言われると，人は一瞬でも走るイメージをまず思い浮かべ，それを否定し禁止するという2段階の認知プロセスを経る．つまり，否定文を処理する場合，必ず対応する肯定文が認識にのぼっているのである．

同様の認知プロセスが以下の「嫌な夢」の描写報告でも観察される．

(12) クライアント「嫌な夢を見ました．今月は姉の誕生月ですが，私は気になりながらも忙しくて外出してお祝いを送ることができていませんでした．そこで姉が夢に出てきました．夢の中の姉は終始ニコニコしていました」
カウンセラー「何か言っておられましたか？」
クライアント「いいえ．何も言いませんでした．姉は「いつもきちんとしてあげているのに」とかは一言も言っていませんでした」

この夢は「責められると思ったがそうはならなかった」夢であり，客観的には「嫌な夢」とは認識しがたい．しかしクライアントが「嫌な」と捉えざるを得なかった手がかりが語りの中に見いだせる．冒頭の否定文「お祝いを送ること

ができて<u>いなかった</u>」は，裏返すと「お祝いを送る（べきだった）」ことが理想状態だとクライアントが強く認識していることを示唆する．また夢の中の姉について「何も<u>言わなかった</u>」「「いつもきちんとしてあげているのに」とは<u>言っていなかった</u>」とわざわざ否定文を用いることから，姉がそういった発言をしてくる人であり，それをクライアントがあまり歓迎していないことも推察される．つまり，クライアントにとっては，すべきことを期限内にすべき，という理想状態が刺激され，自分がそうしなかったことが強く意識された結果，「嫌な夢」と認識されたことになる．

(e) 過剰な一般化

クライアントの発言は，しばしば意味的にも不十分で不完全である．「私は怖いんです」「あの人はずるいんです」というクライアントの発言からは，どんなことをずるいと考えているのか，何を・誰を怖いと思っているのか，それは常にそうか，あるときある場面だけをそう捉えているのか，といった詳細が欠落している．この省略されている部分を質問して明示化することは重要であり，クライアントが無意識に当然視している考えをあぶりだす手段となる．

例えばNLPでは，催眠療法家ミルトン・エリクソンが実際のセッションで用いた言語表現の分析を通じて，ミルトン・モデルと呼ばれるパターンを抽出している（Bandler and Grinder, 1975）．例えば，クライアントは多くの場合過剰な一般化を行いがちである．

(13) a. 誰も私を必要としていないんです．

　　　b. 息子はとても反抗的なんです．

　　　c. みんなが私に非協力的なんです．

クライアントにとっては当然の「事実」と思われる事柄も，実はクライアントの認知であり思い込みにすぎない可能性がある．（13a）で「誰も」と言っているが，本当に全員がそうなのか．（13b）で反抗的だとラベル付けをしているが，本当に四六時中，誰に対しても反抗を貫いているのか．（13c）で「みんな」と言うが，本当に全員なのか，具体的に誰と誰のことか．このようなことをあぶりだす質問は，クライアントの暗黙の前提が，単にクライアント自身の私的な認知であり他の見方もあり得ると気づいてもらうことを狙っている．例えば

第1部　第3節　言語学的概念とその応用　　*175*

（13a）や（13c）では「誰も，とは具体的にどんな人のことですか」「みんな，とは具体的に誰のことでしょう」などの質問が，（13b）であれば「いつどういうときに反抗的ですか，それ以外のときはどうでしょうか，反抗的でない相手はいますか」などの質問が考えられる．

　同じようにクライアントが極端な発言をする以下のパターンもある．

（14）a. みんなが私のことを無能だと思ってるんです．
　　　b. そんなこと私にはできません．
　　　c. こうするのが正しいし当然でしょう．
　　　d. 私はこの組織ではあまり評価されていません．

（14a）は「読心術のメタモデル」の典型的な発言で，実際に他人に尋ねたわけでもないのに，そう強く思い込んでいることを表す．これに対しては「何か無能と思われているとわかった具体的な出来事がありましたか？」などの質問が考えられる．また（14b）は「〜しなければならない」と強く制限をかける「必要性の補助動詞のメタモデル」の典型発言である．これに対しては，その思い込みや制限をゆるめ選択肢を広げるのが効果的であり，質問としては「できなかったらどうなりますか」「もしそう{したら／しなかったら}どうなりますか」などの質問が考えられる．さらに（14c）は「遂行部欠落のメタモデル」と呼ばれる，行動主体が不明確であり，自分の信じている考えやルールを人にも押し付けようとしている典型的な発言である．これに対しては「誰にとって正しいのですか」など，その思い込みを世間一般の常識ではなく個人に帰するものと捉え直し，相対化してゆるめてもらうような質問が考えられる．

　否定との絡みで考えると，（14d）の否定文は必ずその前提として，対応する肯定文を踏まえている．この発言からは，肯定的な評価をクライアントが実は望ましく思っているのに，その評価を受けていないことが不満として語られているとわかる．このため，その「評価」の内容を明らかにする質問（「どのように認めてほしいのですか」「どうなったら評価されたと思えますか」など）をすると，クライアントが目指す望ましい姿が浮き出てくる．

第8章　カウンセリングのことば

|||||||||||||||||||||||||||||||　**第2部　今後の展望**　|||||||||||||||||||||||||||||||

第4節
認知言語学とカウンセリングへの応用

これまで1970年代からの言語学とカウンセリングとの接点について概説してきた．本節からは，認知言語学の観点からカウンセリングとの接点の可能性を概観する．いくつか具体的な認知言語学での道具立てと，それを用いた実際のカウンセリングでのやりとりにおける応用事例を紹介していく．

(a) 視座と語り

認知言語学では視座や視点という概念を問題にする．それは，暗黙に想定される語り手の立ち位置がどこにあるか，言語表現からうかがえるからである．

(15) a. A大学との協定（cf. A大学とB大学との協定）
　　　b. The gap with nature is closing slowly.（cf. The researchers will close the gap between nature and human engineering.）

日本語では視座の持ち主が非明示となる傾向が強い（本多，2013）．(15a)はB大学の目線から，(15b)は人間工学の研究者の視点から，それぞれ当事者的に語られており，それは後続の類似表現の比較からも明らかである．

また表現からは，話者の特定だけでなく，その立場や思考が露呈し得る．

(16) a. 筆者は，｛実父／お父上｝の介護を通じて，老親と仲間で居続ける決心をし，共に時間を過ごすために必要となる心構えを説いていく．
　　　b. 警察の調べでは，その日教授に｛会った人／お会いした人｝が一人だけいたそうだ．
　　　c. あなた，昨日美代子にお小遣い｛あげた／くれた｝んですって？

　　　　　　　　　　　　　　　　　　　　　　　　　　　　（早瀬，2012）

話者が当該の相手とどんな関係にあるかが，語彙の選択から推測できる．「お父上」「お会いした」「くれた」を選択するのは，当該の相手と近しい関係にある話者であるのに対し，「実父」「会った」「あげた」の場合は，第三者か，あるいは心理的に第三者的立場にいる話者である．

第2部　第4節　認知言語学とカウンセリングへの応用　　　*177*

　以上の例では，話者の視座や立ち位置が語りから露呈していたが，以下は話者の背景的思考が垣間見られる例である．

> (17)（卒園アルバムのことばから）○○ちゃん，卒園おめでとう．これまで元気に育ってくれてお父さんもお母さんも嬉しいよ．これからも弱い人にはやさしくして，すくすく良い子に育ってね．　　　（早瀬，2012）

自分の立場から見た対象を「弱い人（にはやさしく）」と表現する書き手は，自分の子を相対的に「強者」だと無意識に感じていることが示唆される．

　このように，自分について特に語らずとも，話者自身がどんな人物で世界をどう捉えているかが浮き彫りになる．この手がかりをもとにカウンセリングでは，クライアントに対する人間理解を深めつつ，問題の共有に進んでいく．

(b)　語の意味と背景知識

　同じ状況を表す表現でも，表現の選択によって伝える意味が異なる．「ホタルブクロを探している」という文における「ホタルブクロ」も，庭に植えようと園芸店にいるときの発言なら「草花（の苗）」と言い換えられるが，状況によっては「プレゼント」とも言い換えられる[5]．このように，同じものを指していても，異なる言語表現を選択することにより，その捉え方・認知の差が反映されている．

> (18)　水無月を買って帰ったら，主人に「これは小豆ういろうじゃない？」と言われイラッときた．　　　（早瀬，2012）

(18)では文化的な背景知識の違いが語の選択に大きく関わる．水無月は京都で6月に売られる厄除けの由緒ある季節限定のお菓子と考えていたところを，「小豆ういろう」と一般化されることで，いわれの話も風流な気分も台無しになってしまう．ことばが指示する対象物は確かに同じかもしれないが，表現が異なれば，その背景知識も捉え方も異なるのである．なぜイラッときたのかの理由がこの背景知識を考え，対比することで明確になるのである．

---

5)　児童書『大きい1年生と小さな2年生』では，いつも自分を守ってくれた2年生の女の子のために1年生の男の子がホタルブクロを探しに行く場面が描かれている．

(c) スキーマ

認知言語学におけるスキーマとは，複数の具体事例に基づき取り出された，一般化される共通性のことである．前置詞 over は (19) のような事例で用いられるが，その共通性から母語話者は抽象化された位相（図 8.1）をイメージ・スキーマとして取り出す．絵が暖炉の上に位置している静的状況や，丘を越えて移動する動的状況など，実際には具体的表現ごとに少しずつ差異があるものの，その違いは捨象され，over といえばこのスキーマが強く意識される．

(19) The picture is over the mantlepiece. / He walked over the hill.

図 8.1 over のスキーマ

認知行動療法でも「スキーマ」という概念を用いる（Young et al., 2003 [伊藤（監訳），2008]）．これは人が様々な経験から抽出した人生観・世界観ともいえる深いレベルの信念をいう．スキーマは様々な行動を生み出す源であると同時に，神経症的な症状を生み出す原因ともなる認知構造である．信念としてのスキーマには，宣言的形式のもの（例：〈私はうっかりものだ〉〈私はいつも一番でなければならない〉）や，if ... then 〜という形式をとるものがある（例：〈私は少しでも気を抜くと大変なことになる〉〈何かことが起こったら私が一人で対処しなければならない〉）．

いずれのスキーマも，具体的な複数の出来事から一般化され導き出される点では共通している．認知行動療法でも，具体的な事態経験から人は自己像や世界観に相当するスキーマ（という名の信念）を導き出すと考えられている．それはたいてい自らの偏った見方で「歪んだ」ものであり，このスキーマを何らかの形で修正できれば，それに付随する行動が変容し，問題の解決や改善につながるとされる．

(d) 事態把握：出来事の切り取り方

認知言語学では，同じ１つの事態でも，そのどの側面を切り取るかは話者の事態把握や認知のありようで変わると考える．「棚の上に置いてある花瓶が，その横を人が一人通った後に倒れて割れた」という１つの「客観的」事態があ

第2部　第4節　認知言語学とカウンセリングへの応用　　179

るとする．その状況を「花瓶が（勝手に・不可抗力で・なぜか）壊れた」と自動詞で描写するか，あるいは「（横を通った人が）花瓶を壊した」のように，誰かの責任で事態が生じたと解釈して他動詞で表現するか，など，事態把握の切り取り方には複数の可能性が想定できる．

　同じことがカウンセリングや心理療法の現場でも起こり得る．先に見た信念としての「スキーマ」により，同じ事態でも人は異なる部分を切り取ることがあるし，結果として異なる「ナラティブ（物語）」として記憶され得る．

　「私は泣き虫で弱虫だ」というスキーマを保持する女性の例を見よう．小さい頃から恥ずかしがり屋の赤面症で，注目を浴びたり発言したりする場面ではすぐ真っ赤になって涙が出てきて言いたいことが言えなくなることが，度重なる経験として積みあがっていた．結果として〈私は泣き虫でダメな人間だ〉という否定的な自己評価像が強固なスキーマとしてできあがっていた．

　その女性が，カウンセリングで今のダメな自分に通じる昔の思い出を尋ねられ，小学校の掃除の時間でのエピソードを語ったのが（20）である．

（20）　私は日直で掃除当番のリーダーが回ってきていました．サボって遊んでいる怖いガキ大将男子に注意しなければならなかったため，怖かったんですが，おそるおそる「ちゃんと掃除をしなさいよ！」と言ったんです．でもそのときもいつものように顔が真っ赤になっているのがわかりました．それに，そのガキ大将から「真っ赤なゆでダコのくせに，やるのかコラ」と口汚くにらみ返されて，案の定私は泣いてしまいました．他の女子が集まってきて，私を慰めたりガキ大将に対して「泣かせるな」「黙って」など加勢の声をあげたりしてくれました．でも，本当は私が率先して注意しなければならなかったんです．なのに，一人ではなにもできなくて，ただただ情けなかったんです．

一方，この元ガキ大将は，同じ場面についてまったく違う語りをする．

（21）　自分にそれまで歯向かう奴は男子でもめったにいなかった．ましてや「弱い泣き虫の女子」だったのが，泣きながら真っ赤になりながらでもハッキリと俺に掃除を要求することに圧倒された．また周りの女子

が「そんなこと言ったら大変なことになるのに」と冷や冷やしつつその子を守るように取り囲んでこちらをにらみつけている構図がなんだかドラマのようで少々気がひるんだ．そのあと，悪態をつきつつも，すごすごと雑巾を洗いに行ったのをすごく覚えている．

同一人物でも，視点が変わることで全く異なる人物像に捉えられ得る．そこに，カウンセリングを通じてスキーマを修正する可能性が開かれている．「泣き虫のダメな私」というスキーマを固く保持し続ける限りは，常にそのスキーマに沿った形でのみ自分のことを捉えるため，泣いてしまったところまでで事態を切り取って記憶し，そこで物語も終わり，「ダメな私」という自己像はさらに強化される．しかし別の見方では，言うべきと信じたことは伝える，という人物像に加え，後に確かに男子の行動に変化を起こしたことまでが切り取られた物語の中に含まれる．1つの事態の別の視点や異なる語りに注目することで，常に「泣き虫のダメな私」ではない側面もあったのかもしれない，と，クライアントの自己認識像を変化させる可能性を秘めているのである．

(e) メタファー

　メタファーは，認知言語学の出発点の1つとも言える概念であり，「抽象的領域の概念を具体的領域での体験・経験に根差した概念を写像することで理解する」ものである（Lakoff and Johnson, 1980）．具体的なメタファー表現の複数の事例に共通して見られる私たちの思考のパターン・鋳型を取り出したものは概念メタファーと呼ばれ，物事の理解に重要な役割を果たしている．(22)の具体的なメタファー表現は共通してその根底に「議論は戦争である（Argument is War）」という概念メタファーが見いだせる．

(22) ARGUMENT IS WAR（議論は戦争である）　　（Lakoff and Johnson, 1980）
　　a. Your claims are indefensible.（あなたの主張は防御できない）
　　b. He attacked every weak point in my argument.
　　　（彼は私の論点のすべての弱点を攻撃してきた）
　　c. I've never won an argument with him.（彼との議論で勝ったことがない）

概念メタファーは私たちが日常で抱きがちな思考パターンである．と同時に，

第2部　第4節　認知言語学とカウンセリングへの応用　　　*181*

心理療法・カウンセリングの場面では，クライアントが抱きがちな信念を取り出したものでもあり得る．例えば以下のようにクライアントが言うとしよう．

(23) プレゼンテーションとか怖いんですよ．自分の考えを攻められたり，弱いところをついてきたり．なんか攻撃されてる気がして．

クライアントは「プレゼンテーションは戦い」メタファーをその信念とし，勝ち負けが関わり防御せねばならないと認識して緊張しているようだ．これに対して，異なるメタファーを適用することでクライアントの捉え方を変容させる試みも可能である．

(24) 聴衆を敵と考えず，友だちに話をしていると思ったらどうですか．友だちはわからないところを聞いてきているので，あなたの考えを教えてあげてください．すぐに答えられなくても，それをきっかけにさらに考えてみたらいい．対戦や防御じゃなく，相手と対話しているとしたら，気が楽になりませんか？

これは認識の枠組みを切り替えるリフレーミング（reframing）という心理療法の技術である．クライアントに，「プレゼンテーションは（戦いではなく）対話」という異なった捉え方をヒントとして提示することで，それまでとは異なるポジティブな視点や思考の可能性を導いているのである．

(f) たとえ話（寓話）のメタファー

　クライアントの話を聞く際に，カウンセラーは何が起こったか，そのときどう感じたか，何を考えたか，を尋ねて，クライアントの抱える問題を理解しようとする．ただし，カウンセラーがその問題のありかたを「正確に」理解できたとは言い難い場合もある．クライアントが「泣けてきた」と言ったとして，それが悲しくて泣いているのか，腹が立って涙が出ているのか，情けなくて泣いているのか，悔しくて泣いているのか，様々な可能性があり，いずれなのかによって，クライアントが抱える問題像はかなり異なる．ただ「泣けてきた」という発言だけで，その行動を引き起こしたクライアントの思考までたどり着けるとは限らない．

　この場合，たとえ話を効果的に用いることで，両者の理解のすり合わせがで

182　　　第8章　カウンセリングのことば

きる．たとえ話そのものは，クライアントの問題を写し取ったメタファーだが，クライアント自身がそのたとえ話と自分の現在抱える問題との対応づけを行える場合，自分の問題へのヒントをつかめる場合もある．つまり，共に新しいメタファーを創り出すという可能性である（Törneke, 2017）．

　実際に筆者が臨席した模擬カウンセリング例[6]を見よう．クライアントはうつ状態に陥り失速しつつも，新しい企画がみごとに認められ，ホッとしたのもつかの間，その企画のさらなるプレゼンを新たに求められ，本調子ではない自分がはたしてうまくできるのか，大きな不安にさいなまれている．

（25）　クライアント：企画が通ったことはこうなると私にとっては重荷です．さらに頑張らなければならない．

　　　カウンセラー：なるほどそれは，100 m 全力で走ったらなんとかゴールテープを切れて，良かったとホッとして休みたいのに，さらに続けて200 m 走に出てくれと言われたような感じですか？

　　　クライアント：そうですそうです．もうしんどくてたまりませんし，本当に次に走れるのかなって不安なんです．

　　　カウンセラー：面白いのは，別の見方もできることですね．聞いていて私は，まるで『蜘蛛の糸』さながらだと思いました．あなたが溺れていたら，1 本の糸が天からスーッと下りてきた．あなたが良い人だということをお釈迦様が知っていたのでしょう．助けてやろうと糸を垂らしてくださった．すごいチャンスです．あなたはなんとかそれにつかまって，必死で一番上の極楽までよじ登り，ようやく助かった，とホッとして見渡すと，なんとそこには神様仏様たちがたくさんいて，あなたを面白そうに見ている．「さあ，釣り上げたぞ，助けてやったのだから，何か一つ舞え．踊れ．見ておるぞ」という感じでしょうか．

　　　クライアント：（笑いながら）いやぁうまいですね，ホントにそうですね．神様たちですか．うーん，確かに私は救われてラッキーなんですよね．救ってもらった代わりに，なにか税金を払えって感じな

―――――――――――――――――――
6）　個人が特定されないよう，一部改変している．

んでしょうかね.

ここには2つの物語が対比されている．1つは，登場人物が自分一人だけでその内部の視点から見たたとえ話，もう1つは状況を俯瞰して自分を外から見ており，複数の登場人物の中で自分の役回りが決まってくるたとえ話である．後者では，他人との関わり，自分の評価，受ける期待，ユーモラスな捉え方，といった多くの要因が見えてくる．どちらの物語を選択するのか，それによって，次にどう行動するべきかが変わってくるかもしれない．

第5節
おわりに：今後の研究への展望

カウンセリングの現場で交わされるクライアントとのことばのやりとりに，（認知）言語学で扱われる言語現象が大きく関わることを見てきた．言語学でのトピックは決して机上の無味乾燥なものではなく，現実の言語使用の中で用いられ，また人を理解し，かつ人に働きかけて人の思考を変えていく生きた道具として用いられている．認知言語学における「捉え方」には，事態への多様な捉え方を可能にするためのヒントが込められており，異なった解釈の中から自分にとって「幸せな」ものを選択する余地がある．またその選択した解釈を対話というコミュニケーションで「提示」することで，その捉え方を相手と共有し，また相手の認知のあり方を変容させる可能性も見えてくる．

このように，言語学的な知見を実際の対話に応用する研究は，さらに開拓の余地があり，発展の可能性を見ることができる．ことばを用いて実際に人の助けとなる分野への言語学の貢献の可能性として，今後の展開が期待される．

推薦図書

ことばのやりとりの実践の場として本章でとりあげたミルトン・モデルについてはBandler and Grinder（1975）［浅田（訳），2012］が詳しいが，使用言語が英語であり，日本語とは異なる言語の性質に依存したモデル体系のため，少々難解でとっつきにくいかもしれない．また認知行動療法についてはBeck（1979）［大野（訳），1990］やBeck（2011）［伊藤ほか（訳），2015］など，またスキーマ療法についてはYoung et al.（2003）［伊藤（監訳），2008］をはじめ，様々な概説本が出ている．一方で，言語学とカウンセリングとの関係について述べている平易な解説本はほとんど見当たらないのが現状であるが，早瀬（2022）では認知言語学とカウンセリングのことばとの接点について簡単に解説している．本章の議論と

重複する部分もあるが，併せて参照されたい．

文　献

Austin, J. L (1962/75) *How to Do Things with Words*, second edition, Harvard University Press.［坂本百大（訳）(1978)『言語と行為』大修館書店.］

Bandler, R. and J. Grinder (1975) *Patterns of the Hypnotic Techniques of Milton H. Erickson, M. D.* (Vol. 1), Meta Publications.［浅田仁子（訳）(2012/2019)『ミルトン・エリクソンの催眠テクニックⅠ―言語パターン篇』春秋社.］

Beck, A. T. (1979) *Cognitive Therapy and the Emotional Disorders*, Plume.［大野　裕（訳）(1990)『認知療法―精神療法の新しい発展』岩崎学術出版社.］

Beck, J. S. (2011) *Cognitive Behavior Therapy: Basics and Beyond*, second edition, Guilford Press.［伊藤絵美ほか（訳）(2015)『認知行動療法実践ガイド：基礎から応用まで 第2版―ジュディス・ベックの認知行動療法テキスト』星和書店.］

Croft, W. (2009) Toward a social cognitive linguistics. In V. Evans and S. Pourcel (eds.) *New Directions in Cognitive Linguistics*, pp. 395-420, Mouton de Gruyter.

Gordon, D. (1978) *Therapeutic Metaphors*, Meta Publications.［浅田仁子（訳）(2014)『NLPメタファーの技法』実務教育出版.］

早瀬尚子 (2012)「意味論」『言語学入門』（朝倉日英対照言語学シリーズ 1）pp. 94-120, 朝倉書店.

早瀬尚子 (2022)「カウンセリングのことばに見る認知言語学的世界観」『認知言語学の未来に向けて―辻幸夫教授退職記念論文集』pp. 170-181, 開拓社.

本多　啓 (2006)「認知意味論，コミュニケーション，共同注意―捉え方（理解）の意味論から見せ方（提示）の意味論へ」『語用論研究』(8)：1-14.

本多　啓 (2013)『知覚と行為の認知言語学』開拓社.

Kiparsky, P. and Kiparsky, C. (1970) Fact. In M. Bierwisch and K. E. Heidolph (eds.) *Progress in Linguistics*, pp. 143-173, Mouton.

Lakoff, G. and Johnson, M. (1980) *Metaphors We Live By*, The University of Chicago Press.［渡部昇一ほか（訳）(1986)『レトリックと人生』大修館書店.］

Rossi, E. L. and Ryan, M. O. (eds.) (1985) *Life Reframing in Hypnosis: The Seminars, Workshops, and Lectures of Milton H. Erickson* (Vol. II), Irvinton Publisher.

澤野雅樹 (2019)『ミルトン・エリクソン―魔法使いの秘密の「ことば」』法政大学出版局.

Törneke, N. (2017) *Metaphor in Practice: A Professional's Guide to Using the Science of Language in Psychotherapy*, English Version, Context Press.［武藤　崇ほか（監訳）(2020)『メタファー―心理療法に「ことばの科学」を取り入れる』星和書店.］

Young, J. et al. (2003) *Schema Therapy: A Practitioner's Guide*, Guilford Press.［伊藤絵美（監訳）(2008)『スキーマ療法―パーソナリティの問題に対する統合的認知行動療法アプローチ』金剛出版.］

Yule, G. (1996) *Pragmatics* (Oxford Introduction to Language Study Series), Oxford University Press.

索　　引

人　名

アリストテレス（Aristotle）　7

ヴィゴツキー（Vygotsky, L.）　16

ウィーナー（Wiener, N.）　6

ウィノグラード（Winograd, T.）　101

ウィルソン（Wilson, D.）　34

ウェルニッケ（Wernicke, K.）　21

ウォーフ（Whorf, B. L.）　23

エクマン（エイクマン）（Ekman, P.）　82

エリクソン（Ericson, M. H.）　166, 174

ガーフィンケル（Garfinkel, H.）　122

キャッセル（Cassell, J.）　104

クーパー（Cooper, F. S.）　99

グライス（Grice, H. P.）　33

クラーク（Clark, H. H.）　121

グリンダー（Grinder, J.）　166

クロフト（Croft, W.）　20

クーン（Kuhn, T. S.）　5

ケンドン（Kendon, A.）　90

ゴールドバーグ（Goldberg, A.）　20

サイモン（Simon, H. A.）　6, 107

サックス（Sacks, H.）　121

サピア（Sapir, E.）　23

サール（Searle, J. R.）　40

シェグロフ（Schegloff, E.）　121

シャノン（Shannon, C. E.）　6

ジョンソン（Johnson, M.）　17, 18

スキナー（Skinner, B.）　7

スペルベル（スパーバー）（Sperber, D.）　34

ソシュール（Saussure, F. de）　10, 13

ダッドレー（Dudley, H.）　98

タルミー（Talmy, L.）　18

チブラ（Csibra, G.）　35

チョムスキー（Chomsky, N.）　7, 13, 119, 139

ディーコン（Deacon, T. W.）　9

デネット（Dennett, D.）　106

テューリング（Turing, A. M.）　6

トマセロ（Tomasello, M.）　20, 36, 37, 40, 48

ナイサー（Neisser, U.）　6

ニューウェル（Newell, A.）　6

ノーマン（Norman, D.）　8

ハウザー（Hauser, M. D.）　14

バーサロー（Barsalou, L. W.）　70

パターソン（Patterson, L.）　79, 95

バフチン（Bakhtin, M. M.）　111

バンドラー（Bandler, R.）　166

フィルモア（Fillmore, C. C.）　15, 65, 120

フォコニエ（Fauconnier, G.）　19

フォン＝ケンペレン（von Kempelen, W.）　98

ブラジール（Breazeal, C.）　105

フリス（Frith, U.）　50

フリーセン（Friesen, W.）　82

ブルックス（Brooks, R. A.）　108

ブローカ（Broca, P. P.）
　21
ベイトソン（Bateson, G.）
　166
ベック（Beck, A. T.）　167
ホケット（Hockett, C.）　12
ホフスタッター（Hofstetter,
　E.）　122
ポランニー（Polanyi, M.）
　55
ホーン（Horn, L. R.）　47

マルティネ（Martinet, A.）
　11
マンドラー（Mandler, J. M.）
　71

ユクスキュル（Uexküll, J.
　von）　3

ラネカー（Langacker, R.
　W.）　19, 60, 67
ラマチャンドラン
　（Ramachandran, V. S.）
　23
ラメルハート（Rumelhart,
　D. E.）　14
リード（Reed, E. S.）　115
レイコフ（Lakoff, G. P.）
　17, 18, 60, 69
レナート（Lenat, D.）　104
レビンソン（Levinson, S. C.）
　47
ロジャーズ（Rogers, C. R.）
　101

ワイゼンバウム
　（Weizenbaum, J.）　100

欧　文

Action Unit（AU）　89
adapters　83
affect displays　82
AI　6, 25
analysis by synthesis　100
ASIMO　106
authoritative discourse
　111
autism spectrum disorder
　（ASD）　48

background knowledge
　58
basic domain　61
basic level categories　150
basic pattern of experience
　148
blocks world　101
brain machine interface
　（BMI）　24

caregiver　142
caretaker　142
categorical perception　4
categorization　19
channel　77
child-directed speech（CDS）
　143
CHILDES　146
client-centered therapy
　101
cognition　1
cognitive behavior therapy
　（CBT）　167
cognitive effect　42
cognitive function　2
cognitive grammar　19

cognitive linguistics　16
cognitive revolution　5
cognitive robots　103
cognitive science　1
cognitive semantics　18
common ground　144
conceptual integration
　network theory　19
connectionism　14
consistency　150
construal　19, 167
construction grammar（CG）
　20
constructional island hy-
　pothesis　20
cooperative principle　40
crossmodal correspondence
　23

deep learning　15
design stance　106
diffusion tensor imaging
　（DTI）　22
discrete infinity　12
discreteness　12
disfluencies　109
domain　61
domain matrix　61, 62
double articulation　11
double dissociation　22
duality　12
dyslexia　23

ELIZA　100
ELIZA 効果　101
emblems　83
embodied cognition　17
Embodied Conversational
　Agent　104
encyclopedic knowledge

58
encyclopedic view of meaning 60
experientialism 17
explicature 47

face 16
Facial Action Coding System (FACS) 89
faculty of language in the broad sense (FLB) 14
faculty of language in the narrow sense (FLN) 14
fictive motion 18
filler 109
Flakey 103
force dynamics 18
frame 65
frame semantics 15
FrameNet 21
frequency 148
functional linguistics 16
functional magnetic resonance imaging (fMRI) 23

generalized conversational implicature 45
Genghis 108

hierarchy 12
hodotonic framework 22
hodotopical 23

iconicity 11
idealized cognitive model (ICM) 18, 68, 69
illocutionary force 170

illustrators 83
image schema 18
information 3
input 142
intention 33
intentional stance 106
interactional particles 154
interdisciplinary 8
internally persuasive discourse 111
intersubjectivity 151

joint attention 36, 144

Kismet 105

language relativity hypothesis 23
let's 156

markedness 11
mental space theory 19
merge 14
metarepresentation 34
minimalist program (MP) 13
modality 77
motherese 36
multidisciplinary 8
multimodal communication 78
multisensory integration 3

neo-Gricean 47
neural network 14
neural theory of thought and language (NTTL) 18
neuro-linguistic program-

ming (NLP) 165, 166
nonbasic domain 61
noncognitive skills/abilities 2
non-verbal communication 76

opening 113
ostensive-inferential communication 35

paralanguage 12
parallel distributed processing model (PDP) 14
particularized conversational implicature 45
pattern playback 99
perception 3
perceptual symbol system 70
physical stance 106
pragmatic enrichment 47
pragmatics 33
presupposition 171
promoted action field 115
prompt 25
prosody 12

recursion 14
referential intention 36
regulators 83
representation 3, 55
rush-through 133

scalar implicature 46
schema 65
schematization 19
sense organ 3
sensory modality 3

Shakey 103
SHRDLU 101
situated cognition 15, 107
situated learning 16
situated robotics 107
social cognition 16
social displaying 112
social robots 105
socially situated cognition 16
sound symbolism 11, 17
speaking machine 98
speech act theory 104
stratification 12
subsumption architecture 108
suprasegmental feature 12
symbol grounding 17
symbolic view of grammar 19
synesthesia 23

tacit knowledge 55
terminal analog 99
theory of mind 15, 38
topological 23
turn initials 112
turn-taking 79

universal grammar（UG） 13
usage event 19
usage-based model（UBM） 19

Voder 99

working memory 26

あ　行

アイトラッカ 93
アクセント 86
宛名性 113
アブダクション 2
アメリカ構造言語学 6, 11
暗黙知 55
暗喩 17

異感覚 23
移行適切場 130
一般化された会話の含意 45
一般問題解決器 103
意図 33
意図明示的（推論）コミュニケーション 35
意味記憶 4
イメージ・スキーマ 18
イライザ（ELIZA） 100
イライザ効果 101
イントネーション 12, 86
インプット 15, 142
韻律 12, 130, 143

運動性失語 21

エスノメソドロジー 24

大人同士の横のつながり 160
音の三要素 86
オノマトペ 11, 17, 24, 73, 146
「オノマトペ＋する」動詞 147
オープニング 113
音韻 5, 8

音象徴 11, 17
音声科学 98
音声合成器 98
音素 11

か　行

回帰性 14
階層性 12
階層的ネットワーク 4
回答 139
概念統合ネットワーク理論 19
概念メタファー 180
概念融合理論 19
会話以外のターン交替現象 136
会話コーパス 126
会話分析 120, 124
カウンセリング 165
学際的 8
拡散テンソル画像 22
カクテルパーティー効果 126
かけ声 155
駆け抜け 133
過剰な一般化 174
カテゴリー 58, 68, 86, 150
カテゴリー化 19, 129
カテゴリー形成 2
カテゴリー（範疇）知覚 2, 4
ガーデンパス効果 26
「かな」 157, 158
カメレオン効果 83
感覚間協応 23
感覚器 3
感覚性失語 21
感覚モダリティ 3
感覚様相 3

索　　引　　189

感情表出動作　82
間接発話行為　170
換喩　17
関連性の原理　42
関連性の高い情報　42
関連性理論　34

記憶　4
記号（数理）処理モデル　6
記号接地　17
記号的文法観　19
記号内容　10
記号表現　10
キスメット（Kismet）　105
基礎的な経験のパターン
　　148
機能（生理学的側面）　6
機能言語学　16
基本領域　61
基本レベルカテゴリー
　　150
記銘　4
9か月革命　36
弓状束　22
共感覚　23
狭義の言語機能　14
協調行動　25
協調の原理　40
共通基盤　107, 144
共同注意　2, 36, 144, 145
共話　114
極小主義プログラム　13
虚構移動　18

寓話　181
クライエント中心療法
　　101
クロスモーダル　23

経験基盤主義　16

形態（解剖学的側面）　6
形態素　11
経路　77
経路探索アルゴリズム
　　103
結合対　10
権威的な言葉　111
ゲンギス（Genghis）　108
言語行為　16, 170
言語行為論　24, 103, 129
言語コミュニケーション
　　76
言語相対性仮説　23
言語知識　138
言語調整動作　83

語彙の意味調整　47
行為　130
行為指示のことば　155
広義の言語機能　14
項構造構文　148, 149
向社会性　2
合成性の原理　58, 59
合成による分析法　100
構成論的なアプローチ　98
行動主義心理学　7
構文の島仮説　20
構文文法　20, 120
声合わせ　143
心の理論　2, 15, 38
誤信念　38
言葉の重なり　123
コネクショニズム　14
個別化された会話の含意
　　45
語用論　24, 33
困難さを抱えている子ども
　　159

さ　行

再帰結合型ニューラルネッ
　　トワーク　14
再帰性　14
サイバネティクス　6
サイモンの蟻　107
作業記憶　26　→　ワーキ
　　ングメモリ
作動記憶　26　→　ワーキ
　　ングメモリ
サピア・ウォーフの仮説
　　23
サブサンプション・アーキ
　　テクチャ　108

シェーキー（Shakey）　103
志向的な構え　106
自己調整　154
視座　176
指示的意図　36
辞書の意味　60
辞書的知識　58
視線　125
事態把握　178
実験語用論　52
失語　21
失行　21
失認　21
自閉スペクトラム症　48
社会（状況）的認知　16
社会的表示　112
社会的ロボット　105
社会・文化現象　10
尺度含意　46
主体
　　——として認め合う
　　152
　　一個の——　151

索　引

シュルドゥル（SHRDLU）
　　101
順番　129
順番交替　79
「○○しよう」　156
使用依拠モデル　19
使用基盤モデル　19
状況的学習　16
状況（論）的認知　15, 107
状況論的ロボティクス
　　107
使用事象　19
象徴的文法観　19
使用の一貫性　150
情報　3
情報意図　34
新グライス派　46
神経回路網　14, 24
神経言語プログラミング
　　166
神経繊維連絡　23
神経相関　23
神経ネットワーク　9
神経理論　18
人工知能　6, 25
心像　4
深層学習　15
身体化された認知　17
身体化認知　17
身体性認知　17
心的イメージ　4
心的過程　4, 10
　　――のモデル　22
心的表象　4
心拍数　125
シンボルグラウンディング
　　問題　104
心理言語学　7

推論能力　2

スキーマ　15, 65, 71, 178
スキーマ化　19
スクリプト　15
ステレオタイプ　16
スペクトル包絡　98

生成 AI　25, 73, 97
生成文法　7, 13
静歩行モード　107
設計的な構え　106
線状性　11
前提　171

想起　4
相互行為　111, 119, 121
相互行為詞　154
相互作用　25
相互主体性　151
相互注視　91
相互のなり込み　116
促進行為場　115

た　行

対子ども発話　143
対乳児発話　143
多感覚統合　3
たとえ話　181
ターミナルアナログ　98
多面的多義　67
多様式コミュニケーション
　　78
ターン　129
ターンテイキング　79
談話機能言語学　126
談話標識　131
談話分析　24, 126

知覚　3
知覚的シンボルシステム

　　70
チャネル　77
鳥瞰的な視点　108
超分節的な特徴　12
沈黙　123

積み木の世界　101

定型的な発話パターン
　　139
ディスレクシア　23
適応動作　83
手続き記憶　4
手続き的知識　55, 56
伝達意図　34

投射可能性　136
統率・束縛理論　13
同調　83
動歩行モード　107
読字障害　23
閉じた質問　168
共に「うたう」間柄　144
捉え方　19, 167

な　行

内的説得力のある言葉
　　111
内的対話性　111
難読症　23

二重乖離（解離）の原則
　　22
二重性　12
二重分節性　11
入力　142
ニューラルネットワーク
　　24
認知　1, 2

認知意味論　18
認知科学　1, 2
認知革命　5
認知機能　2, 4, 8
認知言語学　16, 60, 164, 176
認知効果　42
認知行動療法　167
認知的ロボット　103
認知能力　2
認知プロセス　139
認知文法　19
認知類型論　20

「ね」　158
「ね／よ」　154, 155

は　行

背景知識　58, 177
パターン・プレイバック装置　99
発話開始要素　112
発話権　79
発話行為文　170
発話の力　170
発話量　125
話し言葉　119
パラ言語　12, 25
パラ言語情報　94

非基本領域　61
非言語行動　76
非言語コミュニケーション　76
非言語コミュニケーションチャネル　82
非言語情報　25
非語彙的要素　120
否定　122, 173

非認知能力　2
百科事典的意味　60
百科事典的意味観　60
百科事典的知識　58
ヒューマノイドロボット　106
表意　47
表象　3, 55, 109
表象動作　83
開いた質問　168
非流暢な発話の現象　109
頻度　127, 148

部位局在　23
フィラー　87, 109, 131
フェイス　16
フォルマント周波数　99
物理的な構え　106
ブーバ・キキ効果　23
普遍文法　13
ブレイン・マシン・インターフェイス　24
フレーキー（Flakey）　103
フレーム　15, 65, 102
フレーム意味論　15, 120
フレームネット　21
フレーム問題　104
プロソディ　12, 26
プロンプト　25
文化進化　10
分析的アプローチ　98
文法　130
文法用語　138

併合　14
並列分散処理モデル　14

保持　4
ポーズ（休止，区切り，間）　12, 119, 137

ボーダ　99
ホドトピック・フレームワーク　22
補文節　138
ポライトネス　16

ま　行

マークアップランゲージ　102
マザリーズ　36　→　対子ども発話
マルチモダリティ　12, 25
マルチモーダル　26, 70
マルチモーダル・コミュニケーション　78
マルチモーダル対話システム　79

ミラーニューロン　14
ミラーリング　83
ミルトン・モデル　174
「みんな」　158

メタ表象　34
メタファー　17, 180
メッセージ　77
メトニミー　17
メンタル・アーキテクチャー　22
メンタルスペース理論　19

文字起こし　119
モーションキャプチャ　93
モダリティ　77, 113

や　行

有標性　11

養育者　142
様式　77
用法基盤モデル　19
予防線　124

ら　行

ラディカル構文文法　21

力動性　18

離散無限性　12
離接性　12
理想化認知モデル　18, 68
領域　61-65
　　——の複合体　61, 62
領域横断的・集学的　8
理論言語学　119

類像性　11

例示動作　83
連想現象　23

わ　行

ワーキングメモリ　26
話者交替　79
和する　143

編集者略歴

辻　幸夫
1989 年　慶應義塾大学大学院修了
現　在　慶應義塾大学名誉教授
主な編著　『ことばの認知科学事典』（大修館書店，2001 年），『認知言語学大事典』
　　　　（朝倉書店，2019 年），『新編 認知言語学キーワード事典』（研究社，
　　　　2013 年），『認知言語学への招待』（大修館書店，2003 年）など

菅井三実
1992 年　名古屋大学大学院修了
現　在　兵庫教育大学大学院学校教育研究科教授
主な編著　『社会につながる国語教室―文字通りでない意味を読む力』（開拓社，
　　　　2021 年），『人はことばをどう学ぶか―国語教師のための言語科学入門』
　　　　（くろしお出版，2015 年），『英語を通して学ぶ日本語のツボ』（開拓社，
　　　　2012 年）など

佐治伸郎
2011 年　慶應義塾大学大学院修了
現　在　早稲田大学人間科学学術院人間科学部准教授
主な編著　『信号，記号，そして言語へ―コミュニケーションが紡ぐ意味の体系』
　　　　（共立出版，2020 年），『言語と身体性』（岩波書店，2014 年），『言語
　　　　と哲学・心理学』（朝倉書店，2010 年）など

シリーズ〈ことばの認知科学〉1
ことばのやりとり　　　　　　　　　定価はカバーに表示

2024 年 10 月 1 日　初版第 1 刷

編集者	辻	幸　夫
	菅　井	三　実
	佐　治	伸　郎
発行者	朝　倉	誠　造
発行所	株式会社 朝 倉 書 店	

東京都新宿区新小川町 6-29
郵 便 番 号　　162-8707
電　話　03（3260）0141
FAX　03（3260）0180
https://www.asakura.co.jp

〈検印省略〉

© 2024〈無断複写・転載を禁ず〉　　　　教文堂・渡辺製本

ISBN 978-4-254-51701-9　C 3380　　　Printed in Japan

JCOPY ＜出版者著作権管理機構 委託出版物＞
本書の無断複写は著作権法上での例外を除き禁じられています．複写される場合は，
そのつど事前に，出版者著作権管理機構（電話 03-5244-5088，FAX 03-5244-5089，
e-mail: info@jcopy.or.jp）の許諾を得てください．

日本語大事典 【上・下巻：2分冊】

佐藤 武義・前田 富祺 (編集代表)

B5 判／2456 頁　978-4-254-51034-8 C3581　定価 82,500 円（本体 75,000 円＋税）

現在の日本語をとりまく環境の変化を敏感にとらえ，孤立した日本語，あるいは等質的な日本語というとらえ方ではなく，可能な限りグローバルで複合的な視点に基づいた新しい日本語学の事典。言語学の関連用語や人物，資料，研究文献なども広く取り入れた約3500項目をわかりやすく丁寧に解説。読者対象は，大学学部生・大学院生，日本語学の研究者，中学・高校の日本語学関連の教師，日本語教育・国語教育関係の人々，日本語学に関心を持つ一般読者などである。

日本語文法百科

沖森 卓也 (編)

A5 判／560 頁　978-4-254-51066-9 C3581　定価 13,200 円（本体 12,000 円＋税）

日本語文法を，学校文法を入口にして初歩から専門事項に至るまで用例を豊富に盛り込みつつ体系的に解説。〔内容〕総説（文法と文法理論，文法的単位）／語と品詞（品詞，体言，名詞，代名詞，用言，動詞，形容詞，形容動詞，副詞，助動詞，助詞，等）／文のしくみ（文のなりたち，態とその周辺，アスペクトとテンス，モダリティ，表現と助詞，従属節，複合辞）／文法のひろがり（待遇表現，談話と文法，文法の視点，文法研究史，文法の変遷，日本語教育と日本語文法）

敬語の事典

荻野 綱男 (編)

A5 判／704 頁　978-4-254-51069-0 C3581　定価 16,500 円（本体 15,000 円＋税）

従来の敬語の基本的な体系を丁寧に解説しつつ，さらに視野を広げて敬語の多様性にも着目した。日本語学を中心として，対照言語学，社会言語学の側面から，幅広く多言語の敬語についても記述。具体的には，敬語の歴史，方言の敬語，敬語の年齢差，男女差，敬語の職業差，会社と敬語，家庭と敬語など様々な場面と敬語，外国語の敬語との対照，敬語の調査，敬語の教育法，情報科学と敬語，心理学など周辺分野との関連など，敬語の総合的理解を得られるよう有用性を高めた事典。

俗語百科事典

米川 明彦 (著)

A5 判／344 頁　978-4-254-51068-3 C3581　定価 4,950 円（本体 4,500 円＋税）

改まった場では使えない（使いにくい）俗語の豊かな世界をテーマごとに楽しむ事典。言語学から見た俗語の定義・位置づけから，知っているとちょっと自慢できることばの知識まで，多彩な内容を収録。著者長年の俗語研究の集大成となる一冊。〔内容〕俗語とは何か／意味分野から見た俗語／媒体から見た俗語／造語法から見た俗語／集団から見た俗語／口頭語形の俗語／文献から見た俗語／俗語の語源・造語者／集団語から一般語になった俗語／消えた俗語／年別　新語・流行語一覧／他。

ことばのおもしろ事典

中島 平三 (編)

B5 判／324 頁　978-4-254-51047-8 C3580　定価 8,140 円（本体 7,400 円＋税）

身近にある"ことば"のおもしろさや不思議さから，多彩で深いことば・言語学の世界へと招待する。〔内容〕I.ことばを身近に感じる（ことわざ／ことば遊び／広告／ジェンダー／ポライトネス／育児語／ことばの獲得／バイリンガル／発達／ど忘れ，など）　II.ことばの基礎を知る（音韻論／形態論／統語論／意味論／語用論）　III.ことばの広がりを探る（動物のコミュニケーション／進化／世界の言語・文字／ピジン／国際語／言語の比較／手話／言語聴覚士，など）。

実例で学ぶ英語学入門
―異文化コミュニケーションのための日英対照研究―

多々良 直弘・松井 真人・八木橋 宏勇 (著)

A5 判／176 頁　978-4-254-51072-0　C3082　定価 3,190 円（本体 2,900 円＋税）

身近な実例を使い，認知言語学・社会言語学・語用論の各分野にまたがって日英語対照研究を解説する言語学の入門書。アクティブラーニングで使える参加型の課題も。〔内容〕言語学と英語学／事態把握と志向性／メタファーとは何か／他

英語上達 40 レッスン ―言語学から見た 4 技能の伸ばし方―

畠山 雄二 (編)

A5 判／200 頁　978-4-254-51065-2　C3082　定価 3,080 円（本体 2,800 円＋税）

英語の四技能「読む・書く・聞く・話す」を効果的に・理論的に上達させるための 40 レッスン。〔内容〕英語とはどういう言語なのか／読解力を支える文法／調べて書く／母音と子音を正しく聞き取る／スピーキングの効果的な学習／他

正しく書いて読むための 英文法用語事典

畠山 雄二 (編)

A5 判／336 頁　978-4-254-51062-1　C3582　定価 5,500 円（本体 5,000 円＋税）

英文法用語を見開き2頁完結で明快に解説する。英語教師・英文科学生・上級学習者必携の一冊。〔内容〕品詞／句／節／単文／重文／複文／肯定文／否定文／疑問文／仮定法／一致／意味上の主語／格／(不)可算名詞／非人称のit／序数(詞)／性／動詞とは／不規則活用／助動詞／時制 (テンス)／相 (アスペクト)／現在分詞／過去分詞／分詞構文／態 (ヴォイス)／否定／比較級／関係副詞／制限用法／等位接続詞／従位接続詞／倒置／強調／複合語／派生語／他

正しく書いて読むための 英語前置詞事典

畠山 雄二 (編)

A5 判／312 頁　978-4-254-51073-7　C3582　定価 5,500 円（本体 5,000 円＋税）

豊かな意味を持つ英語の前置詞 43 個を取り上げ，意味と機能，語法と用法，日本語などとの比較，歴史と文化を解説。全体を俯瞰するコラムも充実〔内容〕about ／ above ／ across ／ after ／ up ／ with ／ within ／ without ／前置詞とは何か／他。

最新 理論言語学用語事典

畠山 雄二 (編)

A5 判／496 頁　978-4-254-51055-3　C3580　定価 8,140 円（本体 7,400 円＋税）

「言語学は，いったいどこに向かっているのか」80-90年代のような言語学の大きな潮流・方向性が見えない時代と世界。それでも，言語学が「行くべき道」は見えなくもない。その道を知るために必要となる言語学の最先端全200項目をそれぞれ2ページで解説する。言語学の巨大な森を見渡す事典。〔内容〕認知言語学, 機能文法, ミニマリスト・プログラム, 形式意味論, 言語獲得, 生物言語学, 主要部駆動句構造文法, 言語哲学, 日本語文法, 構文文法。

ことばのデータサイエンス

小林 雄一郎 (著)

A5 判／180 頁　978-4-254-51063-8　C3081　定価 2,970 円（本体 2,700 円＋税）

コンピュータ・統計学を用いた言語学・文学研究を解説。データ解析事例も多数紹介。〔内容〕ことばのデータを集める／ことばを数える／データの概要を調べる／データを可視化する／データの違いを検証する／データの特徴を抽出する／他

Transformer による自然言語処理

Denis Rothman(著)／黒川 利明 (訳)

A5 判／308 頁　978-4-254-12265-7　C3004　定価 4,620 円（本体 4,200 円＋税）

機械翻訳，音声テキスト変換といった技術の基となる自然言語処理。その最有力手法である深層学習モデル Transformer の利用について基礎から応用までを詳説。〔内容〕アーキテクチャの紹介／事前訓練／機械翻訳／ニュースの分析

情動学シリーズ 10 情動と言語・芸術 —認知・表現の脳内メカニズム—

川畑 秀明・森 悦朗 (編)

A5 判／160 頁　978-4-254-10700-5　C3340　定価 3,300 円（本体 3,000 円＋税）

情動が及ぼす影響と効果について具体的な事例を挙げながら解説。芸術と言語への新しいアプローチを提示。〔内容〕美的判断の脳神経科学的基盤／芸術における色彩と脳の働き／脳機能障害と芸術／音楽を聴く脳・生み出す脳／アプロソディア

進化でわかる人間行動の事典

小田 亮・橋彌 和秀・大坪 庸介・平石 界 (編)

A5 判／320 頁　978-4-254-52305-8　C3511　定価 5,500 円（本体 5,000 円＋税）

「食べる」「考える」「結婚する」など，ヒトの日常的な行動について，主に行動の機能と進化史に焦点を当て解説した中項目事典。コラムや用語解説も盛り込み，人間行動進化学がヒトを観る視点について知ることができる。

広がる！　進化心理学

小田 亮・大坪 庸介 (編)

A5 判／192 頁　978-4-254-52306-5　C3011　定価 2,970 円（本体 2,700 円＋税）

進化生物学をベースにして諸分野をつなぐ横断的な研究が特徴の進化心理学について，諸分野との関連や研究成果の最新の知見を解説。〔内容〕進化心理学とは何（ではないの）か？／神経・生理／感情／認知／性／発達／パーソナリティ／社会／言語／文化／道徳／宗教／教育／犯罪／コラム（再現性／統計）。

言葉とコミュニケーション ―心理学を日常に活かす―

邑本 俊亮 (著)

A5 判／160 頁　978-4-254-52033-0　C3011　定価 2,970 円（本体 2,700 円＋税）
言葉を介したコミュニケーションの心理学に関する入門書．

乳幼児の発達と保育 ―食べる・眠る・遊ぶ・繋がる―

秋田 喜代美 (監修) ／遠藤 利彦・渡辺 はま・多賀 厳太郎 (編著)

A5 判／232 頁　978-4-254-65008-2　C3077　定価 3,740 円（本体 3,400 円＋税）
東京大学発達保育実践政策学センターの知見や成果を盛り込む。「眠る」「食べる」「遊ぶ」といった 3 つの基本的な活動を「繋げる」ことで，乳幼児を保育学，発達科学，脳神経科学，政治経済学，医学などの観点から科学的にとらえる。

手を動かしながら学ぶ　神経心理学

柴崎 光世・橋本 優花里 (編)

A5 判／176 頁　978-4-254-52030-9　C3011　定価 3,080 円（本体 2,800 円＋税）
イメージのつきにくい神経心理学を，動画や Web プログラム等のデジタル付録を参照して能動的に学べる入門書。〔内容〕神経心理学の基礎／脳の損傷に伴う高次脳機能障害／発達の過程で生じる高次脳機能障害／高次脳機能障害の評価と支援

手を動かしながら学ぶ 学習心理学

澤 幸祐 (編)

A5 判／136 頁　978-4-254-52032-3　C3011　定価 2,860 円（本体 2,600 円＋税）
教育・技能獲得や臨床現場などでも広く応用される学習心理学を，デジタルコンテンツを参照しながら能動的に学べる入門書。〔内容〕学習とは何か／馴化と脱馴化／古典的条件づけ／道具的条件づけ／選択行動／臨床応用／機械学習。

人物で読む心理学事典

サトウ タツヤ (監修) ／長岡 千賀・横光 健吾・和田 有史 (編)

A5 判／424 頁　978-4-254-52036-1　C3511　定価 8,800 円（本体 8,000 円＋税）
人名から引く心理学理論事典。定番の人物だけでなく，今まであまりとりあげられることがなかった人物や日本人も含めとりあげ，その人物および心理学の意義とおもしろさを伝える。〔内容〕スキナー／エリクソン／ヴント／パヴロフ／ピアジェ／フロイト／ユング／カニッツァ／カーネマン／河合隼雄／森田正馬／三隅二不二等

シリーズ〈ことばの認知科学〉2 ことばと心身

辻 幸夫・菅井 三実・佐治 伸郎 (編)

A5 判／184 頁　978-4-254-51702-6　C3380　　定価 3,520 円（本体 3,200 円＋税）

認知科学における言語研究の基礎と流れを概観し，理論的・実証的研究の展開を解説。言語研究に考えを巡らせられる「ことばの認知科学」への誘い。〔内容〕ことばと主観性／ことばとマルチモダリティ／ことばと思考／ことばと感性／ことばと脳／ことばと知覚・情動／ことばと記憶／ことばと運動

シリーズ〈ことばの認知科学〉3 社会の中のことば

辻 幸夫・菅井 三実・佐治 伸郎 (編)

A5 判／192 頁　978-4-254-51703-3　C3380　　定価 3,520 円（本体 3,200 円＋税）

認知科学における言語研究の基礎と流れを概観し，理論的・実証的研究の展開を解説。言語研究に考えを巡らせられる「ことばの認知科学」への誘い。〔内容〕ことばと社会／ことばと文化／ことばとユーモア／ことばと機械翻訳／ことばのコーパス分析／ことばとＡＩ／サブカルチャのことば／オンラインのことば

シリーズ〈ことばの認知科学〉4 ことばと学び

辻 幸夫・菅井 三実・佐治 伸郎 (編)

A5 判／192 頁　978-4-254-51704-0　C3380　　定価 3,520 円（本体 3,200 円＋税）

認知科学における言語研究の基礎と流れを概観し，理論的・実証的研究の展開を解説。言語研究に考えを巡らせられる「ことばの認知科学」への誘い。〔内容〕教育とことば／ことばと読み書き／バイリンガルと多文化共生／第一言語習得（母語習得）／第二言語習得／特別支援教育とことば／ことばのリハビリテーション／手話の認知科学

ことばを科学する ―理論と実験で考える，新しい言語学入門―

伊藤 たかね (著)

A5 判／224 頁　978-4-254-51074-4　C3080　　定価 3,080 円（本体 2,800 円＋税）

言語学の入門テキスト。日本語と英語の具体例・実験例を見ながら，言語学の基礎理論とことばを科学的に理解する方法を学ぶ。〔内容〕ことばを操る／ことばを理論的に科学する／心と脳の働きを調べる／音／語の意味と構文／使役文／受身文／疑問文／話し手と聞き手／常識的な知識と意味／手話から見る言語の普遍性と多様性／他

認知言語学大事典

辻 幸夫 (編集主幹) ／楠見 孝・菅井 三実・野村 益寛・堀江 薫・吉村 公宏 (編)

B5 判／864 頁　978-4-254-51058-4　C3580　　定価 24,200 円（本体 22,000 円＋税）

認知言語学理論と関連分野について，言語学研究者から一般読者までを対象に，認知言語学と関連分野の指導的研究者らがその全貌を紹介する。全52項目のコラムで用語の基礎を解説。〔内容〕総論(記号論／認知科学／哲学／他)／理論的枠組み(音韻論／形態論／フレーム意味論／他)／主要概念(カテゴリー化／イメージ・スキーマ／参照点／他)／理論的問題(A.言語の進化と多様性／B.言語の創発・習得・教育／C.創造性と表現)／学際領域(心理学／人類学／神経科学／脳機能計測／他)

上記価格は 2024 年 9 月現在